U0812610

高等学校心理学专业应用课程教材　发展与教育心理学系列

学习心理学

王小明　著

中国轻工业出版社

图书在版编目（CIP）数据

学习心理学/王小明著. —北京：中国轻工业出版社，2009.2（2019.3重印）
（发展与教育心理学系列）
高等学校心理学专业应用课程教材
ISBN 978-7-5019-6772-8

Ⅰ.学… Ⅱ.王… Ⅲ.学习心理学－高等学校－教材
Ⅳ.G442

中国版本图书馆CIP数据核字（2008）第196511号

总 策 划：石 铁
策划编辑：高小菁　　责任终审：杜文勇
责任编辑：朱 玲 高小菁　　责任监印：刘志颖

出版发行：中国轻工业出版社（北京东长安街6号，邮编：100740）
印　　刷：中国电影出版社印刷厂
经　　销：各地新华书店
版　　次：2019年3月第1版第4次印刷
开　　本：740×1050　1/16　印张：19.50
字　　数：210千字
书　　号：ISBN 978-7-5019-6772-8　定价：36.00元
读者热线：010-65125990，65262933　传真：010-65181109
发行电话：010-85119832　传真：010-85113293
网　　址：http://www.chlip.com.cn　http://www.wqedu.com
电子信箱：1012305542@qq.com
如发现图书残缺请直接与我社读者服务部（邮购）联系调换
81342J6X101ZBW

推荐序

在心理科学和教育科学中，学习心理学都是一门重要的基础学科，她不仅是教育心理学的重要组成部分，还是心理咨询与心理治疗、教学设计等应用学科的重要理论基础。在我国全面推进素质教育、深化教育改革的大背景下，学习心理学对于阐明学生学习的规律，对于制定教育改革的政策和措施都有着不可或缺的作用。

我国出版和译介的学习心理学相关著作大都以心理学流派为线索来组织内容，这当然有其长处，便于读者了解不同学派对学习规律的不同研究，但从指导实践，尤其是指导我国教育改革实践的角度来看，这种内容组织方式又有其不足：面对各有依据的不同学派的主张，读者在解决实践问题时常常难以做出有效的选择。

呈现在读者面前的这本《学习心理学》，以学习分类的思想为主导，区分了不同类型学习的规律，从而可以吸收不同学派的合理主张，这使得本书较之国内其他同类著作有其独到之处。

在组织结构上，本书开篇两章从纵横两方面对学习心理的研究做了介绍。第一章从横向的视角、当代的切面勾画了学习心理学对学习及其规律的一般认识，

第二章则从纵向的、历史发展的角度描绘了学习心理研究的历程。接下来又分七章分别详细论述了事实性知识、概念与原理、图式与心理模型、认知技能、动作技能、态度、学习动机等学习的规律，最后以体现对各类学习结果综合应用的问题解决、迁移和自我调节学习做结。在这种概论—分述—综合的过程中，读者不仅可以了解学习心理研究的历史与现状，把握不同类型学习的规律，还可以明确各类学习结果的落脚点和本书期望的理想学习者的特征。

在内容上，本书尤为关注教学实践。在章节的设置上，以中小学各学科教学中涉及的学习结果（教学目标）类型为主线，这一组织方式十分有利于将学习心理学的相关内容与中小学的学科学习与教学实践联系起来。在具体内容的阐述上，引用了教学实践中的许多例子以及特级教师的教学经验来说明问题，这既增加了本书的可读性，也拉近了理论与实践的距离。

最后，提一点希望。当代学习心理学的发展趋势之一是其研究日益深入中小学各学科，研究各学科学习中的具体问题，有学者认为，在此基础上形成和发展起来的学科心理学将占据教育心理学的中心位置。本书体现了对教学实践和各学科学习的关注，希望作者在此基础上继续深入，将对学习的心理学规律的研究推进和具体到中小学各学科的水平，这不仅是中小学各学科学习与教学的要求，也是检验和发展学习理论、学习规律的要求。

是为序。

皮连生

2008 年 11 月于华东师范大学

目　录

第一章

学　　习

学习目标

- 举例说明学习的含义、学习与表现的关系
- 陈述加涅、布卢姆、奥苏伯尔学习分类理论的要点
- 陈述学习的信息加工机制涉及的记忆结构及信息加工过程
- 陈述学习的脑机制研究的主要结论

“学习”一词对每个人来说并不陌生。终身学习、学习型社会、活到老学到老……类似这样的词语我们耳熟能详。虽然“学习”一词涉及的面很广，但一提到学习，人们更多想到的是学生在学校教育情境中的学习。在学校中的学习是一个人成长为社会的有用之材的必需条件，研究和探讨学校教育情境中学生学习的规律，对于学生个人及社会的发展都有不可估量的贡献。本书是一本关于学生在学校教育情境中学习的著作。本章先从心理学的角度，对学校教育情境中学生的“学习”这一概念做概括介绍，以使读者对本书要讨论的主题有一基本认识。

学习的含义与分类

一、学习的含义

虽然“学习”一词人们很熟悉，但要给学习下一个严谨的定义并不是每个人都能做出的。心理学家经过多年的争论，给学习下了一个至今为大多数学者认可的定义：学习是由经验引起的能力或倾向的相对持久的变化。这一界定字数虽不多，但含义深刻，它指出了学习的定义至少涉及三方面的内容。

一是“由经验引起的”。这里的经验是相对于遗传和成熟而言的。个体身上表现出的变化有些是由先天遗传决定的，如膝跳反射、眨眼反射等。这些行为变化是与生俱来不学而会的，个体在行为上表现出的这类变化不属于学习的范畴。有些变化是由成熟决定的，如随着婴儿肌肉、神经系统的发育成熟，到一定年龄，婴儿会站立、会爬行，这些变化主要不是习得的，而是受成熟的影响，因而也不属于学习的范畴。排除了遗传和成熟这两个因素后，这里的“经验”的意义便与“后天”、“与外界相互作用”等词语联系了起来。个体在后天的环境中，因与周围环境的相互作用（如摆弄玩具、观察他人、与家长老师互动等）而导致的变化，才有可能归因于学习。

二是“相对持久”的变化。这里的“相对持久”是相对于“暂时的”、“短暂的”变化而言的。由疲劳、酒醉等原因也可引起个体行为发生变化，但这些变化随着体力的恢复及酒醒之后会趋于消失。这些变化通常被排斥在学习之外。但相对持久到底是多久，目前心理学家还不能给出具体答案。不过大多数专家认为，行为改变持续的时间太短（如几秒钟），就不能算做是学习[1]。小学语文老师判断学生是否学会了生字字形，通常不是依据学生当堂的正确默写率，而是依据一段时间（如几天、一周）后学生对生字字形的巩固率。学生默写字形的行为有了相对持久的变化，才能说他们身上发生了学习。

三是“能力或倾向”。这里的“能力或倾向”暗含两种意义：能力或倾向是学习的结果而非学习的过程，能力或倾向是学习者之内的因素。学习的结果涉及学习之后学习者得到了什么，在这一问题上，心理学家存在很大争议。早期的心理学家认为习得的是可以观察、可以测量的行为。后来，很多研究者发现，个体学到了很多东西，但不一定在行为上表现出来。换言之，个体行为上没有任何变化，但他确实学到了某些东西。因此，单纯地用行为来界定习得的内容不足以全面把握学习的结果。于是有心理学家对这一结果的描述做了修改，改为“行为或行为潜能”[2]。所谓行为的潜能是指有表现出这种行为的可能性，但不一定会表现出来。还有的心理学家将这种结果界定为“知识”，如梅耶（R.E.Mayer）就将学习界定为“由个体经验所导致的个体知识的相对持久的变化”。他同时指出，学习定义中的两种成分（即“由经验引起的”和“相对持久的变化”）一个世纪以来基本没有变化，而第三种成分即习得或变化的是什么却存在争议，争议的焦点是这种变化是行为的变化还是认知的变化。梅耶倾向于认知的变化[3]。本书将学习的结果用能力或倾向来界定，能力涉及会不会、能不能的问题，倾向涉及愿不愿的问题，前者关注认知方面的结果，后者关注态度、动机等方面的结果。个体在这两方面的变化都可由学习所导致。

“能力或倾向”暗含的第二种意义其实是第一种意义的自然延伸。“行为潜能”、“知识”等学习结果和“能力或倾向”一样，都是学习者内部的因素。既然学习是学习者内部的能力或倾向的变化，而且这一内部的变化不能被直接观察到，那么，我们如何知晓这种变化是否发生了呢？这涉及学习定义中一个重要的问题：学习与表现的关系。

表现（performance，又译为行为表现、作业、操作，在培训领域又常译为绩效）是指学习者做出的可以观察、可以测量的行为。表现是学习者表现于外的，而学习则是内在的变化。表现与学习虽有区别，但也有密切的联系。学习所涉及的内在能力或倾向的变化不能直接被观察到，只能通过学习者的表现来推断，换言之，内在的能力或倾向发生了变化，会体现在外在表现的变化上，可以说，表现的变化为我们提供了一个了解内在能力或倾向变化的窗口。如某个小学生经常表现出帮助别人的行为，我们就可以从他的行为变化上推断他形成了“关爱他人的倾向”。又如某个中学生原先不会解二元一次方程组，现在给出10道二元一次方程组，他都能正确地解出，据此我们推断他习得了解二元一次方程组的能力。需要指出的是，由于学习涉及能力或倾向的相对持久的变化，因而作为学习指标的表现的变化也应是相对持久的，即通过学习者行为表现的相对持久的变化，我们才可推断其内在的能力或倾向发生了相对持久的变化；内在的能力或倾向发生了相对持久的变化，也必然会在表现上体现出相对持久的变化。这一关系为我们具体测量学习提供了依据。由于表现是可观察可测量的，因而通过测量表现的相对持久的变化就可推论或测量出学习的变化。测量表现的相对持久变化的方法主要有保持测验和迁移测验。所谓保持测验是在相隔一段时间之后对表现进行测量，如上文提及的语文老师在一周之后测量学生对字形的记忆情况。所谓迁移测验是在与学习情境不

专栏 1-1

学习观的演进

梅耶回顾了20世纪学习观的演进过程，指出不同时期心理学家对学习有不同看法[4]。

1. 学习是反应的增强或削弱

这种观点认为，学习是一个机械的过程，针对某一情境的成功反应自动得到增强，而不成功的反应则受到削弱。换言之，学习就是某一刺激与某一反应之间联系的增强或削弱。在这种学习观中，学习者是反馈的被动接受者，完全受制于环境中的奖励和惩罚。这一观点盛行于20世纪上半叶，主要是根据有关实验室动物学习的研究提出来的。

2. 学习是知识的获得

这种观点认为，当信息从一名知识较丰富的人（如教师）那里转移到知识较少的人（如学生）那里时，就发生了学习。学习就像是把信息注人学生的记忆中一样，这与我国教育界所讲的"灌输式教学"、"满堂灌"的教学很接近。这一观点盛行于20世纪六七十年代，当时的心理学家在研究学习时，已从研究实验室中的动物学习转向了研究实验室情境中的人类的学习，而且研究时所持的基本假设是将人看做是信息加工者。

3. 学习是知识的建构

这种观点认为，学习是学习者在试图使其经验有意义时而主动建构自己的心理表征，换言之，学习并不是通过记录信息而是通过解释信息来进行的。在这一观点中，学习者是积极主动的意义生成者。这一观点肇始于20世纪七八十年代，是随着心理学家开始研究现实情境中人类的学习而出现的。

梅耶认为，这三种学习观各有优点，但他更倾向于第三种观点即学习是知识的建构，因为这一观点对改善教育有最大的作用。

一样的情境中测量学生的表现，如学生学会计算课本上给出的求圆面积的题目之后，让其去计算校园花坛的面积。保持测验测量的是需要学生记住所学的东西；迁移测验测量的不仅是需要学生记住所学习的东西，而且能理解和运用所学习的东西。换言之，保持重在过去，迁移重在将来[5]。

二、学习的分类

学习现象很复杂，其中的规律往往要视具体情况而变，很难用一条原理来概括。换言之，要区分不同的学习现象，而后分别探讨其规律。这一认识的得来并不容易。早期的心理学家在研究学习时受达尔文进化学说的影响，认为人与动物的学习可以用共同的规律来解释，于是他们倾向于以猫、狗、白鼠等动物为研究对象来探寻这些共同的规律。在第二次世界大战期间，很多美国心理学家应征入伍，在军队中从事人员的培训及选拔工作。当时的心理学家就以从动物研究中得来的学习规律指导其培训工作。实践中发现这些规律有时可以成功地指导培训，产生较好的培训效果；有时却不能带来较好的效果。二战结束后，很多心理学家对此现象做了深入的思考，终于认识到人类的学习很复杂，很难用一种原理来解释，更不能用动物研究得来的学习原理指导人类的学习，很有必要对人类的学习进行分门别类的研究，分别探讨其中的规律。心理学家的这一思想也落实到了行动上，具体体现是1962年迈尔顿（A.W.Melton）主持召开了一次人类学习的会议，集中讨论了人类学习类型的划分问题，会后还出版了《人类学习的类型》一书[6]。此后，学习分类的思想得到了心理学家的普遍认可，并在此基础上提出了一些学习分类的理论。这些学习分类理论大致可以分为两类：一类是从学习结果的角度对学习进行分类，另一类是从学习方式的角度对学习进行分类。

（一）学习结果分类

1. 加涅的学习结果分类

美国心理学家加涅（R.M.Gagné）1977年在《学习的条件》一书中提出了一种学习结果的分类，他将学生习得的学习结果用一个词来概括——性能（capability）。性能是后天习得的一种内潜的心理状态或心理品质，其存在是根据学习者外在的表现推测出来的。[7]显然，加涅讲的性能与上文提及的学习定义中的“能力与倾向”相对应。加涅将学生习得的性能分为五类。

（1）智慧技能

智慧技能是个体运用符号与其周围环境相互作用的能力。如小学生习得了长方形的面积公式后能用其来计算课本、课桌的面积，或者学生学习了英语规则动词变过去式的方法，能通过在动词之后加ed来写出某一动词的过去式。智慧技能一般涉及概念和原理的运用。中小学各学科中的概念、定理、定律、公式等的运用，都可归入智慧技能的范畴。

（2）认知策略

认知策略是个体用于支配自身学习、记忆与思维活动的手段。认知策略作用的对象是学习者自己的思维、记忆等内部过程。如为了更好地记住英语单词“merchant”的中文意思“商人”，一名中学生便通过将“merchant”谐音成“摸钱的”，从而与“商人”一词发生联系，这样就牢牢记住了该单词的意思。这名中学生就是通过采用谐音的手段对自己的记忆过程进行了调节，提高了记忆效果。这种记忆的方法就属于认知策略。

（3）言语信息

言语信息是运用语言陈述信息的能力。如学生能说出“π表示的是圆的周长与直径的比”，“北京是中国的首都”，能写出“太平天国运动失败的主要原因”，就说明学生具有相应的言语信息。言语信息不仅涉及对信息的记忆，更涉及对信息的理解，即学生能用自己的话进行阐释，不一定一字不差地复述出来。

（4）动作技能

动作技能是涉及肌肉使用的对行为表现准确、流畅、及时地执行。如学生在体育课上要学习的背越式跳高、立定跳远、广播体操等，都需要肌肉运动的参与，都是动作技能的典型例子。此外，音乐课上要学习的发音，书法课上要学习的握笔、运笔等动作，因为要涉及学习口腔、声带、舌头、手、手臂肌肉的协调运动，所以也属于动作技能。动作技能与智慧技能的一个重要区别是智慧技能可以在头脑内部执行，或执行时虽涉及肌肉运动，但这些肌肉运动是学生早已学会的，而动作技能则必须涉及肌肉运动的学习。

（5）态度

态度是影响个体对某类事物、人、事件的行为选择的内部状态。如对于哗哗流水的水龙头，个体能选择去关掉而不是视而不见，说明个体具有节约水资源的态度。态度是一种内在的反应倾向，它也要通过个体的具体行为表现来推断，但态度并不是具体的行为，我们只是从个体关水龙头、给老人让座的行为推测他们具有节约用水、尊敬老人的态度。

2. 布卢姆等人的教育目标分类

布卢姆（B.S.Bloom）等人的教育目标分类实质上也是学习结果分类。布卢姆等人先在1956年开发出了认知领域的教育目标分类，后来，克拉斯沃尔（D.R.Krathwohl）、布卢姆、马西亚（B.B.Masia）在1964年开发了情感领域的教育目标分类，辛普森（B.J.Simpson）和哈洛（A.Harrow）分别在1966年和1972年开发了动作技能领域的目标分类框架，由此完成了对认知、情感、心因动作三大领域的教育目标分类工作。2001年，在时隔45年后，由认知心理学家梅耶、宾特里奇（P.R.Pintrich）、维特罗克（M.C.Wittrock），课程与教学专家安德森（L.W.Anderson）、克里克辛克（K.A.Cruikshank）、拉斯（J.Raths），测量评价专家克拉斯沃尔、艾雷辛（P.W.Airasian）组成的专家组与中小学教师合作，完成了对布卢姆1956年认知领域教育目标分类的修订工作。

在布卢姆等人1956年及其之后提出的教育目标分类中，将教育目标分为认知、情感、心因动作三个领域，而后又对每个领域做出了进一步的划分。对认知领域的目标，按由低到高的层次分为六级，分别是知识、领会、运用、分析、综合、评价。对情感领域的目标，依其价值内化的程度分为接受、反应、价值化、组织、价值与价值体系的性格化五级。对心因动作领域，哈洛1972年的分类是知觉、定向、有指导的反应、机械动作、复杂的外显反应、适应、创新等七级。

在2001年认知领域教育目标的修订版中，修订者是从课程之父泰勒（R.Tyler）1949年有关教育目标的工作出发的。泰勒主张陈述目标应从内容和行为类别两方面来进行。修订者吸收了认知心理学的研究成果，用“知识”替代“内容”，用“认知过程”替代“行为”，从而从知识和认知过程两个维度对认知领域的教育目标做出了描述和分类，这一分类有别于布卢姆等人1956年分类中的一维分类，修订过的分类更强调学习、教学与评价的一致性。

在新的分类中，知识维度包括四类知识，分别是：①事实性知识，指学习者在掌握某一学科或解决问题时必须知道的基本要素，包括术语知识和具体细节及要素的知识。②概念性知识，指某个整体结构中发挥共同作用的各基本要素之间的关系，包括类别与分类的知识、原理与概括的知识以及理论、模式与结构的知识。③程序性知识，指如何做事的知识，探究的方法，运用技能的准则，算法、技巧和方法的知识。包括具体学科技能和算法的知识、具体学科技巧和方法的知识、确定何时运用适当程序的知识。④元认知知识，指关于一般的认知知识和自我认知的知识，包括策略性知识、关于认知任务的知识（包括适当的情境性和条件性知识）、自我知识。

认知过程维度包括如下六类认知过程：①记忆，指从长时记忆库中提取相关知识，包括识别和回忆。②理解，指能够确定口头的、书面的或图表图形的信息中所表达的意义，包括解释、举例、分类、总结、推断、比较、说明。③应用，指在特定情境中运用某个程序，包括执行和实施。④分析，指将材料分解为其组成部分，并且确定这些部分是如何相互关联的以及部分同总体之间的联系，包括区分、组织、归属。⑤评价，指依据准则和标准来做出判断，包括核查和评判。⑥创造，指将要素整合为一个内在一致、功能统一的整体或形成一个原创的产品，包括生成、计划和贯彻[8]。

两个维度结合起来构成了如下的分类表，可用来描述认知领域不同的目标：

表 1-1 布卢姆 2001 年认知领域教育目标分类表

知识维度	认知过程维度					
	记忆	理解	运用	分析	评价	创造
事实性知识						
概念性知识						
程序性知识						
元认知知识						

表的横行是不同的认知过程类别，表的竖列是不同的知识类别，表中的单元格是知识和认知过程的交汇处，表示的是预期学生对某一类别的知识采取什么样的认知操作，这样，不同的单元格就描述了不同的目标，而所有的目标也都可以置于某一个或某几个单元格中，从而有助于教育者更清楚地了解目标所涉及的知识及认知过程。

综合布卢姆等人教育目标新旧分类体系来看，这一目标分类是一个全面的目标分类，涉及认知、情感、心因动作三大领域，与我国提出的德智体三育相对应。这一分类还吸收了当代心理科学尤其是认知心理学的研究成果，将认知领域的教育目标描绘成对不同类型知识的不同认知操作，这其实是对认知领域目标或能力的新解读，值得我们关注和研究。

3. 我国学者的分类

潘菽在其主编的《教育心理学》（1980）中，从学习结果的角度把学习分为四类：①知识的学习；②运动和动作技能的学习；③智力技能的学习；④道德品质和行为习惯的学习。

冯忠良等人2000年在《教育心理学》一书中将学生的学习分为三类：①知识的学习，是通过一系列的心智活动来接受和占有知识，在头脑中构建起相应的认知结构；②技能的学习，是通过学习或练习，建立合乎法则的活动方式的过程，有心智技能学习和操作技能学习两种；③社会规范的学习，是把外在于主体的行为要求转化为主体内在行为需要的内化过程。[9]这两种分类划分的类目数虽不同，但实质上是一样的，都主张从知识、技能、品德等三方面来厘清学习结果或教育目标。这两种分类在我国教育界影响很大，要在我国提出一个学习结果的新分类体系，这两种分类的影响不能不考虑。

（二）学习方式分类

学习结果分类关注学生习得的是什么，而学习方式分类则关注学生以何种方式习得这些学习结果。与教学实践关系密切且有影响的学习方式分类主要是奥苏伯尔（D.P.Ausubel）的分类。

奥苏伯尔的学习方式分类是对学生在课堂上进行的认知学习所进行的分类。奥苏伯尔不主张用单一模式来解释本质上不同的学习类型，他认为，为促进学生的学习，有必要区分课堂上学生所进行的学习类型，而区分这些类型的方法是两分法，即把彼此交错在一起的两个极其重要的过程区分开来。根据这一思想，奥苏伯尔从两个独立的维度把学习分为接受学习和发现学习、机械学习和有意义学习。

接受学习是指学习的内容以定论的方式传授给学习者，学习者不需要任何独立发现；发现学习是指要学习的内容不是传授的，而是在学习者能把这种学习内容同化到其认知结构以前由学习者发现出来的。机械学习指任意的或字面的联想的获得，是在学习材料不能与原有认知结构建立非人为的和实质性的联系时出现的；有意义学习是指学习材料以非人为的和实质性的方式与学习者的原有知识联系起来的学习。奥苏伯尔指出，这两个维度的两个极端并不是绝对的，在它们中间还有一些过渡形式，如有些学习既有机械学习性质，又有有意义学习的性质，或者既具有发现学习的性质，又具有接受学习的性质。学习的两个维度及中间过渡学习形式的关系及各类学习的例子见图 1-1。[10]

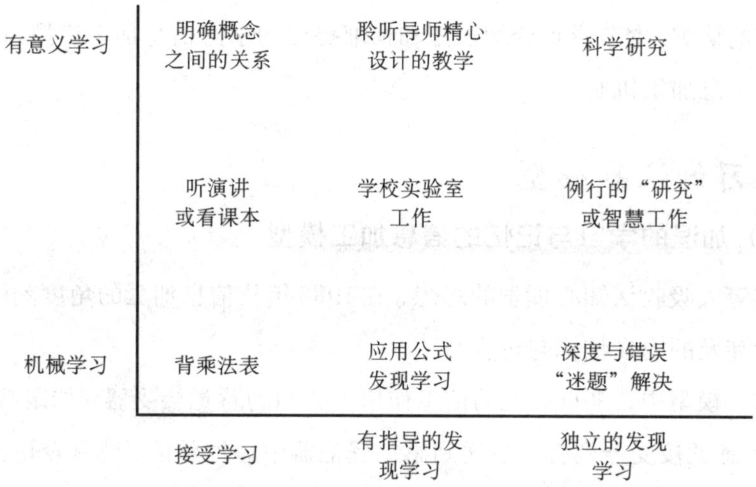

图 1-1 奥苏伯尔的学习方式分类

奥苏伯尔十分看重有意义的接受学习，认为它是学校学习的主要形式，但他并没有否定其他形式的学习在学校中的作用，只不过他认为其他形式的学习并不是学校学习的主要形式。这一思想对我国的教育改革来讲更有现实意义。我国教育部2001年颁布的《基础教育课程改革纲要（试行）》（以下简称《纲要》）指出，改变课程实施过于强调接受学习、死记硬背、机械训练的现状，倡导学生主动参与、乐于探究、勤于动手。这一观点在实践中产生了一些误解，很多教师上课不敢讲授，认为这与课程改革的精神不符。出现这种情况，一方面的原因是教师简单地将接受学习等同于机械学习，另一方面是教师未能正确领会《纲要》的精神。《纲要》改变的是“过于强调接受学习”，并不是单纯地要改变“接受学习”。因而奥苏伯尔的这一学习方式分类虽提出于20世纪70年代末期，但对于我们在21世纪开展课程改革还是具有重要的指导意义。

学习的信息加工机制

学习是如何进行的？这一问题涉及学习的机制。对此，从不同角度研究学习的学者会给出不同的回答。自20世纪中叶以来，一些心理学家将人脑与计算机做类比，认为人脑也和计算机一样要加工、处理信息。在这一思想指导下，一些学者开始用信息加工的视角来解释学习的内部过程与机制，并提出了一些模型来表示他们的认识。本节重点介绍加涅和梅耶提出的学习信息加工模型，以此来认识学习的信息加工机制。

一、学习的认知模型

（一）加涅的学习与记忆的信息加工模型

加涅等人吸收认知心理学的思想，在1988年从信息加工的角度刻画了学习与记忆所涉及的内在结构与过程[11]。

在这一模型中，来自环境的信息作用于我们的感觉接受器（如眼睛、耳朵、皮肤等），感觉接受器则将信息送到感觉登记器中短暂登记。感觉登记器又叫感觉记忆，其容量通常被认为是无限的，且信息在其中保持的时间很短，如视觉信息只能在其中保持0.5秒左右。

感觉登记器中登记的大量信息经选择性的知觉这一过程而被选出一部分送入短时记忆中进一步加工。短时记忆又叫工作记忆，它有两个突出特点。一是信息在其中保持的时间相对短暂，如果不对信息进行复述，保持时间一般不超过20秒。二是其容量有限。米勒（G.A.Miller）1956年的研究指出，工作记忆能同时保存的信息单位（他称之为组块）为7 ± 2个。而西蒙（H.A.Simon）则在1974年认为更少，只有5个左右。[12]短时记忆是学习发生的重要场所，在短时记忆中不仅可进行为保持信息而开展的复述活动，还有一种称之为编码的活动，即给短时记忆中的信息赋予一定意义（在这种情况下常将短时记忆称为工作记忆），经过编码的信息被送到长时记忆中永久保存。

长时记忆是永久保存信息的地方，其容量也被认为是无限的。长时记忆中的信息经过提取过程而进入短时记忆，在其中经过加工以后又可以激活效应器（主要是我们的肌肉和腺体），从而导致学习者身上出现可以观察到的行为表现。

这样，外界的信息经过一系列的记忆结构和加工过程而导致了作用于外界的行为。在这一过程中，信息经过不同的记忆结构并受到不同的处理。激活和调节信息加工过程的是预期和执行控制。执行控制调节着整个信息加工的过程，如复述、编码、提取等过程都受其调控，而预期则影响对外部信息的选择性知觉和编码等过程（图 1-2）。

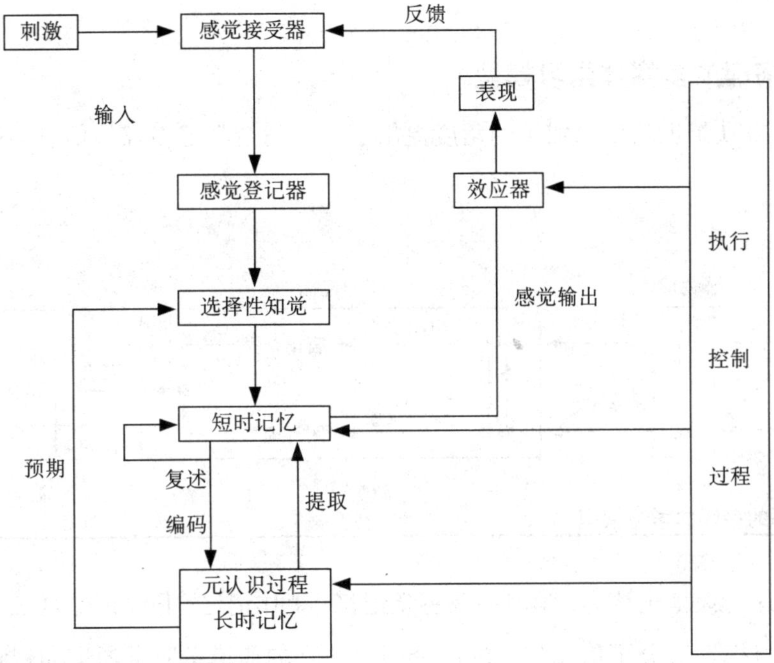

图 1-2 加涅的学习与记忆的信息加工模型

总之，在加涅的学习与记忆的信息加工模型中，学习的内部机制涉及感觉接受器、感觉登记器、短时记忆、长时记忆、效应器等结构，其中经历的内部过程主要有如下一些：

- 通过接受器接受刺激；
- 通过感觉登记器登记信息；

- 选择性知觉信息，以便在短时记忆中储存；
- 通过复述在短时记忆中保持信息；
- 为了在长时记忆中保存而对信息进行语义编码；
- 将长时记忆中的信息提取到工作记忆中；
- 反应生成并进入效应器；
- 学习结果表现于学习者的环境中；
- 通过执行策略对过程实行控制。

加涅等人还指出，这一模型被当代研究者广泛认可，它融合了当代学习理论的主要观点，而且能为如何设计教学以促进学习提供理论支持。[13]

（二）梅耶的多媒体学习模型

梅耶在2001年也从信息加工的角度提出了一个适合学习多媒体信息的模型（图 1-3）[14]。

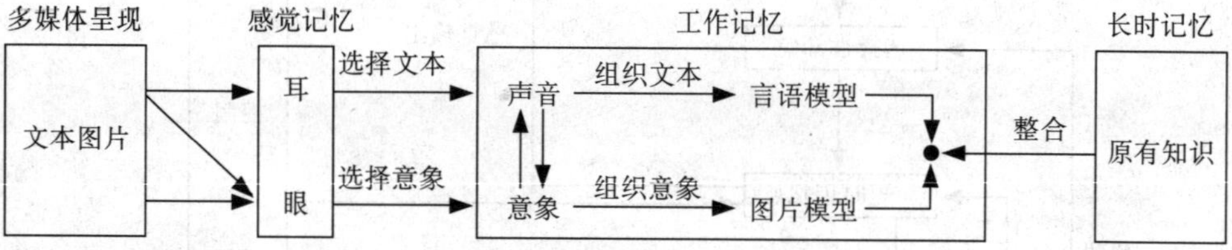

图 1-3 梅耶的多媒体学习模型

梅耶的这一模型也认为，学习涉及感觉记忆、工作记忆、长时记忆这三种记忆结构。不过梅耶区分了信息加工的两个相对独立的通道：听觉通道和视觉通道。这两个通道可以分别加工处理文本信息（包括听觉方面的信息和视觉方面的信息）和图片信息（包括静态的图片和动态的图片），因而这一模型更适合梅耶所讲的多媒体信息（融合了文本和图片信息的材料）的学习。此外，梅耶还区分了学习中涉及的三种主要的认知过程，分别是：①选择——将注意集中于相关的信息上并将其从感觉记忆移入到工作记忆中，如图中的“选择文本”和“选择意象”箭头所示。这一过程被认知心理学家斯腾伯格（R.J.Sternberg）称之为选择性编码，并将其定义为“从无关信息中筛选出相关信息”。②组织——在工作记忆中建立新信息内部的联系，或将所选择的新信息组织成一个连贯一致的整体，如图中“组织文本”和“组织意象”箭头所示。斯腾伯格将这一过程称之为选择性组合，并定义为“将编码过的信息选择性地组合在一起以形成一个整合的、内部相联系的整体。”③整合——在工作记忆中新组织起来的知识与学习者从长时记忆中提取的相关原有知识间建立外部联系，或者是将组织过的信息与记忆中已有的其他熟悉的知识结构联系起来，如图中“整合”箭头所示。斯腾伯格将这一过程称之为选择性比较，是将新获得或提取出来的知识与旧的知识联系起来以形成一个外部相联系的整体。梅耶还认为，整合还包括在两条新组织起来的知识（如同一概念的言语表征和图片表征）之间建立联系[15]。

（三）两个模型的比较

加涅和梅耶都是当代著名的教育心理学家，都对学生在学校教育情境中的学习十分关注。他们在信息加工的思想基础上提出的学习的信息加工模型，代表了当代心理学家对学习内在机制的看法。这两个模型虽有差异，但在学习所涉及的结构与过程上却有着共同之处。如这两个模型都认为学习涉及感觉记忆、工作记忆（短时记忆）、长时记忆这三种记忆结构，而且，由于工作记忆能同时处理的信息量有限，因而工作记忆成了学生学习时对信息进行加工的“瓶颈”，这一点对学生的学习而言意义重大，梅耶甚至将工作记忆的有限容量提升为一条重要的学习原则[16]。此外，这两个模型对学习时涉及的内部认知过程做出了相似的描述。如加涅模型中的“选择性知觉”相当于梅耶模型中的“选择”过程；加涅模型中的“复述”、“编码”、“提取”等过程其实综合了梅耶模型中的“组织”、“整合”过程。

当然，这两个模型也有各自的特色。加涅的模型突出了对信息加工过程的激活与控制，模型中的“预期”和“执行控制过程”即体现了这一点。梅耶模型中则没有指出这一重要的过程，但他的模型突出了学习者有两个相对独立的信息加工通道（听觉通道和视觉通道），而且这两个加工通道在工作记忆的容量上也都有限，这一点其实吸收了当代认知心理学家对工作记忆研究的新成果[17]。此外，相比之下，梅耶对学习的认知过程的描绘更简洁实用。

最后，需要指出，这两个学习的模型都是“认知模型”，就学生的动机、情感等因素对学习的影响未予以充分考虑（加涅模型中的“预期”过程在某种程度上暗含有动机的成分），对影响学生学习的社会文化因素也未予以考虑。但就揭示学习的内部认知过程这一点来说，这两个模型无疑是有根据、有影响的。

二、有效学习的条件

追求有效的学习是学习者、学习的研究者和教师的共同目标。如何确保学生进行有效的学习呢？加涅和梅耶的认知模型中其实暗含了有效学习（梅耶称之为有意义学习）的基本条件。所谓学习的条件，按加涅等人的说法，是指学习者之内与之外的影响学习的一整套因素[18]。这两方面的条件对学习的有效进行至关重要。

（一）外部条件

有效学习的外部条件主要指学习者之外的环境因素，这些因素主要有如下一些。

1. 学习材料本身必须具有逻辑意义

这一条件是奥苏伯尔提出的影响有意义学习的外部条件。这里的逻辑意义是指学习材料与人类学习潜能范围内的相关观念之间可以形成非人为的和实质性的联系。一般来说，教科书中的内容是人类对现实世界的解释或某些合乎逻辑的推断，都符合逻辑意义要求。而心理学家做实验时使用的无意义音节、随机的数字串等材料，则不具有逻辑意义。

2. 应以多种媒体形式呈现学习材料

梅耶的学习模型区分了加工信息的视觉通道和听觉通道，这两个信息加工通道相对独立且容量有限。如果学习材料中只包括视觉文本方面的内容（看教科书），就很容易使加工视觉信息的通道负担过重，这时若辅以听觉方面的信息，则可利用闲置起来的听觉通道提高信息加工的效率。同样，如果只以言语听觉形式（口头讲授）呈现信息，则听觉通道负担会过重，这时若辅以视觉图片（静态的或动态的），就可利用视觉通道来加工信息，也能提高加工效率。梅耶将利用文本和图片两种媒体呈现同一种信息可以提高学习效率的这一现象称为“多媒体效应”[19]。

3. 支持性的社会文化环境

影响学习的一个重要外部条件是教师为学习者所做的示范、所提供的练习、所提供的指导和反馈及强化，这些因素对学生的有效学习十分重要。近年来，随着维果茨基（L.S.Vygotsky）社会文化理论的传播，学习者所处的社会文化环境对学习的影响作用逐渐受到重视。学习者在参与社会文化实践过程中，在与社会文化成员（如教师、同伴）相互作用、在使用社会文化工具时，逐渐将体现在社会性相互作用及社会文化工具中的知识和习俗内化而变成自身知识贮备的一部分。因而，一个支持性的社会文化环境对学习来说是很重要的。

（二）内部条件

内部条件可用学习者自身已具备的准备状态来刻画。具体讲，这一准备状态主要包括如下几方面。

1. 学习者原有的知识技能基础

学习者原有的知识技能主要储存在长时记忆中。在加涅和梅耶的学习模型中，学习虽主要发生在工作记忆中，但还需要从长时记忆中提取一些信息到工作记忆中，以便与新信息联系起来而理解和习得新信息。没有相关的原有知识技能，新的学习不可能有效进行。一个不知道洋流和鱼类食性知识的学生，是不能有效理解舟山群岛附近的海域为什么是我国重要渔场的道理。同样，一个不会正确计算加法的学生，是不可能学会乘法运算的。学生具有的原有知识技能对新学习的影响这一点，奥苏伯尔讲得很清楚——假如让我把全部教育心理学仅仅归结为一条原理的话，那么，我将一言以蔽之曰：影响学习的唯一最重要的因素，就是学习者已经知道了什么。要探明这一点，并应据此进行教学[20]。

2. 学习者的学习策略

这里的学习策略相当于加涅模型中的执行控制过程，涉及对学习的信息加工过程进行调节和控制。如学生在记忆“男”的字形时，能通过添加补充“在田间出大力的人是男人”而对其记忆过程进行调节，提高了记忆效率，这就是学习策略对学习的影响作用。

3. 学习者的动机

这里的动机相当于加涅模型中的“预期”。动机不仅包括学习者学习的意愿，也包括他们对学习的一些预期、信念、态度等。如学生认为解数学题时，两分钟内解不出就永远也解不出了，这种信念会影响他们继续解题的动力和最终的学习效果。这里的动机因素和刚才的学习策略，都体现了学习者在学习中积极主动的作用。奥苏伯尔将这一积极主动的作用描绘为“有意义学习的心向”，即积极主动地在新知识与原有知识间建立联系的倾向。

学习与大脑

对学习的信息加工研究虽在学习心理机制的研究方面占主导地位并积累了丰富的研究成果，但近年来，从脑神经机制的角度研究学习渐成热点，这为我们深入探究学习的机制提供了新的视角。本节重点介绍认知神经科学在这方面的研究成果，以勾画出学习的大脑物质基础在学习中的作用。

一、大脑功能的分区化与整体化

人类的学习和心理活动是在身体的哪个部位进行的？古人认为是心脏，心之官则思。直到近代，科学家们才明确认识到人类的学习和心理活动发生在大脑中。但大脑又如何与不同的学习与心理活动联系起来呢？对这一问题，科学家们展开了长期的研究和争论，争论的焦点是：大脑的功能是分区化的还是整体化的，即大脑的某一特定区域负责特定的心理功能，还是大脑的所有区域都对某种心理功能负一定责任。

最早对这一问题做出回答的是高尔（F. J. Gall）。高尔是一名神经解剖学家，他曾经解剖和比较了人和动物的大脑。他认为，不同的心理功能位于大脑的不同区域，如贪欲位于小脑，谋杀位于耳朵上的脑区，定位和语言位于眼后的脑区。而且，某一心理功能发展得较好，会在头颅的形状上表现出来，如偷的倾向较强，则在颅骨上会有一道很长、很明显的突起。这构成了高尔的颅相学的基础。

高尔的这一思想引起了公众的极大兴趣，但没有引起科学家的关注，反而招致了一些批评。对他批评最严厉的是弗劳伦斯（J. M. Flourens）。弗劳伦斯是一名生理学家，他用切除法研究动物大脑的功能，即先切除或破坏动物大脑的一部分，然后观察动物的行为表现。他发现，对大脑部分的切除并不导致高尔所预测的会导致特定功能的丧失，相反，只是导致动物的一般适应能力受损，随着脑切除量的增加，动物只是整体上变得更笨拙而已。据此，弗劳伦斯认为，大脑的功能分布于整个大脑，而不是局限于某个特定区域。但颅相学的拥护者反驳说，弗劳伦斯的方法就像是拿一把斧头去敲打一台不知道功能的精密机器，然后观察机器能做什么。这一反驳很有力，但没能阻止大脑功能整体说的确立。

到了1861年，布洛卡（P. Broca）在其医院中遇到了一些丧失了说话能力的病人。病人死后布洛卡对他们的大脑进行解剖，发现他们左前方的大脑皮层受到了损伤。布洛卡据此认为，这一区域（今天称为布洛卡区）与语言功能有关。1870年，两名德国的研究者用电流刺激动物大脑的不同部分，结果动物表现出了特定的肌肉运动。这些发现又复活了大脑功能分区化的思想：大脑的特定部位具有特定的功能。

但争论仍在继续。20世纪初，拉什利（K. Lashley）让老鼠学习走迷宫。在学习之前和之后切除大脑的不同部分和不同量。结果发现，老鼠学走迷宫的能力并不随大脑特定区域的破坏而受损，而是随着被切除的大脑部分的增加而逐渐丧失。这一发现与弗劳伦斯的研究结果一致，支持大脑功能的整体化或分布化观点。

1949年，拉什利的学生赫布（D. Hebb）提出了细胞集合体（cell assembly）的概念。赫布认为，学习的机制和贮存记忆的场所并不位于孤立的神经元内，而是位于组织在一起的神经元组或神经元集合体中。而且，这些集合体并不需要涉及彼此紧密相连的细胞，而是涉及位于大脑不同部位的细胞间的联系。这样，在学习和记忆由特定神经细胞集合体来完成的意义上，大脑功能是分区化的；在神经细胞集合体是由位于大脑不同部位的细胞联系而成的意义上，大脑功能又是整体性的、分布式的。据此，切除大脑一部分不可能切除负责某一功能的集合体，但会破坏集合体内各细胞间的联系，这会使学习受到削弱而不是完全排除学习。这一解释与拉什利的发现一致。于是，赫布用“细胞集合体”这一概念，既尊重了拉什利的发现，又以变换的形式重新引入了大脑功能分区化的思想。赫布的这一思想是当前最为接受的有关信息如何在神经系统中贮存的思想。[21]

专栏 1–2

细胞集合体：来自语言神经基础的研究

就语言的运用而言，并不是由布洛卡区完全负责，布洛卡区之外的脑区在语言使用中也有一定作用。许多临床研究发现，大脑的特定区域负责完成相对狭窄的语言功能，但对语言的正常完整使用需要大脑多个部位的合作才能完成，这为赫布的细胞集合体概念提供了经验上的支持。以下是一些典型的发现[22]：

- □ 一些病人对特定名字或单词（词形）的提取会丧失，但单词的意义仍保持。如看了浣熊的照片后能描述这一动物的生活习性，但不能对它进行命名。相反的情况也有可能，病人保持住了词形，但丧失了意义。如能阅读75%的单词，但不能正确地定义。
- □ 有可能丧失对某些类型的心理词汇的提取。一些病人保持了界定无生命词语（如帐篷、公文包、指南针）的能力，但不能保持界定生命词汇（如黄蜂、鸭、蛇）的能力。也发现了极端狭窄的语义缺陷，如一些病人丧失了只与水果和蔬菜相联系的概念。
- □ 一些病人不能理解名词的意义，但能理解动词的意义；另一些病人则能理解名词的意义，但不能理解动词的意义。有些病人能很好地说出名词和动词，但在动词的书写上有障碍；也有些病人能写出名词和动词，但不能说出动词。
- □ 一些失语病人对可逆的被动句有独特困难。在这种可逆的被动句中，名词可以是行为的发起者，也可以是行为的接受者，如“The boy kissed the girl”。这些病人对不可逆的被动句如“The apple was eaten by the boy”的理解没有困难，但会被可逆被动句如“The girl was kissed by the boy”搞混淆。

二、学习与大脑的可塑性

人类的大脑皮层有数百亿的神经细胞，这些神经细胞相互之间通过轴突和树突形成复杂的联系。这些联系是如何建立的？早期的观点认为，人一出生，这些联系就在大脑中固定下来(hard-wired)，就好像电脑一出厂就已固定好了里面的线路一样。根据这一观点，人出生后，大脑皮层上神经元之间的联系不可能变化了，但科学研究的证据不支持这一论断。来自不同方面的证据表明，大脑终生具有可塑性，环境、经验、学习会改变大脑中神经元之间的联系结构。

一方面的证据发现，在出生后的几个月至数年内，神经元的生长会出现激增现象，即神经元延伸出了更多的轴突、树突，形成更多的突触。如在4～12月时，视觉和听觉皮层的突触密度是成人的150%，而经过一段时间以后，突触的数量会缩减至成人的水平。如视觉皮层的突触在出生一年之后开始缩减，到10岁时基本上完成缩减，额叶皮层突触的缩减大致是从7岁开始，到青少年期完成。突触激增之后再进行缩减在其他物种身上也有发现，因而这是一个普遍的现象。

另一方面的证据来自老鼠学习的研究。这些研究证实，后天的丰富经验和学习会使大脑皮层中的突触数量发生变化。如罗森茨韦克（M.R.Rosenzweig）比较了在标准的、丰富的、贫乏的不同环境中饲养的老鼠大脑的变化。他比较了在三种环境中饲养的家鼠、鼷鼠、地松鼠、沙鼠的大脑的发展。标准的环境由一只可容纳3只老鼠的小实验笼构成，并配有食物和水。丰富的环境是一个可容纳10～12只动物的更大的笼子，有水、食物和每天都变换的物体（如搁板和滑梯）。贫乏的环境指在一个小的笼子里单独饲养。结果发现，在丰富环境中饲养的动物的大脑相对于比较组在重量、树突的分支上及突触接触面上都有增加[23]。又如布莱克（J.E.Black）等人比较了两类老鼠的学习。一类老鼠学习挑战性的动作技能但不需要动脑，另一类完成需要动脑的活动但不需要学习动作技能。研究共四组。第一组老鼠学习跨越可增高的障碍物，训练一个月之后，这些老鼠能十分出色地完成任务。第二组为"强制性练习者"，每天踩一次脚踏车，先踩30分钟，然后休息10分钟，再踩30分钟。第三组为"自愿练习者"，自由接触挂在笼子上的常用的活动轮子。第四组为控制组，没有进行任何练习。结果发现，第一组老鼠的突触数量较其余三组更多。[24]这说明，需要动脑的活动可以增加突触数量，但单纯的练习却不能。

还有一方面的证据来自对人类大脑的研究。如有人比较了大学毕业生和中学辍学生的尸体解剖结果，发现大学毕业生的突触联系比中学辍学生多出40%；但那些生活缺乏智力挑战和刺激的大学毕业生，他们的树突更少。又如，还有研究发现，终身用脑不断应对认知挑战的人，虽然脑细胞受损，但不会得老年痴呆症。最典型的例子是美国一家圣母院里的修女，她们不仅长寿而且都没有患老年痴呆症，这主要得益于她们终生养成的如下习惯：从事富有挑战的认知活动，如字谜、扑克游戏、讨论当前的政策等。其中一名修女在101岁去世前仍在认知任务上有较好表现，但对其大脑的解剖却发现了她的大脑神经纤维混乱及老年痴呆症的迹象。[25]

三、学习的信息加工机制与大脑

上一节介绍了学习的信息加工机制。有关大脑的研究则对这一机制的脑神经基础做出了初步解释，更丰富地刻画了学习的机制。

（一）注意与大脑

注意是信息加工阶段初期一项重要的认知活动。波斯纳（M.Posner）等人在20世纪90年代运用正电子发射断层扫描技术及对脑损伤病人的临床观察做了许多有关注意的研究。他们认为，大脑有三个注意系统。第一个系统位于皮层下，主要是指网状结构，负责一般水平的唤醒及对环境中的重大变化保持警觉。其余两个系统位于大脑皮层，分别是后注意系统和前注意系统。后注意系统主要位于顶叶，负责注意的转移或指引注意的方向。如研究发现，当被试注意视野的一部分时，对侧顶叶的血流量增加；而一侧顶叶受损的被试不能注意对侧视野，即右顶叶受损的被试不能注意到其左侧视野中的物体和事件，他们只会吃盘子右边的食物，或只会刮自己右侧的脸。前注意系统是最高级的注意系统，主要位于额叶，其作用是在环境中存在干扰刺激时，使我们能将注意维持在特定的物体或事件上而不受其干扰。此外，这一系统还使我们能根据自己的长期目的和兴趣而选择性地注意物体或信息源。研究发现，当额叶受损的被试处在一定的社会情境中时，他们的行为受环境中物理线索的支配而不受其目的和兴趣支配。如法国一位神经心理学家请一名病人到他的办公室，办公室桌上放了一把锤子、一只钉子和一幅加框的照片。病人自发地拿起锤子往墙上钉钉子，然后挂上相框。另一名病人发现桌上有一支皮下注射器，当研究者转过身并脱下裤子时，病人在他的屁股上打了一针。这些病人的行为完全受环境刺激所支配，因而有人将其称之为“环境依赖症”。

（二）工作记忆与大脑

研究发现，前额叶皮层是工作记忆的场所。对前额叶受损的病人，要他们完成一种卡片分类任务。在这项任务中给出一些卡片，上面有多种几何图形，这些图形在形状、颜色和数量上有变化，也就是说，一张卡片上是一个红色的三角形，另一张卡片上是两个蓝色的圆，第三张是四个红色的星形等等。要求被试根据某些规则对卡片进行分类。被试可能会被告知根据颜色、数量、形状或这些维度的组合来分类。显然，完成这一任务，被试需要遵守许多规则，而且在测验过程中规则是周期性改变的。正常的被试能适应规则的变化，能将每条规则正确地保持在工作记忆中，但前额叶损伤的被试却去使用早先的一个规则，因为他们不能将当前的规则暂时保存在工作记忆中来指导其行为。[26]

（三）长时记忆的结构与大脑

学习的信息加工机制区分了长时记忆和工作记忆，而长时记忆由不同系统组成，如陈述性系统和非陈述性系统、情节记忆与语义记忆等。有关健忘症的研究为这些分类提供了神经学方面的支持。得到深入研究的著名健忘症病人是H.M.，他16岁就得了癫痫，到1953年27岁时，药物已不能控制癫痫，于是对他进行了手术，以减轻病人的痛苦。手术虽成功地控制了癫痫，但不幸的是导致了全面的顺向性遗忘症，他不能形成新的记忆，即使一张长的单词列表呈现25次后，他能回忆出的单词不超过6个，这6个项目可在工作记忆中贮存。这说明他的工作记忆未受损，只是不能把记忆保存到长时记忆中，这支持了工作记忆与长时记忆的区分。

此外，他能正常地学习多种动作技能，如他可以学习镜像追踪——在观看镜子里路径的像时追踪实际的复杂路径。这一任务起先很难，但随着练习就变得容易了。虽然他的成绩以正常速度提高，但每天将任务呈现给他的时候，他否认曾见过这一任务。这说明，他的陈述性记忆系统受损，不能有意识地回忆过去的事件；但程序性记忆系统完好，仍能学习新的技能，这支持了对陈述性和程序性系统的区分。

在大量研究的基础上，斯夸尔和诺尔顿（L.R.Squire & B.J.Knowlton）提出了一个长时记忆系统的分类，并指出这一分类与脑结构的关系，见图1-4。[27]

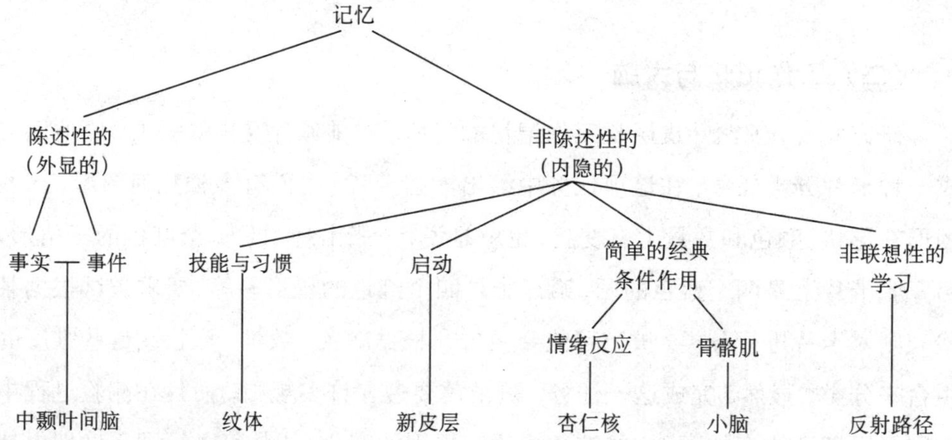

图 1-4　一种记忆及其相关的脑结构分类

四、脑研究的教育应用

近几十年来，脑神经科学有了长足进步，积累了许多研究成果。有人认为，这几十年来取得的脑研究成果要比过去2000年人类对自己大脑的认识还要多。于是，将脑科学的研究成果应用到教育上这一想法变得很诱人，但就目前来看，对这一应用前景不应太乐观。

首先，许多脑研究的结论是用动物（主要是老鼠）实验得到的，将这些结论应用到人类身上要谨慎。其次，也有人根据脑研究的相关成果为教育提出了一些建议，但正如布鲁尔（J.Bruer）指出的，这些建议要么是很宽泛的原则性纲要，要么是我们已经知道的，而且这些建议还带有很大的主观猜测成分。最后，就为课堂实践提供指导而言，已发展成熟的认知科学可以为我们提供有关学习与教学的理论基础，而且也有将这门学科应用于实践的良好例子。[28] 因而相比较而言，面向教学实践的认知科学能为教育提供更多、更实际的指导建议。虽然随着脑研究的进一步深入，其成果可能会对教育提供指导和建议，但就目前的研究水平来看，认知科学能更好地承担这一责任。

本章小结

学习是由经验引起的能力或倾向的相对持久的变化过程。这些内部的变化要通过学习者外部行为表现的相对持久的变化来推测。学习与行为表现的关系问题在学习的研究中是一个基本问题。

学习现象很复杂，很难用一种模式或理论来解释，有必要对学习进行分类研究。常见的分类有学习结果分类和学习方式的分类。加涅从学习结果的角度将学习分为智慧技能、认知策略、言语信息、动作技能和态度。布卢姆教育目标分类学的修订版主张，从知识和认知过程两个维度对教育目标进行分类。奥苏伯尔从学习方式的角度将学习分为有意义学习与机械学习、发现学习与接受学习。

自20世纪五六十年代以来，学习过程被看成是信息加工过程。加涅和梅耶分别提出了学习的信息加工模型。这些模型指出，学习的信息加工机制涉及感觉记忆、工作记忆、长时记忆等记忆结构和选择性注意、组织、整合、提取、执行控制等信息处理操作。

自20世纪90年代以来，有关脑的大量研究深化了我们对学习的认识。学习是大脑的功能，大脑的这一学习功能既是分区的，又分布于整个大脑，而且大脑中神经元之间的联系受环境、学习与经验的影响，具有可塑性。新的研究还指出了注意、工作记忆、长时记忆等信息加工机制的大脑物质基础。脑研究虽然取得了丰富的成果，但学者们提醒说，将这些结果应用于教育实践应谨慎。

重要术语

学习	表现	加涅的学习结果分类	奥苏伯尔的学习方式分类
工作记忆	长时记忆	细胞集合体	大脑可塑性

思 考 题

1. 试述学习分类思想对当前教育改革的启示。

2. 试述学习与表现的区分对教育测量的启示。

3. 布卢姆教育目标新分类对界定学习结果或教育目标有何启发？

4. 刑侦人员在收集许多证据的基础上，经过分析，终于理出了犯罪分子作案的整个过程。在梅耶看来，刑侦人员的这种活动属于他讲的哪种认知过程，为什么？

5. 有人说，人出生后突触数量会出现激增现象，这相应于发展上的关键期，应加强早期教育。你对此有什么看法？

第二章

学习心理学概述

学习目标

- 陈述学习研究的两种不同取向
- 陈述学习心理学研究中出现的两大研究流派
- 陈述历史上主要学习心理学家的研究成果
- 陈述学习心理学与邻近相关学科的关系
- 陈述当代认知神经科学研究学习的方法

学习这一现象很早就引起了人们的关注，古今中外的许多学者根据自己的经验都对学习有所思考。当代对学习现象的研究也是异彩纷呈，学习学、学习科学、学习理论、学习心理学……众多的学科对学习这一现象从不同角度加以诠释和研究。本章将关注的焦点放在心理学家对学习的研究上，着重从历史发展的角度阐述心理学家在学习研究上走过的历程。

学习心理学研究

一、学习的研究取向

对学习这一现象的研究并不是某一领域研究者的专利，不同领域的研究者对学习有不同的研究。从目前研究的情况来看，这些不同的研究可以大致划分为两种研究取向：哲学认识论取向和心理学实验取向。

（一）学习研究的哲学认识论取向

学习研究的哲学认识论取向是对自己或他人的学习经验进行哲学思辨或总结分析，其关注的问题主要是知识的性质及学习或知晓（knowing）的性质、过程。这一研究取向从古到今都有人研究。哲学教科书中有关认识论的内容就是这方面的研究成果。根据对知识与学习的不同看法，这一研究取向又可以大致划分成两大对立阵营：客观主义和解释主义。

客观主义认为，在学习者之外存在一个客观世界，这一客观世界是可知的，学习者通过感觉经验可以知晓客观世界。学习者所获得的知识是来自外部世界，是确定的。哲学中的经验主义就属于这一阵营。而解释主义则认为，知识乃至现实是由学习者通过理性思考而建构来的，是不确定的。哲学中的理性主义就属于这一阵营。

就学习的现象而言，客观主义和解释主义都能找到支持其观点的证据。如儿童看到跳动的火苗就伸手去摸，结果被火烧了一下，于是儿童就从自己对外界（火苗）的经验中获得了如下知识：火能烧伤手。这一知识是客观的、确定的，儿童通过自己的经验正确地认识了“火”的性质。儿童的这一学习可以用客观主义来解释。但儿童的语言学习用解释主义来解释更好。儿童在学习语言过程中，会说出一些没有人教过、儿童也从未听大人说过的话。如讲英语的儿童，会说出“I goed the park yesterday”这样的话，儿童所处的外部环境中并没有这样的话存在，但儿童却能讲出来，说明这样的话来自儿童内部的构建。

客观主义与解释主义是学习的哲学认识论研究中的两大主要阵营，不同领域的学习研究者都不同程度地受这两种观点的影响，虽然有些研究者可能没有明确认识到这两种观点。有关学习的不同理论观点的争论和批评，有时是针对这些理论所持的哲学认识论立场展开的。[1]在后面有关学习理论的介绍中，我们会更深刻地体会到这一点。

（二）学习研究的心理学实验取向

学习研究的心理学实验取向是通过科学实验的方式来探寻学习的规律。这一取向是在1879年心理学从哲学中分离出来而成为一门科学之后出现的。科学实验的一个特点是可重复性，即某个有关学习的实验研究及结果要能被其他研究者予以重复，这样得来的结论才能被认可。这一研究取向的研究极大地扩展了我们对学习及学习规律的认识。需要指出，这一研究取向与学习研究的哲学认识论取向有密切联系。客观主义和解释主义成为一些研究者做研究时所奉行的哲学，并在其研究过程及与其他研究者的争议中有所体现。

二、学习心理学的研究流派

在对学习的心理学规律研究方面，历史上流派纷呈。不同流派的主张虽然不尽相同，但根据其研究的内容、研究的取向，可以划分为两大阵营：行为主义和认知主义。[2]

（一）行为主义研究流派

行为主义通常将学习界定为“由经验引起的行为的相对持久的变化”，其研究对象是行为，即新行为的出现和旧行为的改变。在研究的方法上，行为主义主张通过系统观察行为并操纵其周围的环境变量来探究学习的规律。行为主义认为，学习其实就是在刺激和反应之间建立联系，而从刺激到反应之间有机体内部发生了什么，则不属于学习心理学的研究对象。从历史上看，桑代克、巴甫洛夫和斯金纳是行为主义流派杰出的代表人物。

1. 桑代克与学习的三大定律

桑代克（E.L.Thorndike）以动物为研究对象探讨学习的规律。他做的一个经典实验是将饥饿的猫关进一个迷箱中，迷箱附近放有鱼，箱内有一机关，触动它即可打开门而逃出迷箱。一开始，关进迷箱的猫做出许多无关的、随机的、不成功的行为（如四处乱窜、抓、咬等）试图从中逃出来。后来，饿猫偶然碰到了机关，于是便逃了出来。经多次把猫放回迷箱中，桑代克发现，一开始猫表现出许多混乱无关的行为，但随着尝试并逃出迷箱次数的增多，猫逃出迷箱的时间逐渐减少，最终猫学会了如何打开门逃出迷箱。

在大量实验基础上，桑代克提出了他的学习理论。首先，学习就是在刺激与反应之间建立联系，这种联系他称之为联结。其次，学习是不断地尝试错误而最后取得成功的过程。第三，动物没有记忆，没有思维，没有观念，动物只能在刺激与反应之间建立联系，而不能在观念之间建立联系。这一思想对后来的行为主义有重要影响。最后，桑代克提出了著名的学习定律以解释联结形成的规律。这些定律分别是练习律、效果律、准备律。所谓练习律是指刺激与反应之间的联系因不断使用而得到增强，因练习的中断或不练习而削弱。后来，进一步的研究表明，简单的重复并不能增强刺激与反应间的联结强度，练习的结果在联结形成中起重要作用。所谓效果律是指针对刺激的反应因受到奖赏而使刺激与反应之间的联结得到增强，因受到惩罚而使这一联结削弱。这一定律暗含的一个思想是，奖赏和惩罚在改变联结强度中有同等重要的作用。后来，在新的研究事实基础上，桑代克改变了这一看法，认为通过奖赏来改变联结较之通过惩罚来改变联结更普遍、更直接。所谓准备律是指有机体准备做出反应时，让其做出反应会使其产生满意的结果，不让其做出反应会产生烦恼的结果；当有机体不准备做出反应时，强迫其做出反应也会产生烦恼的结果。桑代克提出的三大学习定律引发了后来的行为主义和认知主义的一系列研究。

2．巴甫洛夫与经典条件作用

巴甫洛夫（I.Pavlov）是俄国生理学家，在对狗的消化腺研究中偶然发现了条件作用现象。在他所做的一个经典研究中，先给饥饿的狗呈现食物，这时食物这一刺激会引起狗分泌唾液的反应，这一现象属于生理学中的无条件反射，其中的食物叫无条件刺激，它所引发的分泌唾液的反应叫无条件反应。接下来，在给狗呈现食物的同时也呈现铃声，这时的铃声叫中性刺激，因为单独呈现铃声并不能引起狗分泌唾液。经过多次将食物与铃声同时呈现之后，单独呈现铃声而不呈现食物，也能引起狗分泌唾液，这时的铃声叫条件刺激，它所引发的分泌唾液的反应叫条件反应。巴甫洛夫的这一发现后来被称之为经典条件作用(相对于斯金纳的操作条件作用而言的),其形成的实质与过程是条件刺激与无条件刺激多次配对呈现后,条件刺激能引发条件反应。

进一步的研究还发现了经典条件作用的其他规律。如在条件作用形成后,若反复呈现条件刺激而不配之呈现无条件刺激,则条件反应趋向于消退。比如,只给狗呈现铃声而没有呈现食物,时间长了铃声就不能引发狗分泌唾液了,但经过一段时间后,若再次呈现条件刺激,条件反应会重新出现,这种现象称之为自然恢复。在经典条件作用形成后,有机体会对与条件刺激相似的刺激做出条件反应,这一现象被称为条件作用的泛化。比如,狗已形成对某一强度的铃声分泌唾液,若给狗呈现强度、频率相近的铃声,也会引发狗分泌唾液。而有机体只对条件刺激做出条件反应,对与之类似的刺激不做出条件反应的现象被称为条件作用的分化。还有一条重要的规律是高级条件作用,是在已形成的某一条件刺激引发某一条件反应基础上将新的中性刺激与条件刺激配对呈现,则新的中性刺激会转变为条件刺激而能引发条件反应。如狗已形成了对铃声分泌唾液,这时将灯光与铃声同时呈现多次,则灯光也会引发狗分泌唾液。

巴甫洛夫的条件作用理论强调刺激—反应联系的建立,而且这一过程是自动的,不需要以意识为中介。在这一理论基础上开发的系统脱敏技术可以有效地治疗焦虑、恐惧等症状。但后来的研究表明,条件刺激与条件反应之间联系的建立需要以意识和认知为中介,换言之,条件作用的形成并不是自动进行的。如果人们没有意识到条件刺激与无条件刺激间有联系,就不会形成条件作用;如果人们相信条件刺激和无条件刺激间有联系,则即使事实上不存在这种联系,也同样会形成条件作用。[3]这说明,条件作用的形成很复杂,单纯用巴甫洛夫的经典理论有时很难全部解释清楚。

3. 斯金纳与操作条件作用

斯金纳(B.F.Skinner)是行为主义学习理论的集大成者。在美国心理学界,行为主义的思想是由华生(J.B.Watson)引入的。华生主张,心理学应只关注行为的研究,意识、复杂的心理状态因其主观性而不能被客观研究,不应成为心理学的研究对象。受华生的影响,斯金纳也把行为作为心理学的研究对象。在研习巴甫洛夫经典条件作用理论的基础上,斯金纳进一步区分了两类行为。一类叫应答行为，指对刺激做出的不由自主的行为，这类行为是巴甫洛夫经典条件作用研究的对象。另一类行为叫操作行为，是由有机体主动做出并能作用于环境的行为。斯金纳研究的就是这类行为的学习。

在研究操作行为的学习时，斯金纳继承并发扬了桑代克的效果律的思想。在桑代克修订过的效果律中，他十分看重奖赏而不是惩罚在联结形成中的作用。斯金纳也接受了桑代克的这一思想，并将奖赏发展成了“强化”的概念。所谓强化是指在反应之后呈现的能够增强反应频率的刺激或事件。这是通过强化的功能或强化对行为的影响效果来界定的。强化是斯金纳操作条件作用理论的核心。利用这一概念，斯金纳提出了分析操作学习的如下框架：

$$S^D —— R —— S^R$$

其中的S^D是辨别刺激或反应出现的场景，它的作用是提示或引出某种反应。R是有机体在辨别刺激提示下做出的反应，S^R是反应之后的强化刺激，又叫相依刺激，即相依于反应提供的刺激。斯金纳认为，要科学地描述有机体行为的习得，就需要确定出上述三种成分，这三种成分斯金纳称为强化的相依性(contigencies of reinforcement)。这样看来，某种行为的习得与表现，既受辨别刺激的控制，又受强化刺激的控制。

如在斯金纳的研究装置（叫斯金纳箱）中，面板上有红绿两种灯光，有一个杠杆可供白鼠按下，而杠杆又与食盒相连。这样，按下杠杆就会导致一粒食丸释放到食槽中。假设绿灯亮表明食盒中有食丸，把白鼠放在斯金纳箱中，一开始它会针对绿光（辨别刺激）做出许多反应，有抓、咬等，当它偶尔做出按下杠杆的反应时，就会得到一粒食丸（强化物）。经过多次这样的尝试后，白鼠学会了做出压杆以得到食物的反应。但当红灯亮时，即使做出压杆反应也得不到食丸，于是白鼠就学会了看到绿灯亮（辨别刺激）按压杠杆（反应），这样可以得到食物（强化）。由此辨别刺激和强化刺激就控制或塑造了白鼠的特定反应。

斯金纳对“强化”这一概念做了深入研究。首先，他区分了正强化和负强化、一级强化物与二级强化物。正强化是指通过呈现令有机体满意的刺激来增强反应，负强化是指通过移除令有机体厌恶或不愉快的刺激来增强反应。负强化不同于惩罚，后者的目的是削弱反应。一级强化物（又叫初级强化物）是指能满足有机体基本生理需要的刺激，如食物、睡眠等。一级强化物的强化价值是在生物学上决定了的。二级强化物（又叫条件强化物）是指通过与初级强化物相联系而获得强化价值的刺激，如金钱、玩具、旅游等。

其次，斯金纳还区分了不同的强化程式及其在维持行为上的效果。固定比率程式是每隔固定的反应次数而给以强化，如工人每装配300只玩具发一次工资。固定间隔程式是指每隔固定的时间而给以强化，如工人每月发一次工资。可变比率程式是指每隔不定的反应次数而给以强化，如买彩票中奖。可变间隔程式是指每隔不定的时间长度而给以强化，如学校不定期组织评优奖先活动。前两种强化程式在维持反应的效果上较弱。一般而言，过了预期的时间或反应次数而不进行强化，会导致反应迅速衰退。后两种强化程式则有较好的维持反应效果，尤其是可变比率程式，在停止强化后，反应频率一度较高，然后才逐渐下降。这种强化程式的效果可以很好地解释赌徒为何深陷赌场而不能自拔。

（二）早期的认知主义研究流派

行为主义鼎盛的时期主要是在20世纪上半叶。虽然在这一时期行为主义的思想主导了学习心理的研究，但也有一些心理学家关注行为主义所不齿的内部“观念”的学习。比较突出的代表人物有德国心理学家艾宾浩斯（H.Ebbinghaus）、美国心理学家托尔曼（E.C.Tolman）以及德国的格式塔学派。

1. 艾宾浩斯

艾宾浩斯是和心理学之父冯特同时代的人。冯特采用实验的手段研究感觉、知觉等心理现象，并将心理学发展成了一门科学。艾宾浩斯则采用实验的方法研究了学习、记忆等高级心理现象。当时，心理学中盛行的理论是联想主义学习理论，认为学习就是观念通过经验而联系起来，如看到了“桌子”，我们会马上想到“椅子”，这是因为我们多次体验了桌子和椅子而将这两个观念在心理上联系在了一起。根据这一思想，艾宾浩斯假设，如果观念之间因不断地重复体验而被联系起来，则对观念的重复次数会影响到对观念的回忆。

为检验这一假设，艾宾浩斯创造了无意义音节，即由辅音—元音—辅音三个字母构成的音节，如qap、kow、ced等。由于这些音节本身不构成有意义的单词，因而就排除了过去经验对其学习的影响。艾宾浩斯设计了一系列的无意义音节并将其组成一个列表，而后以自己为被试，测验自己要重复多少次才能学会这些音节。从这些研究中，艾宾浩斯得出了无意义音节遗忘的规律，即遗忘的进程起先很快，而后遗忘速度会慢下来。此外，艾宾浩斯还用实验方法证实了一些明显的学习与记忆方面的事实，如要学习的材料越多，所花的时间越长；学习一些材料后，经历的时间越长，回忆的难度越大等。艾宾浩斯的工作在学习心理学研究历史上有重要意义，他首先用实验的方法研究了较高级的心理过程，他用无意义音节所做的研究开创了言语学习的传统，并使联想的原则得以延续。

2. 托尔曼

托尔曼主张用客观的方法研究行为，但他并不认同行为主义只研究刺激与反应之间的联系。他认为，应该重视刺激与反应之间有机体内部的变化。托尔曼提出的"认知地图"概念和他所做的潜伏学习研究都反映了他的这一主张。

托尔曼以白鼠为研究对象，研究其如何学会走迷津。行为主义认为白鼠从走迷津中学到的是具体的反应，而托尔曼则认为白鼠从中学到了迷津的"地图"。由于这一"地图"是处于白鼠的内部，托尔曼称之为"认知地图"。在1932年的一项研究中，托尔曼训练两组白鼠走如下的十字迷津。一组叫反应学习组，食物放在迷津的F2或F1处，白鼠从S1或S2出发，只需朝一个方向转就能找到食物（如从S1出发，右转至F1处找到食物；从S2处出发，右转至F2处找到食物）。另一组叫位置学习组，食物固定地放在一处（如F1处），这样，从不同起点出发（S1或S2），要走不同的路线，做不同的反应才能找到食物。训练持续了12天，每天练习6次，学习的标准是连续10次尝试不犯错误。结果发现，位置学习组的白鼠全达到了标准，而反应学习组中只有3只达到了标准。[4]据此，托尔曼认为，位置学习组的白鼠

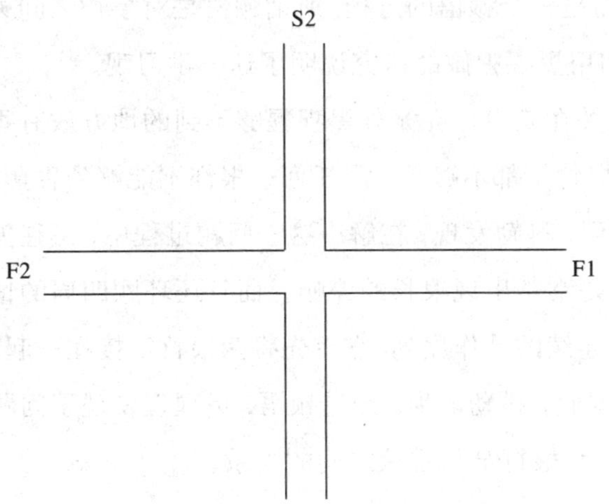

形成了迷津的“认知地图”。

潜伏学习是指学习已经发生但没有表现出来，只是在条件适当的情况下才表现出来。这意味着学习是内部的变化，其存在要通过外显的行为来体现。这其实说明的是学习与表现的关系问题。托尔曼和杭齐克（C.H.Honzik）1930年的研究说明了学习心理学的这一基本观点。他们的研究将白鼠分成三组跑迷津。一组叫非强化组，每次成功跑出迷津后都不给以食物奖励；另一组叫强化组，每次成功跑出迷津后都给以食物奖励；还有一组是实验组，在前10天跑迷津时，成功跑出后不给以食物奖励，但从第11天起，对其成功跑出迷津的行为进行奖励。结果发现，在接下来的6天（第12天至第17天）实验中，非强化组的错误反应次数仍旧维持在较高的水平，强化组的错误反应次数逐渐减少，实验组的错误反应次数急剧减少，与强化组的表现没有明显差别，甚至还超过了强化组。托尔曼认为，实验组的白鼠在第11天得到食物奖励前已学会了如何正确地走迷津，不过条件不合适（缺乏食物奖励）而没有将这一学习表现出来；在第11天以后，由于条件合适（有食物奖励），这组白鼠便将这种“潜伏的学习”表现了出来。[5]

3. 格式塔学派

格式塔学派形成于德国，其代表人物有沃特海姆（M.Wertheimer）、科勒（W.Kohler）、考夫卡（K.Koffka）等。格式塔学派认为，学习不是在刺激与反应间形成联结，而是要形成完形（Gestalt是德语单词，音译为“格式塔”，“完形”是其意译），即对事物间相互联系和相互作用的整体认识。学习的过程也不是桑代克所描述的尝试错误的过程，而是一个顿悟的过程。所谓顿悟是对事物之间关系的突然领悟。科勒在20世纪初用黑猩猩做的研究说明了这一学习观。

在科勒的研究中，黑猩猩被关在笼中，在笼外黑猩猩够不到的地方放有香蕉，笼内放有两根竹竿，但这两根竹竿都不够长，用任何一根都不能够到香蕉，必须将两根竹竿对接起来才能够到。科勒发现，在解决这一问题过程中，黑猩猩并不是一味地进行盲目尝试，而是常常出现很长的停顿，而且还环顾四周的情境。在停顿之后，黑猩猩表现出了连续的动作序列，它首先将两根竹竿接在一起，而后用加长的竹竿够到了香蕉。据此，科勒认为，经过顿悟，黑猩猩发现了问题情境的“完形”，即认识到了它、两根竹竿与香蕉之间的关系。[6]

（三）当代的认知主义研究

早期的认知主义研究主要是在行为主义盛行的背景下进行的，而且由于其研究方法、研究手段的限制，不能对刺激和反应之间的内部过程做更深入的研究，因而和当时盛行的行为主义相比，这时的认知主义研究仍处于弱势地位。自20世纪五六十年代以后，心理学家找到了更为有效和深入的研究内部过程的手段方法，从而使认知主义的研究取代了行为主义的研究而成为学习心理学的主导研究范式。目前对学习心理的研究有重要影响的主要是认知心理学、认知神经科学和社会建构主义。这三个领域的研究从不同视角来探讨认知学习的心理学规律。

1. 认知心理学

认知心理学诞生于20世纪五六十年代，是在计算机科学、信息论、控制论、语言学等学科的推动下产生的，其基本的思想是将人脑与计算机进行类比，指出人脑与计算机都是信息加工系统，都涉及对符号的操纵和转换，因而可以用计算机进行信息加工、贮存和提取的规律为类比，来形成人脑如何加工、贮存和提取信息的理论。在这种意义上的认知心理学又叫信息加工心理学。为探索刺激和反应之间的内部过程，认知心理学发展了一些有效且有特色的研究方法。

一种方法是口语报告，即被试在执行某项任务之前、之中、之后所做的自我报告。学习者内部的思维过程虽不可观察，但学习者将其思维过程用言语表达出来，研究者就可以对其进行客观分析。口语报告只要求被试说出他在执行某项任务时头脑中想什么，并不要求他对自己的思维过程提供理论解释，而且口语报告通常要求被试“即时”进行或在任务完成之后紧接着进行，这时头脑中思考的内容仍处在短时记忆中，因而报告的结果较之于相隔较长时间后的回忆而言是可靠的。

另一种方法是计算机模拟。这是在初步形成有关人们完成某项任务的内部认知过程的理论之后，根据这一理论编写计算机程序，而后由计算机运行该程序。如果计算机运行该程序的表现和结果与人类完成这一任务的表现一致，则我们就有理由认为这种理论解释是可信的。

还有一种方法叫反应时法。所谓反应时是指从刺激呈现到有机体做出反应的时间。反应时的长短是内部认知过程复杂程度的重要指标，因而通过比较被试在不同任务上的反应时，可以分析出完成不同任务所涉及的认知过程。如有两项任务，一项要求被试看到灯光刺激就用右手按键以做出反应；另一项任务是有红绿两种灯光，要求被试在看到红光时以右手按键反应，看到绿光时不反应。这样，后一项任务的反应时要长于前一项任务的反应时。由于这两项任务的区别仅在于后一项任务要求辨别灯光刺激，因而用第二项任务的反应时减去第一项任务的反应时，就得到了完成“辨别灯光刺激”这一内部过程所需要的时间。这也从另一个侧面证实，对红绿两种灯光做出反应时存在一个辨别的内部过程。

2. 认知神经科学

认知神经科学研究大脑中的神经活动与认知活动之间的关系，其关注的问题主要有两个，一是认知活动发生在大脑的哪些区域或部位，这一问题可简称为“何处”的问题。二是认知活动的不同阶段涉及的大脑区域，即大脑不同区域的神经活动如何在时间上联系起来而构成完整的认知活动序列，这一问题可简称为“何时”的问题。相比较而言，“何时”的问题研究难度更大，这一方面是因为大脑神经活动进行得非常快（通常要以毫秒为单位来计算），另一方面是因为许多认知活动并不一定是按顺序进行的，而很可能是同时进行的，这样执行它们的时间往往就存在重叠。

自20世纪90年代以来，认知神经科学得到了迅速发展，其研究结果从认知的神经基础这一角度极大地丰富了认知主义的研究，相关的主要研究成果在第一章已介绍过，这里从研究方法的角度来阐述这一研究领域的状况。

人类的大脑非常复杂，大脑与认知活动的关系更为复杂，那么认知神经科学的研究者是如何探讨二者的关系呢？从方法上看，主要有如下几类。

一类方法是脑损伤法或脑切除法。这一方法的逻辑是损伤或切除大脑的某一部位，然后观察被试认知活动的变化，以此确定不同脑结构与认知活动的关系或大脑不同部位的认知功能。在具体研究时，一般对动物的大脑进行切除，有时也借助于对脑损伤病人的临床观察。近年来随着科学技术的发展，出现了一种新的脑损伤方法，即在被试完成某项认知任务时透过头盖骨向其大脑的某一区域发射电磁脉冲，这种脉冲能暂时破坏大脑这一区域的神经功能，这就相当于切除或损伤了大脑的这一区域，但这种损伤是可恢复的，撤去电磁脉冲后，大脑的这一区域还会恢复正常功能，不会给被试造成不可逆的伤害。通过变换电磁脉冲发射的区域和时间，可以了解大脑的不同区域是如何参与认知任务的执行的。这一方法既有助于回答“何处”的问题，也有助于回答“何时”的问题。

另一类方法是在细胞水平上研究学习。这一方法的逻辑是，从神经活动的角度看，学习的机制涉及神经元之间联系的形成。神经活动的基础——神经元和突触在人类和动物身上都是相同的，而且人类和动物神经元的活动是根据共同的化学原理进行的，因此，对动物在学习时其神经元之间如何建立和修改联系进行研究，所得到的结果也可以用来解释人类神经元活动的规律。这样，通过对动物的神经元学习机制的研究，可有助于揭示人类神经元学习的机制。目前较多采用一些海洋无脊椎动物以及一些昆虫为对象来进行研究，因为这些动物可以进行简单的学习（如形成经典条件作用），而且它们的神经元比较大，便于研究。

小贴士

这类研究也是用动物学习的研究结果来类推人类的学习，这一点和行为主义的立场有些一致。

还有一类方法是脑成像技术。这是根据被试完成认知任务时的脑电活动、脑代谢水平和脑血流变化来生成大脑活动的“图像”。目前得到广泛应用的这方面技术主要有正电子发射断层扫描技术（positron emission tomography，PET），功能性磁共振成像（functional magnetic resonance imaging，fMRI）。

正电子发射断层扫描技术和功能性磁共振成像测量的对象都是脑血流。神经元的正常活动需要消耗血糖和氧气，这两者都要由血液来提供。在执行某项认知任务时，相关的神经元对血糖和氧气的消耗要比正常情况下快，因而这些神经元所在的脑区血液流量增加，根据血液流量的变化可以确定大脑哪些区域参与了认知任务的完成。不同的是，这两项技术是用不同指标来测量血液流量的变化。正电子发射断层扫描技术是在被试的血液中输入一种半衰期很短的放射性物质，这种物质释放的正电子与负电子相遇产生湮灭，同时释放出γ射线。γ射线被仪器接收后，相关信息传入计算机，计算机由此描绘出大脑活动的三维图像。而功能性磁共振成像测量的则是血液磁场的变化。由于含氧量低的血液的磁信号比含氧量高的血液的磁信号要强，因而对血液磁信号的测量也能形成大脑活动的图像。这两种技术都不对大脑产生损伤，而且可以提供大脑活动的一系列图像，这样也有助于回答“何时”的问题。

3. 社会建构主义

这里的社会建构主义指的主要是俄国心理学家维果茨基（L.S.Vygotsky）的思想。维果茨基主张以发展变化的视角来研究认知，重视社会文化环境对认知的影响和塑造作用。在维果茨基的理论体系中，认知相当于高级心理功能，所谓高级心理功能是相对于初级心理功能而言的。初级心理功能是由生物因素决定的先天的心理结构，通常由环境刺激所引发，受具体经验的限制，这种功能的例子如简单的知觉、无意注意等。高级心理功能则是在儿童发展过程中出现的，主要受文化历史因素的限制，涉及对心理过程的意识、抽象和控制，涉及使用逻辑关系和概念、原理，如运用概念进行思维、基于概念间的关系进行记忆、有意注意等。

维果茨基还提出了高级心理功能习得的内化说。所谓内化是指外部操作的内部重构，即最初代表外部活动的操作被重构并开始在学习者内部出现。维果茨基指出，在儿童发展的过程中，每种心理功能出现两次：首先是在社会水平上出现，而后在个体水平上出现；首先存在于人与人之间，而后存在于儿童内部。因而内化也可看做是人际间的过程转化为个人内的过程。[7]这样看来，高级心理功能起源于个体间的社会关系。

高级心理功能的内化是学习者借助心理工具的使用而实现的。维果茨基区分了心理工具和技术工具，这是根据它们对人类行为的指导方式区分的。技术工具指向的是外部的客体，其目的是要让客体发生改变，如人类发明的镰刀、斧头等工具。心理工具则是控制自己内部活动的一种手段，它是内部指向的、不作用于外部的客体，人类发明的语言和符号（如数学符号）就属于心理工具。心理工具是人类社会的产物，又具有内部指向性。当儿童掌握某一社会的语言时，其他社会成员就可以运用言语来指导儿童的行为，这时成人的言语相对于儿童来讲是外部言语。由于儿童也掌握了这一语言，因而随后儿童可以用言语来指导自己的行为，这种言语就是自我中心的言语。最后，自我中心的言语变成了内部言语，发挥着儿童对其思维的调节与控制作用，这时儿童就形成了以自我意识和控制为特征的高级心理功能。

例如，儿童要学习按“总—分”结构有条理地说一段话。一开始，教师用言语来指导儿童的行为：要先总说一句话，而后再从不同角度、不同方面说明这一句话的具体情况。在教师的言语指导下，儿童能按“总—分”结构说一段话。接下来，在说一段话前，儿童会自我提醒“要先总说，再分几方面说”，并在自己的言语指导下说出总分结构的一段话。最后，儿童不需要自我的言语指导就可按总分结构说一段话。这时，我们可以说儿童形成了按总分结构说话的高级心理功能。

专栏 2–1

高级心理功能的社会起源

高级心理功能起源于社会，这一观点暗含的一层意思是，不同的社会、不同的文化，因其所使用的心理工具（主要是语言、符号）的不同而使生活其中的社会文化成员具有不同的心理功能。有关人类学的研究证实了这一推断。如在巴布亚新几内亚的一个村庄里，村民用身体部位来数数，先从右手大拇指开始，而后是手、胳膊、肩膀、右耳、眼睛，然后到左前臂和左手指。用这种方法能数的最大数是29。受这种计数方式的限制，村民对简单的加减法都感到困难，而且这一计数系统限制了加减运算的数量。[8]这说明，有文化的社会的成员要比没有文化的社会的成员进化出更高级的心理功能。

学习心理学的性质与内容

一、学习心理学的性质

学习心理学是研究学习的心理学规律的一门学科。这里的“学习”既包括正规的学校教育情境中的学习，也包括学校教育情境之外的学习，如工作场所、日常生活中进行的非正式的学习。要更深入地领会学习心理学的这一性质，可以将学习心理学与其邻近相关学科做一比较。

（一）学习心理学与学习理论

学习理论是对学习如何发生进行的理论解释，这些解释有的是从哲学经验的角度进行（如我国古代的教育家孔子、朱熹等根据自己的治学经验总结出了相应的学习理论），有的是从心理学的角度进行（如桑代克、斯金纳的学习理论）。可见，学习理论涵盖的范围比学习心理学要广。不过，构成学习理论内容主体的仍是从心理学角度对学习做出的理论解释，这些解释也在某种程度上、从某个角度阐释了学习的心理学规律。这样看来，心理学的学习理论其实又是学习心理学。

本书讲的学习心理学虽然探讨的是学习的心理学规律，但重点并不是要介绍各种学习理论对学习规律的不同解释，而是着力将各种学习理论中合理的成分加以综合，以描绘出我们目前对学习的心理学规律的总体认识。可以说，学习心理学是在综合各派学习理论的基础上，从学习理论发展的历史长河中截取当代的一个切面。从这一角度看，学习心理学又与学习理论有所区别。不过这一区别仍是人为的，因为从历史发展的观点来看，今天的学习心理学可能会在明天变成一种或几种学习理论。

（二）学习心理学与教学心理学

学习心理学与教学心理学是两门有密切联系但又有所区别的学科。

教学心理学是一门研究教学处理如何影响学生学习的学科，其研究的主题一般涉及五部分：①描绘出欲想达到的终点状态，或某一领域中的教学目的；②描绘出教学之前，学习者所具备的与目的有关的初始状态；③阐明从初始状态到欲想状态的转化过程；④确定促进这种转化的教学条件；⑤评价学生的作业表现及教学效果。[9]可见，教学心理学要研究教学处理如何影响学生的学习，就需要首先了解学生学习的规律，即学生由初始状态向欲想状态的转化过程。而学习心理学可以为教学心理学提供有关学习规律的描述，所以，学习心理学是教学心理学的重要基础和组成部分。对教学措施与处理的研究如果脱离学习心理学的基础，其研究往往就迷失了针对性和目的性；而对学习心理学的研究如果不与教学的设计联系起来，则其应用价值也将大打折扣。学习心理学和教学心理学二者之间的密切关系得到了当代学习与教学心理学家的重视，他们根据这一思想，着力促进学习心理学与教学心理学的结合。如奥苏伯尔在其同化学习论的基础上，提出了先行组织者及“由一般到个别，逐渐分化，综合贯通”等教学和教材组织的技术。加涅在阐述了五类学习结果学习的内外条件及学习的信息加工机制的基础上，也提出了涉及九大事件的教学模式。

学习心理学和教学心理学之间虽有密切联系，但认识到二者的差异也很重要。布鲁纳有关学习论和教学论区别的经典论述也适用于描述学习心理学和教学心理学的区别。布鲁纳认为，学习论是描述式的，教学论是处方式的。据此，学习心理学也是描述式的，它描述了影响学习者学习的各种变量；教学心理学是处方式的，它指出了如何利用各种变量来调控学习的内部过程。举例来说，学习心理学的研究表明，选择性注意是影响学习的一个重要变量，它影响学习者在学习过程初期关注什么、学习什么，而教学心理学则要利用学习心理学的研究，考虑如何通过教学处理来影响和控制学习者的选择性注意，使其将注意的焦点放在关键的内容上。如对于书面材料，可通过黑体、下划线等措施突出要学生注意的内容；对于演讲的内容，可通过教师言语上的重复、重音等方式来引起学生的注意。

专栏2-2

区分学习心理学与教学心理学的意义：对建构主义的误解

自20世纪90年代以来，建构主义在教育中的影响日盛。建构主义声称，学习是知识的建构，换言之，学生学到的东西不是通过授受的方式得来的，而是学习者在其已有知识经验基础上主动建构而来的。建构主义的这一观点影响很大，但在教育实践中却产生了一些误解，比较突出的一个误解是，教师应该采用发现式的教学方法，不能把结论直接告诉学生，因为学生的知识是其自己建构来的，不是教师给予的。这一误解在我国当前的课程改革实践中也有反映。课程改革倡导自主、合作、探究的学习方式，于是，很多教师认为传统的接受学习过时了，课上不能向学生讲解，而应组织学生去探究、讨论，否则就违背了课程改革的精神。

导致这一误解的根源在于理论界和实践界对建构主义理论的认识有偏差。布兰斯福特（J.D.Bransford）等人指出，有关建构主义知识理论的一个常见错误观念是，教师不应当直接告诉学生任何事情，而应当总是允许他们自己建构知识。这一观点混淆了教法的理论和知晓的理论。[10]这里教法的理论是教学理论，知晓的理论是学习理论，这就是说，建构主义只是一种学习理论，而不是一种教学理论，它更多是从哲学的角度阐述了学习的某些过程与规律（在原有知识基础上的主动建构），但没有明确指出促进这种建构的合适的措施。使用发现学习、合作学习的教学，有可能促进学生对知识的建构，但也可能阻碍学生的知识建构，将发现学习、合作学习与建构主义捆绑在一起的观点，就是没有区分学习心理学和教学心理学。因而，明确学习心理学与教学心理学的区别不仅在理论上有其价值，在实践上也有重要意义。

（三）学习心理学与学习科学

学习科学是近年在西方兴起的一门学科。这门学科的萌芽始于20世纪七八十年代认知科学家运用人工智能技术设计软件以促进学习的工作，其正式创建则是在1991年，以当年在美国西北大学召开的第一届学习科学国际会议和当年创办并出版发行的《学习科学杂志》为标志。据美国华盛顿大学的绍耶(R.K.Sawyer)介绍，学习科学是一门研究教学与学习的交叉学科，它不仅研究正规的学校课堂学习，还研究发生在家中、工作中及同伴间的非正式学习。学习科学的研究目标是更好地理解导致最有效学习的认知与社会过程，并运用这些知识来重新设计课堂和其他学习环境，以便人们能更深入、更有效地学习。学习科学涉及认知科学、教育心理学、计算机科学、人类学、社会学、信息科学、神经科学、教育、设计科学、教学设计等领域[11]。

从其研究的内容来看，这一新兴的学科其实与教学心理学在主体研究内容上是重合的，都探讨学习的规律及如何设计教学环境来促进学习。不过学习科学是从更广、更多的视角来探讨这一问题的。学习心理学所研究的学习的心理学规律，既是学习科学的重要基础，也是其研究内容之一。学习科学和教学心理学的创建与发展都表明，将对学习规律的探讨与促进学习的教学环境（或建构主义所讲的学习环境）的设计结合起来，即将学习的理论与教学的理论结合起来，是学科发展的一个重要趋势。

二、学习心理学的内容组织框架及本书的设想

有关学习心理学的内容是如何组织起来的？要回答这一问题，可以从调查国内外有代表性的学习心理学及其相关著作的内容做起。学习心理学的有关内容主要体现在三类著作中：一类是冠以“学习心理学”名称的著作，另一类是冠以“学习理论”或“学习论”名称的著作，还有一类是“教育心理学”著作中的学习论部分。

冠以“学习心理学”的著作，以周谦主编的《学习心理学》较典型。该书将学习心理学的内容分三部分进行论述。第一部分绪论，分3章，介绍学习的概述、学习的生理机制、各种类型的学习及其意义。第二部分学习的理论，分5章，分

别介绍经典性条件作用学习说、学习的刺激—反应联结理论、学习的认知理论、学习的信息加工理论、其他学习理论（人本主义学习理论、社会学习理论）。第三部分影响学习的内部因素，分7章，分别介绍学习动机、学习中的记忆、概念的学习、学习中的思维与问题解决、学习与练习、学习策略与学习技巧以及学习的类化、辨别与迁移。[12]

冠以“学习理论”的著作，以施良方的《学习论》较典型。该书重点介绍历史上不同学派在学习上的主张，内容涉及斯金纳的操作条件学习理论、格式塔理论、奥苏伯尔认知同化学习理论、信息加工学习理论、托尔曼的学习理论、加涅的累积学习理论、班杜拉社会学习理论等15种学习理论。该书最后一章论述了学习的原理与策略。正如作者指出的，这一章不属于学习理论部分，而属于学习原理部分。它是以学习过程中的一些基本问题为中心而展开的，具体介绍了概念形成的理论与策略，遗忘理论及记忆策略，迁移理论及策略，问题解决的理论及策略，动机理论与引发动机的策略，认知风格等内容。[13]可以说，该书虽重在学习理论的介绍，但也考虑到了学习的原理。国外有代表性的学习理论著作是申克（D.H.Schunk）的《学习理论》，该书在介绍过学习的行为主义理论、社会认知理论、信息加工理论后，论述了认知学习过程（包括概念学习、问题解决、迁移等内容）、发展与学习、阅读、写作、科学等内容领域的学习以及动机、自我调节、教学等内容。可以说，该书既论述了学习的理论，也论述了学习结果的学习规律。

冠以“教育心理学”的著作，以冯忠良等人的《教育心理学》和皮连生主编的《教育心理学》为代表。冯忠良等人的《教育心理学》大部分内容是关于学习的，并分两块来介绍。一块重点介绍历史上的学习理论流派，另一块介绍知识、技能、社会规范等学习结果学习的规律。皮连生主编的《教育心理学》则将论述学习的重点放在各类学习结果的学习上，包括陈述性知识、程序性知识、问题解决、动作技能、态度与品德等的学习，对学习理论流派的介绍则相对简略。国外有代表性的教育心理学著作是伍尔福克（A.Woolfolk）的《教育心理学》，该书在论述学习的内容时，主要按学习论流派来组织，具体涉及行为主义、认知观、社会认知观及建构主义观点。

从上述对学习心理学相关著作的考察中可以发现，有关学习心理的内容是按两条线索来组织的。一条线索是从历史发展的角度，围绕历史上出现的不同学习理论流派（主要是行为主义、认知心理学、社会认知论、人本主义、建构主义等学派）来组织相关内容。另一条线索是从横向的角度，围绕当代心理学研究的主要问题，介绍当前心理学对这些问题的认识。常见的一种组织方式是围绕不同类型的学习结果分别介绍当代心理学对其学习规律的研究。在刚才考察过的相关著作中，这两条线索都被作者们所采用，不过每部著作的作者其侧重点有所不同，有的侧重学习理论流派的介绍，有的侧重对当前学习心理问题的阐述。

这两条组织线索各有千秋。以学派为组织线索，可使读者明晰学习的心理学研究的发展历史，有助于他们在历史的框架中理解和认识当前的学习问题。以学习结果为组织线索，可使读者明确各类学习结果的学习规律，便于指导实践应用。这两条线索其实是对同一事物、同一现象从不同视角进行审视，第一条线索以纵向的视角看待学习的心理学研究，第二条线索是以横向的视角，从当代这一时间节点切入来介绍学习心理研究在当代的研究领域和结果。这两条线索是了解学习的心理学研究所必需的，二者是相互补充而非彼此排斥的关系，因而上述回顾的相关学习心理学著作均融合了这两条线索也就不足为奇了。

本书作为一本学习心理学著作，将关注的重点放在实践应用上，即关注学习心理学的相关研究成果对于实践，尤其是教学实践的指导作用。以学派为组织线索虽有其优点，但其缺点也很明显，这就是学习者了解了不同学派对学习现象的不同解释之后，面对实践中具体的学习问题，常会感到无所适从，不知道该听哪一派的指导，因为哪一派的理论都有一定道理，都有相关研究证据的支持。而以横向的视角，围绕不同学习结果的规律而组织的学习心理学体系，为读者提供了一个综合的相对前沿的学习心理学研究成果，便于指导学习者的实践应用。这一组织方式与本书的写作目的相吻合，因而本书就以不同学习结果的学习规律为框架来组织学习心理学的内容。但对于学习理论流派也不能完全省略，因为这些内容对理解当代有关学习结果的学习规律是有帮助的，只是不能论述过多而冲淡了本书的主要目的。

具体来讲，在内容的组织安排上，本书第一章介绍学习这一现象及学习的信息加工及脑神经机制，第二章从历史发展的角度介绍学习心理的研究历程，涉及不同学习理论流派的主张。接下来分 10 章介绍不同学习结果的学习规律，包括事实性知识、概念性知识（涉及概念、原理、图式与心理模型等）、认知技能、动作技能、态度、动机以及涉及多种学习结果综合运用的问题解决、迁移、自我调节学习等。这些学习结果也正是我国中小学各科教学中或多或少要涉及的学习结果，了解了这些学习结果的性质、学习的规律，对指导这些学科中不同教学目标的达成有重要价值，从而将学习心理学的理论与教学实践联系起来，促进学以致用。

本章小结

学习心理学是研究学习的心理学规律的一门学科。对学习的研究古已有之，这些研究可以分为以思辨和经验总结为特征的哲学认识论取向和以科学实验为特征的心理学实验取向。就学习的心理学研究历史来看，主要是行为主义和认知主义两大阵营主导着学习心理的研究。

行为主义流派只研究个体如何习得外部刺激与外部反应之间的联系，不关注介于二者之间的内部因素，其代表性人物主要是桑代克、巴甫洛夫、斯金纳。在行为主义盛行的年代，也有一些心理学家重视个体内部因素在学习中的作用，这些心理学家属于早期的认知派，其代表人物有艾宾浩斯、托尔曼及格式塔学派。

当代的学习心理研究以认知主义为主导，对学习心理的研究表现出多学科的趋势。以强调信息加工为特征的认知心理学运用反应时技术、口语报告、计算机模拟等方法，构建了人类学习的信息加工机制；认知神经科学则从脑神经机制的角度，运用脑损伤法、脑成像技术等新技术手段探讨学习的神经物质基础；社会建构主义则以维果茨基的理论为基础，探讨社会文化环境对学习的巨大影响作用。

学习心理学的内容组织线索有两条，一条以学习理论流派为组织线索，另一条以学习结果为组织线索，这两条线索各有千秋。考虑到关注实践应用的立场，本书以学生学习的结果为主线，介绍当代心理学对各类学习结果学习规律的研究，以图促进学习心理学的研究对教学实践活动的指导作用。

重要术语

学习心理学	行为主义	桑代克三大学习定律	
认知主义	联结	经典条件作用	操作条件作用
强化	认知地图	潜伏学习	完形
顿悟	认知心理学	口语报告	反应时法
计算机模拟	认知神经科学	脑成像技术	高级心理功能
内化	学习科学	教学心理学	

思考题

1. 评述桑代克的三大学习定律。
2. 有人认为，学习心理的研究不可能是纯认知主义的，也不能是纯行为主义的，而应是二者的结合。你对此有何看法?
3. 试比较经典条件作用与操作条件作用的异同。
4. 本章的一些研究可以说明第一章的一些观点，请指出这些观点和研究的联系。

第三章

事实性知识的学习

学习目标

- 能以自己熟悉的学科为例说明什么是事实性知识及事实性知识的作用
- 能陈述事实性知识学习的一般规律
- 能结合具体学科举例说明事实性知识学习的三种形式
- 能指出教学案例中所运用的促进事实性知识学习的策略

我们学习每门学科都需要知晓大量相关事实。对事实的记忆常常枯燥乏味，令很多学习者生畏。当今的教育改革又十分强调创造、发现、学会学习等高级目标，于是很多人认为记忆事实是呆读死记，与现在倡导的教育目标相背离，而且在互联网高度发达的今天，记忆事实也似无必要。这种观点与对事实性知识及其学习规律的误解有关。本章论述心理学家对事实性知识学习的研究，希望有助于正确认识事实性知识及其学习。

事实性知识的含义与作用

一、事实性知识的含义

事实性知识，又叫事实，是一种重要的知识类型，安德森（L.W.Anderson）等人认为是指学习者通晓一门学科或解决其中的问题所必须知道的基本要素[1]。伊根（P.D.Eggen）等人则认为事实性知识是一种单独出现的、存在于过去和当前的、不具有预测价值并且只能通过观察过程而获得的内容类型。[2]从这两个定义中，我们可以发现事实性知识的一些特点，以便我们更明确地认识它们。

一是事实性知识的点滴性或孤立性。这里的孤立性是相对而言的，是指某条事实性知识与其他事实没有或有较少的联系，因而可以单独将其列出来加以记忆。如一些电视节目中采用的所谓“智力闯关题”，往往需要参加者具备点滴的事实性知识就可回答，并不需要其对该事实有更深、更多的理解。如主持人问“‘皖’是我国哪个省份的简称”，参加者回答出“‘皖’是安徽省的简称”，就说明他具有有关的事实性知识。回答这一问题只需要说出孤立的答案即可，不需要参加者知道安徽为什么简称“皖”，以及安徽的地理位置、民俗风情、土特产等方面的信息，因而这条信息就属于点滴性的事实性知识。

二是这种知识的抽象概括水平较低。这一点正如伊根等人所描述的，是“通过观察过程而获得的，……不具有预测价值”。事实性知识往往是对具体客体或事件间关系的直接、表面性的描述，通常不涉及事物背后所隐藏的基本原理。有时对客体或事件间关系的描述甚至是人为规定的或约定俗成的。如学生能陈述“1848年鸦片战争爆发”，即表明他掌握了一条历史方面的事实性知识。这一知识只是对当时事件的一种客观描述，并不涉及导致鸦片战争的深层次的经济、政治等因素。而学生知道要说“天气预报”而不说“天气预告”，则表明他具有汉语词汇搭配方面的一条事实性知识，这一知识（即“天气”与“预报”搭配而不是与“预告”搭配）是约定俗成的，不需要学生讲出其中的道理来。

三是事实性知识的基础性。这一特点一方面是相对于掌握某一学科庞大的内容体系而言的。事实性知识虽然比较具体，但却是学习某一学科中抽象概括水平较高的知识与技能的基础。如儿童习得了自家养的宠物狗及邻居家养的宠物狗的一些事实，才有可能形成“狗”的概念。又如小学生记住了25 × 4=100，125 × 8=1000，1/8=0.125，1/25=0.04等数学方面的事实，才能在计算诸如8 × 73 × 125=（ ），（1/8） × 999+0.125=（ ）等题目时找到简便算法，提高计算速度和准确性。另一方面，事实性知识的基础性也体现在其相对稳定的性质上，即这些知识在不同情境中，对不同的人而言都是不变的，或者是为大家所熟知的或认可的，因而这些事实性知识也就构成了人们之间相互交流、沟通的基础性媒介。如“H”表示氢元素、牛顿发现了万有引力定律等知识，是学习化学、物理的人所必须知道的基本要素。如果连这些要素都不知道，则个体是无法继续学习这些学科的知识的，也会因缺乏“共同语言”而不能与学科中的其他人进行有效的交流。

事实性知识作为一种知识类型，很早就引起了教育心理学家的关注。在奥苏伯尔的学习分类中，他所指的“符号表征学习”即学习符号代表什么，其习得的结果就属于事实性知识。加涅在其学习分类中，将言语信息的学习分为三类：①名称的学习，学习事物的名称，相当于奥苏伯尔的符号表征学习。②事实的学习，学习多个客体或事件之间关系的言语陈述。③有组织知识的学习，由相互联系的事实构成的更大的知识体系。[3]学习者所学习的前两类言语信息就相当于这里讲的事实性知识。

安德森等人在综合前人研究的基础上，又将事实性知识细分为两种类型：①术语知识，指某一学科中具有特殊指称物的言语和非言语标记或符号。如H_2O表示水分子，[ei]表示的是字母A的发音，♀在生物学中表示雌性等。②具体细节和元素知识，指事件、地点、人物、时间、信息源等知识，既包括精确和具体的信息，也包括大概的信息。如中东地区盛产石油，1937年抗日战争爆发等。[4]

二、事实性知识的作用

事实性知识相对而言较为零碎具体，可能有人会轻视它的作用。其实事实性知识对我们的生活、学习和个人的素养而言都是必不可少的。

首先，事实性知识对我们的日常生活十分必要。知道了银行几点开门几点关门这一事实，你才能办理好相关的金融业务；知道了某地爆发疫情这一事实，你才会取消到该地旅游；知道了自己所在街道的名称，你才能让友人找到你。我们的日常生活离不开掌握大量的事实性知识。

其次，事实性知识是学生进一步学习的重要基础。这一点在介绍事实性知识的基础性特点时已经论及，这里需要重点讲的是，信息技术尤其是互联网技术的飞速发展对事实性知识的学习所提出的挑战。互联网被称为"世界上最大的公共百科全书"，上面贮存有各种各样的信息，而且可以便捷地搜索到相关的信息。于是有人提出，我们没有必要记忆大量的事实，只要知道到哪里去查找就行了，这看来好像要否定事实性知识学习的必要性，其实不然。从学习的角度看，学习要在头脑中将新知识与已有的相关知识联系起来，头脑中不积累一定的事实性知识，对新知识的学习是非常不便的。虽然有些事实可以查到，但正如加涅等人指出的，将这些信息贮存在记忆中一般更为方便有效[5]。因而从进一步学习的角度考虑，在信息时代，仍有必要记住大量的事实性知识。

此外，掌握一定的事实性知识还是一个人文化素养的体现。文化素养是生活在某一文化中的人必须知晓的有关该文化的一些基本知识，它可以在某种意义上反映个体受教育的程度。判断一个人是否具有一定的文化素养，可以通过他所掌握的有关该文化的事实性知识来衡量。最近有媒体披露一些参加歌手大赛的选手文化知识匮乏，如问"人类历史上的两河文明是指哪两条河？"答曰："黄河、长江"。"《红楼梦》的作者是：①司马迁；②吴敬梓；③曹雪芹。"答曰："司马迁。"连最基本的历史和文学常识这些事实性知识都不知道，真让人不敢恭维这些选手的文化素质。

三、事实性知识学习的一般规律

（一）事实性知识学习的含义

从学习程度来看，事实性知识的学习至少涉及三种学习的程度。第一种程度是记忆，即学习者能以大致相同的形式保持教学中呈现的事实性知识。第二种程度是理解，即学习者能将要学习的新的事实性知识与其头脑中原有的知识联系起来。第三种程度是运用，即在一定的问题情境中将事实性知识提取出来用于解决问题。有些问题需要问题解决者提取出一些事实性知识的元素才能得到解决，就好像计算机程序运行到某一阶段时，需要得到一些特定信息而使程序继续运行下去一样。从涉及的认知过程来看，这里的运用仍需要学习者提取或回忆事实性知识，不过是在一定的有意义的问题情境中进行。

（二）事实性知识学习的一般规律

事实性知识学习的一般规律主要来自联想主义心理学和认知心理学对言语学习与记忆的研究。在这些研究中，如下一些学习规律得到了心理学家较一致的认可。

1. 接近

接近是指事实性知识的各部分在空间和时间上相靠近，以使学习者能够同时注意到。这一规律源自联想主义心理学的研究。联想主义心理学认为，学习就是在刺激与刺激、刺激与反应之间形成联想或联结。只有当刺激、反应经常同时出现在我们的经验中时，才有可能形成联想。这一规律虽由联想主义心理学提出，但加涅的等人仍将它列为一条重要的学习原理[6]。如要学习“澳大利亚的首都是堪培拉”这一事实，“澳大利亚”和“堪培拉”这两个主要的成分必须同时呈现给学习者。又如学生学习英语单词face的发音，该单词的形和读音应同时或相继快速呈现。在各科事实性知识的学习中，这一条件通常是很容易得到满足的。

2. 重复

重复是指学习者不断地体验事实性知识的各组成部分。这一规律也来自联想主义心理学，最初是以练习律的形式出现在桑代克的学习定律中，该定律认为，对刺激与刺激、刺激与反应不断地重复（练习），有助于增强刺激与刺激、刺激与反应之间的联结强度。这一定律也被加涅等人视做重要的学习原理。许多事实性知识，如字母表、乘法口诀、化学元素符号、外语单词及习惯用语等，主要得通过学习者的不断重复而习得。

重复有时也叫练习、复习。重复的典型方式有集中重复和分散重复两种，前者是集中一段时间对要学习的事实性知识进行重复，后者是在不同时间对这些事实性知识进行重复。心理学的研究发现，分散重复（也叫分散练习、间隔复习）的学习效果优于集中重复[7]，因而学习时应尽可能地采用间隔复习的形式。

3. 强化

强化是指学习者正确地重复了要学习的事实性知识后得到了奖励或表扬，从而促进了学习者对事实性知识的学习。这一规律最初体现在桑代克的效果律中，即重复刺激和反应的联结后得到了满意的后果，会使联结倾向于增强。强化有外部强化和内部强化之分，前者是指由学习者之外的主体（如教师、父母、计算机等）施与学习者的强化；后者是指学习者自己提供的，如学生正确复述出了阿根廷首都的名称“布宜诺斯艾利斯”之后所感到的满意感。

4. 学习者认知的调节作用

学习者在事实性知识的学习中并不是机械地记忆和重复、被动地接受奖励和惩罚。相反，大量研究发现，学习者在事实性知识学习中进行着积极的认知活动，这种认知活动最集中的体现就是学习者采用的学习方法——记忆术(mnemonics)。

所谓记忆术是指促进对信息进行更有效编码的方法，一般指学习者在学习孤立的、相对无意义的材料时所采用的为材料提供意义、记忆线索或某种组织框架的手段，其实质是学习者有意识地将要记忆的信息组织成对他而言更熟悉、更有意义的单元或结构，以便达到持久记忆的目的。如有一种特别适合事实性知识的记忆术叫做精加工，指学习者主动地对要学习的事实性知识添加补充细节而使其更有意义。这一方法是基于认知心理学对工作记忆中发生的两种复述的研究而发展起来的。为了将信息保存起来，需要在工作记忆中对信息进行复述，研究发现有两种复述：维持性复述和精制性复述。前者是对信息进行简单的重复以使其保持在工作记忆中，后者是将新信息与其他信息联系起来而促进对信息的编码，从而有效促进对新信息的持久保持。这里的精加工就属于一种精制性复述。如为了记住“雷”字的形和义，一名学生对其进行了如下的添加补充活动——打雷了，雨水落到了田里——从而更好地记住了“雷”字的形及形与义的联系。记忆术之所以能有效地提高记忆效率，一方面是因为它将要学习的材料与学习者原有的知识经验联系了起来，另一方面则是采用视觉表象（也有采用韵律、首字母等方式）来促进联系的建立。记忆术的运用需要学习者付出很多时间和精力，对于信息中各成分彼此没有特别的联系，或要记忆特定的、人为的顺序时，记忆术尤其适合[8]，但对于有意义的、有组织的材料，使用记忆术的效果并不好。

5. 情境化

情境化指在一定的情境中呈现和学习事实性知识。这一规律来自情境认知和认知心理学有关编码特定性的研究。情境认知研究中的一个重要观点是将知识看做工具，这一思想来自杜威。当人们学习某种工具时，不仅要学习它是什么，还要学习何时以及如何使用它。当人们在有意义的活动情境中学习新知识时，他们更可能将知识视做工具，这样有助于克服只记住而不会运用的“惰性知识”现象[9]。考虑到事实性知识对学生进一步学习的促进作用，因而有必要在一定的有意义情境中进行学习。

认知心理学的研究也发现，对信息的提取受编码情境的影响。如果学习者在对信息进行编码时使用了一定的情境线索，则在测验时这些线索会成为促进信息提取的有效线索。这一规律被塔尔文和汤姆森（E.Tulving & D.M.Thompson，1973）称为编码特定性原则。安德森和奥顿尼（R.C.Anderson & A.Ortony）1975年的实验很好地说明了这一规律。他们给被试呈现如下的句子：“容器中装着苹果”，“容器中装着可乐”。结果发现，“篮子”是第一个句子的有效提取线索，“瓶子”是第二个句子的有效提取线索。[10]这说明，学习者在学习第一个句子时，将容器编码为“篮子”，提取时，“篮子”就成了有效线索，因而学习信息时的情境对以后提取信息有很大作用。

事实性知识学习的类型及其规律

在心理学史上，艾宾浩斯开创了言语学习的传统。所谓言语学习通常是指对一系列词语的学习或记忆。而事实性知识通常又是通过词语来表达的，因而有关言语学习规律的研究有助于揭示事实性知识学习的规律。从历史上看，心理学家研究过的三种言语学习类型与课堂中事实性知识的学习密切相关：配对联想学习、系列学习和自由回忆学习。本节介绍这三种言语学习的形式，以期更具体地阐释事实性知识学习的规律。

一、配对联想学习

（一）配对联想学习的含义

配对联想学习（paired-associate learning）是指在刺激项目和反应项目间建立联系（这种联系又叫联想）。习得这种联系之后，给出刺激项目，学习者可以说出反应项目。这里的刺激项目和反应项目，指的主要就是词语。如说出“针”，很多人马上会想起“线”；说出“猫”，很多人马上会想起“狗”。这说明，我们已经在刺激项“针”和反应项“线”之间建立了联系。

配对联想学习在中小学各学科中是一种基本的、常见的学习类型。外语词汇的学习基本上都涉及配对联想学习。如学习“apple”的中文意思“苹果”，其实就是在“apple”和“苹果”间建立联系，看到“apple”，能说出其意思是“苹果”；在地理学科中，记忆国家和地区的首府（如美国首都是华盛顿），省市的简称（如上海简称沪）；在化学学科中记忆元素名称及其符号表示（如Au表示金元素）；在语文学科中记忆反义词（如光明—黑暗），记忆作家的作品（如《祝福》是鲁迅的作品）；数学学科中学习的乘法口诀表，数学概念的符号表示（如r表示圆的半径）等，都属于配对联想学习。

（二）配对联想学习的过程与规律

配对联想学习可以大致分为如下三个阶段[11]：一是刺激辨别，学生学会区分能引出反应和不能引出反应的刺激项目。如学习汉字“戊”、“戌”的读音，就需要学生辨别出“戊”和“戌”字形上的差异，不然在学习时很可能会出现混淆。二是反应学习，即学习反应项目本身。如要学习阿根廷的首都“布宜诺斯艾利斯”，就得记住“布宜诺斯艾利斯”这一文字组合，这样的学习学的是“阿根廷—布宜诺斯艾利斯”这一配对联想的反应部分。三是在刺激与反应之间建立联系。习得了刺激项与反应项之后，一项重要的工作是将两者联系起来。这样，当呈现刺激项目后，学习者能很快以反应项目进行反应。

上述配对联想学习的三个阶段是就一般情况而言的，即刺激、反应、刺激与反应间的联系都要学习的情况。在实际的学习中，有时学生已学会了刺激辨别，或已学会了反应项，或者二者都已经学会了，这时配对联想学习就简化为刺激和反应间联系的学习了。如学习上海的简称“沪”，由于在这之前学生已学会了“上海”和“沪”两个词语，则这里的学习就是要学会将“上海”与“沪”联系起来。

刺激与反应联系的形成在配对联想学习中占了很大的份额。刺激与反应联系的形成服从上一节论述的接近（即刺激与反应项目要在时间和空间上接近）、重复（即不断地重复刺激与反应项目）、强化（对成功的重复予以奖励）、学习者的主动加工（即学习者通过精加工策略将刺激与反应项目联系起来）等规律。此外，学习者所具有的原有知识（以已形成的联想的形式体现出来），也会影响到刺激与反应联系的建立。如学习“桌子—厨房”这一联想，由于学习者在日常生活中自发地在桌子和厨房间建立了联系，因而这种联系会促进对这一联想的学习。但如果学习的是“桌子—火车”，则原有的“桌子—厨房”的联想会对新联想的学习起到干扰作用，因而在进行配对联想学习前了解学生已具有的联想十分重要。

专栏 3–1

联想的方向

学习外语时，我们都有这样的经验：看到外语单词，很容易想起其中文意思，但给出中文意思，却难以想起对应的英文单词。这是否说明，在配对联想学习中形成的联想只是从刺激到反应的联想呢？事实上，心理学的研究已经证实，从反应项到刺激项的逆向联想要比从刺激项到反应项的顺向联想要弱。这说明，刺激与反应之间的联想有可能是单向的，这就是说，看到6 × 8，我们很快会做出反应“48”，但看到“48”，则不大可能以“6 × 8”来反应。

为什么会出现这种现象呢？这与学习者学习配对联想的方式有关。在学习时，学习者将主要精力用在做出反应上，很少到记忆中去搜寻刺激项，因为他们认为刺激项是给出的，自己只要做出反应即可。为克服这一现象，心理学家建议，延长同时呈现刺激项与反应项的时间，从而让学习者有更多时间来对其进行复述，并有可能以相反的方向进行复述（即 book —书；书— book）。这一建议对改进外语词汇的学习效果很有参考价值。

（三）促进配对联想学习的策略——关键词法

关键词法（keyword method）特别适合于配对联想学习，其基本思想是找到一个中介词（即关键词）将刺激项与反应项联系起来。这一方法最初是阿特金森和劳夫（R.C.Atkinson & M.R.Raugh）1975 年在外语词汇学习研究中提出来的，后被广泛应用于符合配对联想学习模式的材料的学习上，如记忆各国首都的名称，记忆科学事实，记忆名人的成就，记忆某地的物产等。

在外语词汇学习中，关键词法一般由两步组成。第一步是建立语音上的联系，即将外语单词的发音转换成发音与之类似的中文词语，这一中文词语即为关键词。如对于英文单词merchant，可将其转换成汉语“摸钱的”，这一词语的发音与英语单词的发音类似。第二步是建立形象上的联系，学习者要将关键词形象化，并与中文词语联系起来。如要将“摸钱的”与“商人”联系起来，可以想象一下一名商人正在摸着钱币进行清点。这样，通过“摸钱的”这一关键词，就将merchant和“商人”联系了起来。

关键词法能否有效促进学生的学习？在劳夫和阿特金森1975年的研究中，他们让大学生在15分钟内学习60个西班牙语—英语词对，如（括号里的为关键词）：charco（charcoal）—puddle，gusano（goose）—worm，nabo（knob）—turnip，trigo（tree）—wheat。对实验组学生，事先进行使用关键词法的训练。在学习期间，提供关键词但被试要自己生成相关的形象。控制组学生也学习提供了关键词的60个词对，时间和实验组一样，而且要求他们去复述词对以便在测验上能取得好成绩。在随后的测验中，实验者读出西班牙词语，要求被试写出相应的英语词汇。实验组在测验上的正确率为88%，控制组为28%。在另一项涉及俄语词汇的研究中，使用关键词法的学生回忆出了72%，控制组为46%。这说明，关键词法要比单纯的复述和背诵效果更好。[12]

需要指出，在劳夫和阿特金森的研究中，研究的对象是大学生，所用的关键词法是教师提供关键词，学生生成形象将关键词与英语词汇联系起来，即关键词法的第一步由教师执行，第二步由学生执行。在将关键词法用于儿童的学习时，要对其做些变通，因为调查发现即使是12岁的儿童也不能自发地使用这种方法，所以对于儿童，既要给他们提供关键词，又要给他们提供能将关键词与反应项形象化且联系起来的图片。[13]

二、系列学习

（一）系列学习的含义

系列学习（serial learning）是指以特定顺序习得一系列的项目。在系列学习中，既要学习项目本身，也要学习这些项目在系列中的位置。中小学的许多学科都有系列学习的任务，如学习两位数除多位数除法的计算步骤，学习字母表，背诵古诗，记忆数学公式，记忆圆周率的值，记忆外国人名的中译名，记忆外语单词的拼写，记忆英语的习惯用语，记忆历史事件的先后顺序，记忆历史朝代的顺序等。这些任务的共同之处都是要以一定顺序习得一些项目，这些项目可以是数字、字母、汉字、数学符号，也可以是词语、句子等。因“项目”具体指称的对象不同，系列学习可有不同形式和复杂程度。

（二）系列学习的主要规律

言语学习的研究发现，系列学习的一条重要规律是系列位置效应（serial-position effect）。这一效应反映的是项目在系列中的位置对系列学习的影响。一般而言，靠近系列开头和结尾的项目能更快、更容易地习得，而处于系列中间的项目则学起来更难。如罗迪格和克劳德（H.L.Roediger & R.G.Crowder，1976）让美国大学生回忆美国历届总统的名字，结果头几位总统和最近几位总统比中间的总统得到了更好的回忆[14]。

另一条重要规律是隔离效应，即系列中间某个项目与周围项目相比较为突出，则该项目较容易被习得。如对于“1，2，3，A，4，5，6”这一系列，中间的项目字母A与前后的数字不同，因而字母A更易于被记住。在刚才提及的罗迪格和克劳德的研究中，他们也发现，处于中间的一些总统（如林肯），也被学生很好地回忆起来了。

（三）促进系列学习的策略

有一些策略特别适合系列学习，既能习得具体的项目，也能习得项目的顺序。

1. 位置法

位置法（loci method）是由古希腊人创立的，现在仍被广泛使用着。这一方法主要有三步。首先学习者要能非常熟练、准确且按一定顺序想象出一系列的地点或位置，如自家客厅的布置（沙发—茶几—电视机—窗户等）或上学的路线（小区门口—便利店—麦当劳餐厅—五金店—花园—广场—国美电器—学校）。这些地点或位置要对学习者而言很熟悉，并且每次在想象时都要按相同的顺序。其次，通过想象，将要记忆的系列的各项目按顺序与这些地点建立联系，构建的形象最好鲜明而独特。最后，在回忆时，先回忆自己要依次走过的地点，当回忆到某一地点时，再通过构建的形象上的联系来提取出要学习的项目。

例如，要记住太阳光经三棱镜分解后的七种色光及其排列顺序，可以借助刚才提及的上学路线来帮助记忆。记忆时，关键是在上学路过的地点与七种色光之间建立联系，具体的联系如下：①小区门口——挂了一面红色的国旗——红色；②便利店——里面有橙子卖——橙色；③麦当劳餐厅——大大的“M”是黄色的；④五金店——里面在卖许多铝合金材料——绿色；⑤花园——里面摆满了花篮——蓝色；⑥广场——是由——块低地垫起来的——靛色；⑦国美电器——招牌的底色是紫的—紫色。

专栏 3-2

位置法的由来

传说古希腊诗人西莫尼迪斯（Simonides）一次出席一场宴会，宴会中间被人叫到屋外。这时，宴会厅屋顶塌了下来，留在里面的人全被压死了，而且尸体血肉模糊，即使是死者的至亲也不能分辨。但西莫尼迪斯根据每个人在宴会桌旁坐的位置而准确地确认了每位死者的身份。于是，位置法就由西莫尼迪斯运用位置来回忆信息而得名[15]。

2. 词栓法

词栓法（pegword method）也是一种适合系列学习的策略。这一策略要求学习者首先熟记数字 1 到 10 及与这些数字的发音相押韵的一系列词语（这些词语就叫词栓）。在英语中，常用如下的数字—词语对：

1 — bun（小圆面包）	6 — sticks（棒）
2 — shoe（鞋）	7 — heaven（天空）
3 — tree（树）	8 — gate（大门）
4 — door（门）	9 — pine（松树）
5 — hive（蜂房）	10 — hen（母鸡）

在学习一系列的项目时，学习者在心里将每一个要学习的项目与词栓先进行形象化，而后再通过形象上的相互作用联系起来。例如，在学习世界历史时，为了记住美国前几位总统的名字，可以想象一下第一任总统华盛顿在吃小圆面包，第二任总统亚当斯在系鞋带，第三任总统杰弗逊挂在树枝上，等等。在回忆时，学习者先按顺序回想起与数字相押韵的词栓，进而通过构建的形象再回忆出要学

习的项目及其顺序。

研究发现，词栓法可以反复使用而不失其有效性，而且，这一方法也是学习书面的和口头的指令以及学习复杂程序中各个步骤的有效手段。如格洛弗(J.A.Glover)等人比较了词栓法和其他几种方法在记忆组装办公设备的程序上的效果，结果发现，在促进学习者的回忆方面，词栓法比其他方法更有效。[16]

小贴士

> 词栓法和位置法非常类似。首先，两种方法的运用都需要学习者事先进行“投入”，即对位置或数词对的学习要达到非常熟练的程度。其次，所学习的项目的形象与词栓或位置的形象要在心里进行相互作用以便建立起两者间的联系。第三，对要学习的项目的提取是从按顺序复述位置或词栓开始，进而提取出与之相联系的项目。这两种方法的运用虽然都需要事先的“投人”，但记忆的实践表明，这一“投人”是值得的。

3.连接法

连接法 (link method) 也是一种适合系列学习的方法。对于要学习的一系列项目，学习者首先将其形象化，而后再想象第一个项目的形象如何与第二个项目的形象相互作用，第二个项目的形象又如何与第三个项目的形象相互作用……以此将所有的项目联系起来。如记忆几种常见金属的化学活动顺序（钾—钙—钠—镁—铝—锌—铁—锡—铅—铜—银），可以在想象的基础上做这样的连接：用夹子（钾）夹起锅盖（钙），将其收纳（钠）进煤堆（镁）中，煤堆被毛驴（铝）拉到了一家新的（锌）铁匠铺（铁）。铁匠洗洗手（锡），用钳子（铅）从桶里（铜）夹起一条银鱼（银）来。当然，这里边的想象和连接是因人而异的，只要有利于自己记忆，实际的想象和连接可以与上边的不同。和位置法、词栓法相比，连接法不需要学习者事先学习一系列的位置和词栓。

三、自由回忆学习

（一）自由回忆学习的含义

自由回忆学习（free recall learning）也要学习一系列的项目，不过不需要学习项目的顺序，换言之，学习者在回忆时可以以任何顺序来回忆，而不必与项目呈现的顺序一致，这也就是自由回忆学习中“自由”（不受限制）一词的含义。

在中小学的学科中，自由回忆学习也是一种常见的学习形式，如记忆我国各省、自治区、直辖市的名称，记忆太阳系九大行星的名称，记忆“戊戌六君子”的名字，记忆构成人体的几大系统等，都属于自由回忆学习。

（二）自由回忆学习的规律

心理学家对自由回忆学习做过许多研究，发现了其中的一些重要规律。

1. 系列位置效应

研究发现，和系列学习一样，在自由回忆学习中也存在系列位置效应，即所呈现的项目列表的开头和结尾的项目记得比较好，回忆得也比较多，而中间的项目回忆出得较少。心理学家把系列位置效应中列表开头几个项目记得较好的现象叫首因效应，将列表结尾的几个项目记得较好的现象称为近因效应。进一步的研究认为，影响近因和首因效应的因素不同，通过减缓列表项目的呈现速度或通过使用熟悉的而非陌生的项目，可以促进对开头几个项目的回忆；当列表呈现完之后，紧接着进行测验会促进对后几个项目的回忆；如果在回忆之前有延搁或干扰出现，则可能回忆不出后几个项目。[17]

2. 对列表的复述会促进记忆，但复述不能使记忆负担过重，否则复述的效果会降低

对项目的复述会促进对它们的记忆，这也是导致首因效应的原因之一，因为列表开头的几个项目得到复述的机会多。基尼（T.J.Keeney）等人1967年研究了6、7岁儿童的复述，复述的指标是儿童的唇动。研究中给儿童看6张物体的照片，实验者指定其中的3张照片要求儿童记忆，在15秒钟后，要求儿童按顺序说出。实验期间儿童戴一玩具头盔，在图片呈现完后的间隔内，头盔的护目镜会下降以遮住眼睛，防止儿童再看到图片，但实验者可以在儿童不知情的情况下观察他们的唇动。结果发现，在延搁期间进行复述的儿童回忆得更多。在接下来的实验中，对不会复述的儿童，教会他们复述的方法，结果他们的回忆也得到了提高。[18]这说明，复述会促进对列表的保持。

但复述并不一定会促进对列表所有项目的回忆。在威克斯提德和麦克道尔

(J.T.Wixted & J.J.McDowell，1989）的研究中，他们将15个项目的列表均分为三部分，在每部分间插入15秒钟的间隔以便复述。而后在一段延搁之后测验对列表的记忆，以便评价复述导致的长期保持效果。虽然被试对列表每部分复述的次数相同，但列表开头的几个项目仍比最后的几个项目回忆得好。对此，研究者指出，记忆的负担看来调节着复述的效果。当记忆负担较轻时，复述最有效，如列表头几个项目呈现时的情况就是这样。当记忆负担很重时，复述不大有效，如呈现列表后几个项目时就是这样。[19]

3．主观组织

塔尔文（E.Tulving，1962）发现，在自由回忆学习中会出现一种主观组织（subjective organization）的现象，即被试对呈现给他们的列表赋予了某种结构或组织，从而促进了对列表的回忆。如给出“椅子、苹果、锤子、樱桃、刻刀、沙发、桃子、剪刀”，被试在回忆时会将其组合为三个类别：家具（椅子、沙发）、水果（苹果、樱桃、桃子）、工具（锤子、刻刀、剪刀）。这说明被试对列表的项目进行了主观组织。主观组织的实质是被试运用其原有知识将类似或相关的项目组合在一起。由于每个人原有的知识经验不同，所以对同样的列表，每个人对其所做的主观组织可以有差异。被试的这种组织活动既可以减轻他们的记忆负担，又能够影响他们回忆项目的顺序，在回忆时还有助于指引对记忆的搜索。

小贴士

这里介绍了三类言语学习形式的学习规律。在应用这些规律时（特别是将其应用到教学中时），不能机械照搬。这是因为：①这些规律虽有研究证据的支持，但这些研究大都是在严格控制的实验室情境中做的，这一情境与现实的课堂情境有所不同。②这些研究中所用的学习材料大都是人为的，在学校学习的情境中很少学习这些人为的、无多大意义的材料。③这些研究的目的是为了揭示人类学习的一般规律，关注人类的“心”是如何运作的，并未认真考虑其应用问题，换言之，研究的目的不是为了解决实际应用问题。

（三）促进自由回忆学习的策略

根据自由回忆学习的规律，特别是其主观组织的规律，心理学家提出了一些促进其学习的组织策略。

1. 首字母策略

首字母策略（first letter method）最初是针对英语列表的学习提出来的。这一策略是将要记忆的列表中各词语的首字母组合在一起构成一个缩略词或有意义的单词、句子。在回忆时，学习者先想起这些缩略词、单词或句子，而后再想到其中的字母，最后由字母而回忆起列表中的项目。如要记忆太阳系九大行星的英文名称，就可以采用这一策略。在英语里，九大行星的名称分别是Mercury（水星）、Venus（金星）、Earth（地球）、Mars（火星）、Jupiter（木星）、Saturn（土星）、Uranus（天王星）、Neptune（海王星）、Pluto（冥王星）。在记忆时，可将名称中的首字母拿出来组成如下有意义的句子：My Very Educated Monkey Just Served Us Nine Pizzas.（我的受过极好教育的猴子刚刚招待了我们九只匹萨）。这样，我们只要记住这句英文句子，而后再以句中每一词的首字母为线索，就可促进对九大行星英文名称的回忆。

在学习中文的有关内容时，也可采用这一策略，不过这里的首字母一般变成了词头，即选择要记忆内容的第一个字组成缩略语来进行记忆。如隋唐大运河是与长城并称于世的我国古代的伟大工程，但有关大运河的系统知识却不易记全和记牢。可以采用词头记忆法，记“三四五六七”，这样可把它的系统知识记住：

三，即三点。中心洛阳，北通涿郡（今北京），南达余杭（今杭州）。

四，即四段。自北至南依次是永济渠、通济渠、邗沟、江南河。记词头：永通邗江。

五，即五水沟通。沟通海河、黄河、淮河、长江、钱塘江。记词头：海黄淮长钱。

六，即六省受益。记简称：冀鲁豫，皖苏浙。

七，七字总评价：南北交通大动脉。[20]

小贴士

> 首字母策略看起来效果很好，但心理学家对其效果的研究却不多。已有研究发现，已熟练使用这一策略的学生能从运用该策略中受益，但以前从未用过该策略的学生却从使用这一策略中受益不多。因而对这一策略的使用建议是，对已经使用这一策略的学生，应鼓励其运用；对没有使用这一策略的学生，目前没有有力的证据表明应教会他们这一策略。[21]

2. 故事法

故事法是以列表中要记忆的项目为基础而构建一个有意义的故事。在这一故事中需突出要记忆的项目。在提取时，先回忆故事，而后再从故事中找出要回忆的项目。如小学生在学习“拔”字时，常将“拔”与“拨”混淆。为提高学习效果，可用如下的故事来帮助记忆“拔”字的各组成部分：老公公种的大萝卜要收了，他用手（提手旁）使了很大的力拔呀拔，拔不动。他请老婆婆、小朋友、小花猫、小花狗来一齐拔，那么多的好朋友（友）都来拔，汗都流出来了（加上一点），把萝卜拔起来了。[22] 在这个故事中，蕴涵了要记忆的“拔”字的三个组成部分：提手旁，友，一点。连贯有趣的故事将这三个部分组织在了一起，非常有利于小学生的记忆。

研究发现，故事法虽然简单，但很有效。在鲍尔和克拉克（G.H.Bower & M.C.Clark）1969年的研究中，他们让两组被试记忆12个列表，每个列表由10个词语组成。对一组被试，只要求他们学习每个列表中的词语，因为随后要测验他们对这些词语的记忆。对另一组被试，则要求他们围绕每个列表的10个词语构建一个故事。两组被试用于学习的时间相同。随后，在呈现完列表后检测两组被试对列表词语的回忆情况，结果发现两组之间没有差异。但在实验结束后，对12个列表中的120个词语的回忆进行检测时，故事组的被试回忆出了93%的词语，而控制组的被试只回忆出了13%。[23] 显然，采用故事法极大地促进了被试对词语的记忆。

3. 组块

这里组块（chunking）是动词，指学习者运用其原有知识经验在心里将若干孤立的项目组合成更大的、更有意义的单元的过程。西蒙（H.A.Simon）曾举了一个组块的例子。对“Lincoln，milky，criminal，differential，address，way， lawyer，calculus，Gettysburg”九个单词，看一遍很难记住，但将其安排成如下有意义的几组，则可很容易记住这九个单词：Lincoln's Gettysburg address，Milky way，criminal lawyer，differential calculus。[24]

鲍尔1969年的研究则证实了自由回忆学习中组块的效应。他给不同的被试一些材料要求其回忆。给各组被试呈现的材料分别是：① 12个无关的名词，单独呈现，如flag，sun，couch等；② 12个三词串，由三个无关的名词组合而成，如baby，cabin，fur；③12个由三个词组成的常用词组，如ball point pen，mail order catalogue，rose bowl parade。结果发现，在回忆出的单独呈现的单词数和由三个词组成的常用词组的数目上没有差别，后者总是被作为一个单元来记忆，但对三词串回忆的数目是很低的。鲍尔总结说，“几乎在每一方面，预先建立的词组（常用词组）在回忆时像个单词，……回忆的限制可用组块而不是单词来表达”。[25]

本章小结

事实性知识是学习者通晓某门学科或解决其中的问题所必须知道的基本要素，一般较为具体零碎，但对于我们的日常生活和进一步的学习而言，事实性知识又是必不可少的。

事实性知识学习的一般规律主要有接近、重复、强化、认知的调节和情境化等规律。在言语学习的传统中，事实性知识的学习又常分为配对联想学习、系列学习和自由回忆学习三种类型。

配对联想学习是习得刺激项和反应项之间的联系，其学习阶段一般分为刺激辨别、反应学习和刺激反应联系的建立。关键词法是促进配对联想学习的有效策略。

系列学习指以特定顺序习得一些项目。研究发现，系列学习中存在系列位置效应和隔离效应。促进系列学习的策略主要有位置法、词栓法及连接法等。

自由回忆学习也要学习一系列的项目，但不需要学习每个项目在系列中的位置。研究自由回忆学习时也发现了系列位置效应，此外还发现，在不使记忆负担过重的情况下，复述可促进自由回忆学习。自由回忆学习中，学习者身上表现出的主观组织也是自由回忆学习的重要规律，它反映了学习者的认知对学习的调节作用。促进自由回忆学习的策略主要有首字母策略、故事法及组块等。

重要术语

事实性知识	接近	重复	强化记忆术
配对联想学习	关键词法	系列学习	系列位置效应
位置法	词栓法	连接法	自由回忆学习
主观组织	首字母法	故事法	组块

思考题

1. 分别以语文、英语、数学、历史、地理五门学科为例，举出配对联想学习、系列学习、自由回忆学习的例子各一个。
2. 阐述言语学习的三种促进策略与记忆术的关系。
3. 有人说，学习事实性知识就需要死记硬背。请运用本章的有关理论观点，对这一看法做出评论。
4. 运用词栓法需要熟记数字和词语对。请你自己创建一个适合汉语材料学习的数字和词语对，以便用来记忆事实性知识。

第四章

概念与原理的学习

学习目标

- 陈述概念性知识的含义与作用
- 举例说明加涅的具体概念和定义性概念的区分
- 举例说明概念与原理学习的两种方式
- 陈述概念结构的理论观点及其对概念学习的启示
- 举例说明日常观念的性质、形成条件及转变日常观念的一般规律

概念是思想的细胞，概念与原理也是中小学各学科内容的主体。与零碎、具体的事实性知识不同的是，概念与原理属于有概括性的概念性知识，其学习规律有别于事实性知识。心理学家对概念与原理的学习一直十分关注，围绕这一问题做了许多研究。本章首先介绍一下概念性知识的概念，而后将重点放在概念和原理这一重要的概念性知识类型的学习上。

概念与原理学习的一般规律

一、概念性知识的含义

概念性知识是一种较为抽象概括的、有组织的知识类型。概念性知识的特点是抽象概括性和组织性，这些特点正好与事实性知识形成鲜明对照。首先，概念性知识具有抽象概括的特点，这主要是指这种知识在某种意义上可以作为一种心理模板以使我们理解和简化周围的世界[1]。如儿童第一次见到某只猫，知道这只猫有耳朵，嘴巴旁边长有长须，有四条腿，会“喵喵”叫等。这是儿童获得的具体的事实性知识。随着儿童不断见到许多猫，他开始认识到这些猫的共同特征，如都会“喵喵”叫，有四条腿，嘴上长须等，这些特征对所有的猫而言是共同具有的，儿童此时的认识就超越了单个猫的特征而有了一定的概括性，也可以说，儿童形成了有关猫的概念性知识。又如，“经常进行体育锻炼的人心率较慢”描述的不是我们认识的单个人的情况，而是很多进行体育锻炼的人的共同情况。虽然其中很多人我们不认识，但我们能够理解他们心率通常较常人慢的特点。这种知识具有一定的概括性，也属于概念性知识。

其次，概念性知识还是有组织的。这里的“组织”主要指知识内部的联系，换言之，概念性知识与事实性知识的一个不同之处是，它还与其他的概念、原理有着密切联系。如“猫”的概念还与“宠物”、“老鼠”、“动物”等概念密切联系着。又如，有关人呼吸机制的知识也涉及若干概念、原理间的联系。在吸气时，膈肌收缩，导致横膈膜下降，这又导致肺内空间增大，肺泡内气压低于外界气压，于是空气由气压高的外部经口鼻进入气压低的肺泡中。在这一简单的吸气知识中，涉及膈肌、横膈膜、肺泡、气压及空气从气压高的地方向气压低的地方流动等概念原理的联系。

专栏 4–1

概念性知识与事实性知识的区分：来自学科方面的例子

概念性知识与事实性知识的区分在地理和历史学科中体现得最为明显。如地理学科的教师常将地理学科的知识分为“地”和“理”两方面，“地”常指地理事实，如地名、地理数据、地理景观、地理事物及其演变和分布状况；“理”常指地理特征、地理事物的演变和分布规律及形成这种规律的原因等。[2]这里的“地”主要指具体的地理知识，而“理”则有一定的抽象概括性，因而它们分别相当于事实性知识和概念性知识。历史学科的老师也常将历史学科的知识分为具体知识和规律性知识（也有人分为史实性知识和理论性知识），前者是体现历史发展过程的具体事件、现象、人物活动等，后者主要指揭示历史现象本质的历史概念、历史发展的客观规律等。[3]如洪秀全领导的太平天国运动最终失败，这是具体的知识，而其失败的原因之一是农民阶级在当时并不代表先进的生产力，这就揭示了历史现象背后的本质，属于规律性知识。历史学科中的这两类知识也分别相当于事实性知识和概念性知识。

二、概念性知识的类型

根据概念性知识概括、组织的程度，可以将其分为如下三种更具体的类型：概念、原理、理论。

（一）概念

概念是指学习者有关一类事物关键特征的心理表征。如“方程”这一概念就表示的是方程的共同关键特征：含有未知数的等式。加涅又将概念区分为两种类型：具体概念和定义性概念。具体概念的关键特征只能通过对概念例证的观察而获得。这里“观察”一词的含义是用我们的感觉器官（如眼、耳、鼻、舌、皮肤等）去感知，不单指用眼睛看。如“酸”这一概念最初就是作为具体概念而习得的，我们通过我们的鼻子、舌头而感知了醋、葡萄的酸的特性。定义性概念的关键特征一般不能通过对概念例证的观察而获得，必须通过下定义的方式才能习得。如刚才提及的“方程”就是一个定义性概念。此外，物理学中“功”的概念也要通过下定义“功 = 力 × 距离”才能获得。

（二）原理

原理是学习者关于若干概念间关系的知识。许多学科中的定理、定律都属于这里讲的原理。如勾股定理反映的就是直角三角形三个边之间的关系，这里涉及的概念主要有直角三角形、直角边、斜边等，而两条直角边的平方和等于斜边的平方则反映了这些概念间的关系。又如物理学科中的欧姆定律也是一条原理，它反映了电压、电流、电阻三个概念间的关系，即电流 = 电压 / 电阻。

（三）理论

理论是由若干原理按一定关系组织而成的知识体系。如解释人类呼吸机制的知识体系就是由若干原理组织而成的。一条原理是横膈肌与横膈膜的关系原理，即横膈肌收缩，横膈膜下降；横膈肌舒张，横膈膜上升。另一条原理反映了横膈膜的升降与肺泡的扩张、收缩的关系。还有一条原理是空气由气压高的地方向气压低的地方流动。这三条原理以某种方式结合起来，就可以解释吸气和呼气的机制。如吸气时，横膈肌舒张，横膈膜下降，导致肺泡扩张，肺泡内气压低于外界大气压，于是空气经由口、鼻、气管而进入肺泡。

小贴士

从其分类上可以看出，概念性知识不单指概念。本章重点介绍概念和原理的学习，下一章介绍其他类型概念性知识的学习。

三、概念性知识的作用

概念性知识对我们的生活与学习有着重要作用。

首先，概念性知识可以减轻我们的记忆负担。概念性知识是对有共同特征的许多例子的概括，这一知识可以描述、涵盖许多具体的事实，这样我们只需记住概括性的知识而不必记住许多具体的事实、例子。如在英语单词的拼写中要记住许多i和e搭配的单词，如retrieve，conceive，believe，perceive……为了不把i和e的位置记混淆，就需要记住含有i和e紧挨着的许多单词，这显然会加重我们的记忆负担。如果我们记住了概括i和e排列情况的规则——“除在字母c之后外，字母i总在字母e之前”，则我们就不必去记住单词中i和e谁在前谁在后这样具体的事实了。

其次，概念性知识可使我们预测未来，解释新现象。这一作用用布鲁纳（J.S.Bruner）的话来讲是“超越给定的信息”。如人们掌握了日食和月食的形成机制（是概念性知识中的理论），就能准确预测某地何时会出现日食或月食；在具有了“空气中的水蒸气遇冷凝结成水”这一规律性知识后，当我们从寒冷的室外戴着眼镜走进温暖的室内时，对镜片上很快蒙上一层水珠的现象就能予以合理解释而不会大惊小怪了。具有了概念性知识，能使我们应对新颖的、不断变化的环境。

第三，概念性知识是构成新的更复杂知识的重要基础。这一作用与概念性知识的组织性特点密切相关。几个不同的概念可以相互联系起来构成更复杂的概念或原理，如学习了“气温”、“降水”、“风向”等概念后才能学习“气候”这一概念，学习了“酸”、“石蕊试液”的概念后才能习得“酸能使石蕊试液变红”的原理。几个概念和原理可以构成理论的基础，如学习了“空气受热上升”、“空气从气压高的地方向气压低的地方流动”、“陆地和海洋的比热”等原理和概念后，可以构成解释海陆风成因的理论。

鉴于概念性知识的上述重要作用，雅各布森（D.A.Jacobsen）等人主张，在课堂上达成认知方面的目标时，应将主要的时间和精力用于概念性知识的教学。[4]可以说，概念性知识是各学科知识的主体。

四、概念与原理的学习

（一）概念与原理学习的含义

概念与原理的学习有很多共同的特点，因而我们将二者合并在一起介绍其学习的规律。学习者对概念与原理的学习主要应达到理解的水平。所谓理解，从心理学的角度讲，是学习者将新知识与其头脑中相关的原有知识建立起联系。在安德森等人主编的布卢姆教育目标分类学的修订版中，理解的具体指标有如下一些。一是解释，即学生能将信息从一种表征形式转化为另一种表征形式。二是举例，学生能提供一般概念或原理的例子，这些例子必须是在教学中未曾出现过的。三是分类，学生能将某一特殊例子归属于某个类目（如概念或原理）。四是概要，学生能用一句话表达呈现的信息或抽象出一般的主题。五是推论，学生能抽象出说明一组例子或事件的概念或原理。六是比较，学生发现一个客体、事件或观念与另一客体、事件或观念之间的要素或模式的一一对应关系。七是说明，学生能建构和运用一个系统的因果模型。[5]安德森等人的这些介绍，为我们详细而明确地规定了对概念与原理的学习到底要达到什么样的程度。

需要注意的是，不要将概念与原理的学习（理解）同对概念与原理的符号或定义的陈述等同起来。在概念与原理中，概念有概念的名称和定义，原理有原理的名称和对原理的言语表述，能够准确地说出概念的定义或陈述原理并不能表明学生习得了相关的概念与原理，学生习得的很可能是事实性知识，是对概念定义或原理表述的回忆。学生是否理解了概念与原理则要根据上述七个指标来判断。在教学实践中，很多教师常常混淆这一点，他们认为，学生能说出概念或原理的界定就说明他们掌握或理解了相关的概念、原理。

对概念与原理的理解是学生主动建构起来的，不是由教师以组织好的方式传输给学生的。概念与原理学习的这一观点基于建构主义学习理论，目前已得到教育研究者的广泛认可，这就是说，在建构对概念与原理的理解中，学习者处于学习过程的中心，学习者并不是被动地从教师那里接受信息，而是主动地将新知识与他们已经知晓的有关知识联系起来而使新知识有意义。学习者是通过主动的建构过程来发展对新的概念与原理的理解。这一点也很好地解释了为什么学生能说出教师或教科书呈现给他们的概念与原理的名称、定义，却不能说明他们理解了相关的概念与原理。

（二）概念与原理学习的心理学规律

由于概念与原理的重要作用，心理学家尤其是认知心理学家对其学习的规律做了许多研究。在综合这些研究的基础上，我们提出了如下一些概念与原理学习的重要规律。

1. 通过对概念与原理的例证进行分析、概括而习得概念与原理

这是概念与原理学习的最基本、最常见、也是研究最多的一种方式。这一方式其实涵盖了影响概念与原理学习的两方面因素：外部刺激（例证）和学习者的内部认知因素。

（1）概念与原理的例证

例证是概念与原理学习的关键。例证的特点是其具体性，因而例证为抽象的概念与原理提供了具体指称的对象，从而使概念与原理不大抽象。这里的例证包括正例和反例。所谓正例是指能说明某一概念与原理的例子。如“麻雀”是“鸟”这一概念的正例，充满气的自行车胎在烈日曝晒下会爆胎是“物体受热膨胀”这一原理的正例。所谓反例是指不能说明某一概念与原理的例子，如“蝙蝠”是“鸟”这一概念的反例，冬天水管里的水因结冰而撑破水管则是“物体受热膨胀”这一原理的反例。概念与原理的例证说明了概念与原理是什么，从这些例证中有助于概括出概念与原理的关键特征或关系。但学习者在对例证进行概括时，常会把相关的、无关的非本质特征或关系概括为概念与原理的本质特征或关系，犯过分概括化的错误。如在麻雀、燕子、大雁、喜鹊等“鸟”的正例基础上，学习者会把“会飞”这一特征概括为鸟的本质特征。这时呈现反例有助于克服学习者的这一错误，如呈现“蝙蝠”这一鸟的反例，有助于学习者将“会飞”这一特征排斥在鸟的本质特征之外。但在运用反例时，要考虑到儿童的发展水平。发展心理学家的研究发现，年幼的儿童在理解反例上存在困难，他们可以理解某个事物是某个概念、原理的例子，却难以理解“某事物不是某个概念、原理的例子”这一观念，因而对他们的概念与原理的学习，应多采用正例，少用或不用反例。[6]学习者对正例犯过分概括化错误的另一个原因是正例缺少变化。如在刚才“鸟”的正例中，几个例子都涉及“会飞”这一特征。如果再添加一些不会飞的鸟的例子，如企鹅、鸡、鸭、鸵鸟等，则可防止学生将“会飞”概括进鸟的关键特征中。

概念与原理的正例都包括概念与原理的本质特征或关系。学习者从这些正例中习得这些特征或关系的容易程度还受这些特征或关系的数量多少及其是否突出、是否具体的限制。[7]一般而言，特征或关系的数量较少，在正例中较为突出、具体，则学习者能很容易地习得。如“三角形”这一概念就比“民主”这一概念易于习得，因为前者的三个本质特征“三条边”、“封闭的”、“平面图形”能很容

易地观察到，而后者的关键特征不仅复杂、含糊，而且不具体，这使得它更难获得。又如，“酸能使石蕊试液变红”这一原理所陈述的关系是可以通过观察获得的，因而这一原理就比“经济基础决定上层建筑”这样的原理易于学习。

（2）学习者对例证的认知加工

仅仅接触概念与原理的例证并不能保证学习者获得相应的概念与原理。这时，学习者对例证主动认知加工的作用便凸现出来，这种主动加工主要体现在学习者对多个例证的有意识比较及对例证的自我解释上。

金特纳（D.Gentner）等人在2003年让两组学生阅读两个关于解决协商问题的案例，这两个案例中都蕴涵有解决协商问题的一般原则，所不同的是，对一组学生要求他们分别阅读这两个案例，对另一组学生则要求他们同时阅读并比较、写出这两个案例中所解决的协商问题的共同之处。然后，给两组学生新的协商问题要其解决（这个问题可以利用两个案例中蕴涵的一般原则加以解决）。结果发现，分别阅读案例的学生在解决新问题时倾向于不使用案例中用到的原则，而对案例进行比较的学生，很多人都使用了案例中的原则。[8] 显然，只呈现例子不足以保证学生抽象出其中的一般原理，学生需要得到提示并有意识地去对例子进行比较才有可能。

齐（M.T.H.Chi）等人1989年要求学生学习物理课本中的例题，这些例题蕴涵了了解某类物理题的一般原理，如计算一下由两根线吊着的某物体的重量。学生在学习例子时，实验者还要求他们出声思考，即描述他们阅读例题时的学习过程。学完例子后，所有学生做一个测验，解决与例子相似的问题，然后根据学生的测验成绩将这些学生分为优生和差生。结果发现，优秀的学生在学习例题时表现出了许多自我解释的活动，即自己为自己解释例子中的每一步为什么要这样做，而差生在学习例子时只表现出极少的自我解释活动。这种自我解释是学习者对例子的一种主动加工的活动。齐等人还指出，当学生不能从例子中进行抽象概括时，我们或许不应将这一失败归因于例证的特点，而应当归因于学习者的倾向。他们还提出，通过向学习者提出适当的问题，可以促进学习者的这种自我解释的活动。[9]

2. 通过对概念与原理的言语界定的理解而习得概念与原理

上文指出，一些概念与原理的特征或关系比较具体，可以通过观察概念与原理的例证而获得，但有些概念与原理的特征或关系比较抽象，不能通过观察而得到，如资产阶级、功、舅舅、偶然性与必然性的关系等。我们不能通过观察穿着（如穿西装打领带）来判断一个人是不是属于资产阶级。在这种情况下，学习者需要通过直接学习概念与原理的言语界定（如功=力×距离）才能习得概念与原理。在这种情况下，概念与原理的言语界定是由教师、教科书等呈现给学习者的，而不是学习者自己归纳、概括出来的，因而有人认为学习者所进行的这种学习是机械的、被动的，习得的可能只是概念与原理的言语陈述（即习得的是事实性知识），而没有真正理解概念与原理。这种情况确实存在，在介绍概念与原理学习的含义时我们也指出了这一点，但这种现象并不是必然的，在一定条件下，学习者能真正地习得概念与原理。

首先，学习者头脑中要具有和概念与原理的言语界定有关的原有知识。这些原有知识可以是事实性知识，也可以是其他的概念、原理等。有了这些原有知识，通过积极主动地将新的概念与原理同原有知识联系起来，学习者就可以建构出对概念与原理的理解。奥苏伯尔的同化论特别强调这一点，他指出，影响学生学习的唯一最重要因素就是学习者已经知道了什么。当学习者具备了与新材料有关的原有知识时，就有可能进行有意义的学习；当给学习者呈现了要学习的新知识（如概念与原理）而学习者又不具备相关的原有知识时，学习者不能进行有意义的学习，只能进行机械的学习。可见，将概念与原理的言语界定呈现给学习者而学习者又具有相关的原有知识时，学习者完全有可能进行有意义的建构学习，达成对概念与原理的理解。

其次，要习得概念原理与其他概念原理的关系。对概念与原理的学习重在理解，因而其学习不只是学习概念与原理的言语界定，还要将所学习的概念与原理放在更大的概念性知识网络中，阐明它与其他概念性知识的关系。这一点也得到了认知心理学有关专家研究的支持。研究发现，专家之所以能快速准确地解决问题，主要原因是专家具有丰富的经过良好组织的知识结构。如心脏病专家有关先天性心脏病的知识分为六级组织，每一级之间都建立了固定的联系；而新手的有关知识未形成多层次的网络组织[10]。就概念的学习而言，学习某个概念不只是记住它的定义，还要明确它的上位概念、下位概念和并列概念，换言之，学习者要明确所学习的概念在一定的概念网络中的地位。如要学习“民主政府”这一概念，除了学习其定义“由不同机构执行立法、司法、行政三种功能以实现制约和平衡的政府组织形式”外，还要明确其上位概念是政府，其并列概念有独裁政府、议会政府，其下位概念是某一国的民主政府。习得了概念的含义及其与其他概念的不同关系，有助于学习者对概念全面完整地理解。

此外，学习概念与原理的言语界定要和说明它的例证结合起来。一些必须用言语陈述来界定的概念与原理，其陈述有时冗长而复杂，理解起来很困难，这时辅以其例证往往有较好效果。加涅在谈及定义性概念的学习时也特别指出，尽管言语定义可教大量的东西，但仔细选用一些肯定例证和否定例证似乎是“充分理解”定义性概念所要求的。[11] 如果只有言语界定而没有例证，则学生对言语界定的学习很有可能仅停留在记忆水平上。可见，概念与原理的例证在其学习中（不管是对哪种学习方式而言）确实起着关键作用。

3. 练习与反馈

学习者通过归纳概念与原理的例证，或通过学习概念与原理的言语界定，会形成对概念与原理的某种理解，这种理解可能正确，也可能存在不足。为达到充分正确的理解，学习者还要通过一定的形式来检验自己的理解是否正确，这种形式主要就是练习并获得相应的反馈。这里的练习是指学习者运用已形成的对概念与原理的理解对新的概念与原理的例证进行判断、分析或解释，并从获得的反馈中进一步巩固、修改或完善自己的理解，其目的有二：一是改正理解中的错误，达成充分的理解；二是促进对概念与原理的长久保持，这主要是通过安排间隔练习来实现的，即相隔一定的时间后对概念与原理进行练习。这里的反馈是针对学习者当前学习情况而提供的旨在改进将来学习的信息。研究发现，有效的反馈主要有如下一些特点：即时性；具体性；提供矫正性信息；伴有积极的情绪。[12] 只有经历了练习与反馈的阶段，我们才能说学习者真正完成了概念与原理的学习。

概念的结构与概念学习

概念是一类事物的关键特征在头脑中的表征。那么，这些关键特征是什么？它们以何种结构、何种形式存在于记忆中？认知心理学家对这一问题做了大量的研究，提出了不同的理论来进行解释。

一、经典观点

经典观点认为，某一概念的所有例子都具有共同的基本特征，我们习得的内容就是一些必要的、充分的特征，这些特征又叫定义性特征。所谓必要的特征是指某一例子若成为某个概念的例证就必须具有的特征。如“有三条边”就是“三角形”这一概念的必要特征，那些不具有三条边的图形就不是三角形。所谓充分的特征是指某一例子必须具有某个概念的所有必要特征，才能被看成是该概念的例子。如“有三条边”、“封闭的几何图形”就足以确定一个三角形，任何图形只要同时具备这两个条件，就可被看做是一个三角形。又如“单身汉”这一概念，其表征的内容是“男性，成人，未婚”，只有同时具备这三个必要特征的人，才能被认为是单身汉。经典观点还认为，某一事物是否属于某个概念是清楚的、“全或无”式的，即如果具有该概念的充分且必要的特征就是该概念的例子，反之则不是。换言之，某一事物要么是某一概念的例子，要么不是。而且，某一概念的所有例子的地位是平等的，没有哪个例子比其他例子更好、更差或更符合该概念。

但是一些研究与上述观点相左。首先，有些概念难以用充分且必要的特征来表示。罗希和默维斯（E.Rosch & C.B.Mervis，1975）要求被试列出一些概念如家具、水果、衣服、交通工具的20个例证的特征。根据经典观点，被试贮存的是某一概念的充分且必要的特征，那么对该概念的20个例子来说，被试列出的应是共同的定义性特征。但结果却发现，对于某一给定概念的20个例证，被试从未列出一些共同的特征。史密斯（E.E.Smith，1989）也指出，像老虎、果实、家具、汽车等日常概念是没有可接受的定义性特征的，从而否认了被试贮存的是定义性特征。

麦克洛斯基等人（M.McCloskey et al.，1978）的研究则对概念例子的“全或无”观点提出异议。他们给被试一些项目，要求判断这些项目是否属于某一概念。如椅子是家具吗？经典观点会预计人们在判断上有很强的一致性，但结果发现，对于不典型的例子，被试之间存在很大分歧，即使在不同时间，被试的判断也前后不一致。

罗希等人还发现，某一概念的一些例子比另一些例子是更好的例证，从而对概念例子地位平等的观点提出挑战。例如，在北美的人认为，知更鸟和麻雀是鸟的很好例证，而小鸡和企鹅则是不大好的例证。经典观点对此无法解释。罗希还发现，对于被试判断为典型的例子，在回答诸如“麻雀是鸟吗”“企鹅是鸟吗”这类问题时，要比不典型的例子反应时短。在要求被试列出某一概念的例子时，被试更可能列出典型的例子而不是非典型的例子。所有这些证据表明，经典观点有其局限性，需要其他理论来补充、完善。

二、原型观点

原型观点是在20世纪70年代提出的。它否认概念的定义性特征的存在。如果说经典观点认为习得的概念内容是以某种抽象物（充分且必要的特征）来表征的，那么原型观点也是采用抽象物来表征，只不过这种抽象物不是充分且必要的特征，而是原型。所谓原型是指某一概念所有特点性特征而不是定义性特征的抽象，是概念所有例证的总和与平均。某一物体是否是某一概念的例子，是看它是否与原型有足够的相似性。如果它与原型很相似，与原型共享的特征越多，它就越可能被看做是该概念的例子。

原型表征可用来解释经典观点所遇到的一些问题。它可以解释我们为什么有时难以给出一些概念的定义性特征，因为这些概念不存在定义性特征，它是由原型而不是定义性特征来表征的。它还可以解释人们在分类时出现的不一致，如西红柿，有人将其看做蔬菜，有人将其看做水果，这是因为西红柿与蔬菜和水果的原型都有一些共同的特征。有人（如家庭主妇）在分类时，将它与蔬菜的原型比较，得出西红柿属于蔬菜；有人（如生物学家）在分类时，则将它与水果的原型相比，因而将其归入水果类。原型还可解释概念例证的典型性问题，不过它是通过家族类似性来解释的。所谓家族类似性是指概念的每一个例子具有一些特征，同时与其他不同的例子共享一些特征，但只有很少的特征为概念的每一个例子所共有。某一例子与其他例子共有的特征越多，它就越典型。换言之，某一例子与概念的其他例子共有的特征越多，它与其他例子的家族类似性也就越强，因此它就越典型。知更鸟与企鹅相比是更典型的鸟的例子，就是因为前者具有更多的鸟的特征，如体型小，会飞，吃虫子，生活在树上。

但实验证据表明，用家族类似性来解释典型性效应也有问题。能精确定义的概念如“奇数”，应该不存在家族类似性。但阿姆斯特朗等人（S.L.Armstrong et al., 1983）的研究发现，能精确定义的概念的例子也有典型的和不典型的。他们要求被试评价一些经典概念如“偶数”、“奇数”、“平面几何图形”、“女性”等的典型性。结果发现，8和12是典型的偶数，30和18则是不典型的；7和13是典型的奇数，15和23是不典型的；长方形和三角形是典型的平面几何图形，而椭圆和梯形则不典型；阿姨和芭蕾舞演员是典型的女性，而寡妇和女服务员不典型。而且，当要求被试做出迅速的验证时（如30是偶数吗），他们对典型例子的反应要快于不典型的例子。[13] 巴沙罗（L.W.Barsalou，1985）也发现，我们为达到某一目的而形成的概念例子的典型性效应也不能用家族类似性来解释。如为了减肥我们会形成“为节食而不宜吃的食物”这一概念；出去野营会形成“野营过程中所需物品”的概念。在这些概念中，例子的典型性是与当前的目标有关，而不是取决于特征的相似。这说明，原型观点也有局限性。

三、样例观点

先前的两种观点都认为习得的概念内容是某种心理抽象，换言之，我们表征的不是个别例子，而是将很多个别例子加以平均而形成的复合表征。样例观点则认为，习得的概念内容至少包括一些实际的个别例子，但我们并不从对这些例子的记忆中进行抽象概括以形成一种抽象的知识。例如，人们并不是用抽象出来的“未婚的成年男子”来表征“单身汉”这一概念，而是用一个人所认识的某一具体单身汉来表征。我们在对某一新例子分类时，是通过与头脑中事先贮存的例子的表征加以比较而后做出分类，这些例子就叫样例。

关于概念的样例表征的证据来自人工概念的学习研究中。布鲁克斯（L.R.Brooks，1983）让被试学习一些人工概念，并比较两种学习方法。一种是鼓励被试去发现非常复杂的用于区别两个人工概念的规则。另一种仅仅学习一些概念的样例。学完以后，两组被试都进行新的分类任务。虽然第二组事先未被告知有两种概念，但令人惊奇的是，他们比第一组的成绩要好。布鲁克斯认为，在某种条件下，仅仅记忆概念的例证是学习概念的一种方式，它比尽力找出概念的定义更好。

样例观点的长处在于可以描述人们如何习得难以定义的概念。在学习这些概念时，我们仅仅贮存足够的样例就行了。在遇到新的例证时，就拿它与贮存的样例相比，如果相似，就说明是该概念的例子，反之则不是。

样例观点的一个重要问题是，人们确实知道一些从样例中推断出来的概念的抽象规则。样例观点对这些抽象信息的内容及其使用几乎没有涉及，而原型和经典观点则指出了这种抽象的信息。此外，这一观点还不能解释概念的哪一个例子可以作为样例贮存，哪一个不能作为样例贮存。

四、理论观点

上述三种观点都不能说明为什么一些特征或样例能作为概念表征的内容。举例来说，假设我们到动物园见到了一种以前没有见过的动物，比如说老虎。我们在星期天的上午见到了笼子里的两只老虎，而且它们还都是雄性的。那么，在形成“老虎”这一概念时，我们并没有将两只老虎的所有共同之处（如关在笼子里，雄性，在星期天上午见到等等）作为其概念表征的一部分。

概念的理论观点或者叫基于知识的观点，就是解决这类问题的。这一观点认为，我们关于概念的表征，除了定义性特征或原型样例外，还必须加上一些有关领域的内在原则或理论。所谓理论是指能解释或产生某一领域内的现象的一套因果关系。我们可以用这些因果关系来解释为什么一些特征或功能密切联系在一起。比如在上例中，因为我们具有一个生物学理论，这一理论告诉我们哪些特征对于老虎这一概念是重要的、相关的、可靠的，所以老虎的当前位置（在动物园的笼子里）并不被概括进老虎这一概念的表征中；而体型和行为特征符合我们的生物学理论，才会被考虑成该类目可能的特征。这一观点强调了在概念形成过程中理论或复杂知识的作用。要完整地理解一个概念，我们还必须了解概念所镶嵌的领域知识，也即个体关于某一领域的理论。如前文提及的西红柿的分类问题，家庭主妇与生物学家的不同分类就是因为他们具有不同的关于西红柿的理论。

小贴士

这里的观点其实也说明了第一节中提出的概念学习要注意与其他概念原理形成联系的观点。

成人有着丰富的生活经验，接受过学校教育，他们无疑具有某些领域理论。儿童是否也具有这种理论呢？盖尔曼和马克曼（S.A.Gelman & E.Markman, 1986）的研究发现，儿童也具有一些理论。他们告诉4岁的儿童某一物体的属性，然后问他们另一个与之相似的物体是否也具有该属性。如给儿童出示一只鸟（火烈鸟）和一只蝙蝠，然后告知儿童这些动物的非知觉性特征，如蝙蝠用乳汁喂养小蝙蝠，而鸟用小虫子喂小鸟。接下来给儿童看一张很像蝙蝠的鸟（鹰）的图片，并告诉儿童这是一只鸟，然后问他们它是用乳汁还是用小虫子来喂养小鹰。结果，虽然鸟的知觉性特征与鹰的很不一样，但儿童不受其知觉性特征的影响，还是认为鹰具有与鸟一样的属性，是用小虫子来喂小鹰。儿童做出这种回答是基于生物学上的相关特征（如内部器官和重要行为）。这表明，儿童并非是毫无批判地将他所见到的某一类目成员的所有特征都概括成这一类目的特征，他们是根据自己的理论选出最相关的特征而加以表征的。

五、双层表征观点

这一观点是对上述四种观点的综合，它将我们习得的概念内容分成两种成分：原型、样例和核心成分。麦丁（D.L.Medin）指出，人们的概念行为是基于这样一种认识：某一事物之所以是某一类事物而不是其他类事物，是因为这一事物具有一些实质性的基本的性质，这是概念内涵的一部分。概念内涵的另一种成分是原型和样例（麦丁在这里所说的概念内涵是指概念的表征）。[14] 例如，男子和妇女这两个概念的成员关系是从遗传上决定的，但当我们判断某人是男性还是女性时，我们是根据诸如头发长度、身高、有无胡须、衣着等第二性征及文化习惯来确定的。虽然这些特征不如遗传学方面的证据可靠，但它们也远不是武断的。这些特征不仅具有统计学的效度，它们还与女性和男性的生物学的和文化的概念相联系。理论的作用之一就是在内在的原则和表面的相似性之间建立因果性联系。

史密斯将概念的表征分为原型和核心成分。原型在知觉上是显著的，但对确定概念的成员资格并不具有完全的诊断意义。核心成分则对确定概念例证的成员资格更具有诊断性，但倾向于相对地隐藏起来，不那么明显。如“鸟”这一概念，我们关于它的原型可包括如下特征：有翅，能飞，会叫，在树上筑巢。核心成分则包括那些有助于确定鸟的特性，如具有鸟的基因，有皮肤和骨骼，以及其他一些重要的生物学特征。虽然原型中的特征不如核心成分中的特征更能判断例子的成员资格，但因为它们易于提取，我们还是用它们来进行分类。这样看来，原型是分类的启发式，是超越给定信息的快速而不保险的方式。

兰多（B.Landau，1982）的实验支持了史密斯的观点。她向被试（儿童和成人）呈现一些能精确定义的概念，如“祖母”的图片，要求他们做两件工作：判断图片是否是该概念的正例，对他们做出的决定进行确认。兰多呈现祖母的照片时，在下述两方面加以变化：她的年龄，这主要是祖母的特点；是否有儿童出现，这可能表明了祖母的定义性特征（是父亲的母亲）。结果发现，所有年龄的被试在做出分类决定时，要比确认分类决定更多地依赖于成年妇女的年龄；但在确认决定时，要比在做出分类时更多地依赖于年幼儿童的出现。这表明，被试在分类时，运用的是“祖母”这一概念的原型，而在做出最终决定时，则用“祖母”这一概念的核心成分。[15]此外，核心成分还可以在推理中起重要作用。例如，如果我们知道某种动物是老虎，我便知道它与猫的亲缘关系要比与狗的亲缘关系近，它具有消化系统，刺破它的皮肤会流血……诸如此类的推断都源自有关老虎的核心知识。经典概念和模糊概念都可以从双层表征的角度进行分析。在经典概念中，其定义性特征相当于核心成分，而且它具有原型或样例。如前文阿姆斯特朗的实验就指出一些经典概念也有原型。模糊概念也有原型，但其核心成分主要是由专家来确定的，我们一般难以把握。

六、概念的结构与概念学习

认知心理学有关概念结构的研究，对我们深入认识概念的含义及概念学习有重要的指导意义。

首先，概念的习得涉及概念的核心成分、样例、原型等内容，这就是说，习得概念并不能仅仅停留于理解概念的定义性特征而对概念的例子一无所知。

其次，习得概念不可能一次将概念的所有成分全部习得。不同的成分可以在不同阶段学习。如儿童在日常生活中习得了水、火等概念的样例或原型。在科学课上，他们再来学习这两个概念的核心成分或定义性特征：水——由两个氢原子和一个氧原子构成的物质；火——可燃物与氧气在温度达到燃点后发生的化学反应。有时，学生可能要先习得概念的定义性特征，而后再来学习其样例或原型。学生学习一些自己未曾经历过的事物或事件的概念时就可以这样做。如科学课上有关宏观（如星系、银河系）、微观（如原子、电子、细菌）及远古世界（如恐龙、始祖鸟）的一些概念，可以先习得概念的定义，而后再学习概念的样例或原型（通过图片、显微镜、视频等方式呈现）。

小贴士

从概念结构的观点看，加涅的具体概念和定义性概念不是两个相互排斥的类别，而是一个连续体的两个端点。如“水”的学习可以从具体概念开始，逐渐过渡到定义性概念（H_2O）。

日常观念的转变

概念与原理的学习不仅发生在有目的、有组织的课堂上，也发生在日常生活中。在日常生活中，我们会自发地习得一些概念与原理，如有关自然界的一些原理（重的东西比轻的东西落得快），有关人类心理的一些观念（如尖嘴猴腮的人不可信），这些概念与原理总称为日常观念。这些日常观念有的与科学观念一致，有的与科学观念相抵触。因而概念与原理的学习除了从无到有地习得外，还要包括转变已有错误的日常观念。本节专门介绍日常观念及其转变的问题。

一、日常观念的表现

日常观念在物理学科中体现得较为突出，在其他学科中也有体现。以下是一些日常观念的例子。

（一）悬崖问题

假定一个卡通人物以恒定的速度从X点向Y点奔跑，至Y点后坠下悬崖，请画出该卡通人物的跌落路径。这一问题有四种可能的答案：

A. 它将会在水平方向继续运动一段距离，然后垂直下落。

B. 它将会在水平方向继续运动一段距离，然后逐渐地按弧形轨迹下落。

C. 它将会立即按弧形轨迹下落，其水平速度保持恒定，向下的速度逐渐提高。

D. 它一离开悬崖的边就马上直线下降。

图 4-1 中画出了四种可能的路径。

当要求中学生回答这一问题时，5% 的学生选择了第一个答案（他们都是卡通片的忠实观众），35% 选择了第二个答案，28% 选择了第三个答案，32% 选择了第四个答案。正确的答案是第三个，物体在水平方向将会以恒定速度运动，因为没有外力改变它的水平运动；而在垂直方向将会有一个加速度，因为物体受到了重力的作用。这个答案是依据现代牛顿运动观得出的，即如果物体没有受到外力作用，那么它将会一直保持原有的运动状态。而选择前两个答案的被试就具有有关物体运动的日常观念。他们认为，运动的物体依靠其内在的力来保持运动，当内在的力消失时，物体的运动将会受到影响。[16]

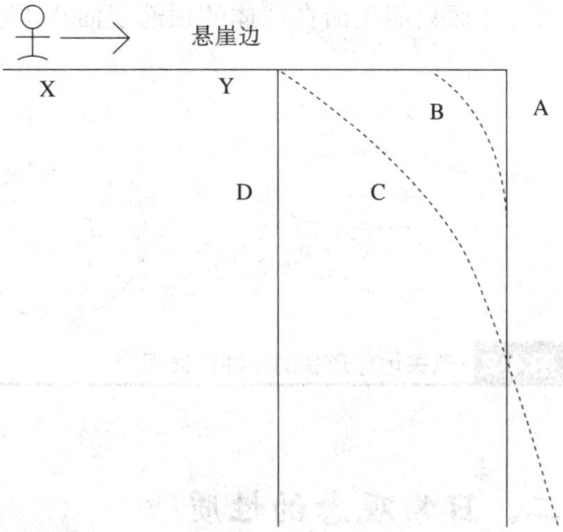

图 4-1 下落的四种可能路径

（二）电流问题

用一节干电池、两根导线和一只灯泡连成一个简单的电路使电灯发光，问电流在电路中是如何流动的。在 10～14 岁的被试中，有 35% 的人认为两根导线中的电流都是从电源流向灯泡。当问及电路中不同部分的电流大小时，许多学生会错误地回答：因为灯泡要放出一部分光和热，所以其中一部分电流被用完了；当电流流回电源时，其强度要比刚刚流出电源时小。[17]

（三）地球形状问题

很多儿童都会说出地球是圆的，但当要求他们更详细地解释时，一些儿童指出地球是圆的，就像一张薄煎饼，人们生活在平坦的面上。另一些儿童知道地球是圆的，像一个球，但他们认为人们生活在球的里面，星星则在球的顶部。还有些儿童知道地球是球体，而且人们生活在球体的外表，但不能生活在球体的所有表面，而只能生活在球体的顶部表面[18]（见图 4-2）。

图 4-2 有关地球形状的三种错误观念

二、日常观念的性质

许多研究发现，日常观念一旦形成就很难改变，即使直接向学习者讲授正确的观念也不可能改变它，这反映出日常观念的顽固性。

如麦克洛斯基（M. McCloskey）给学过一年物理和没学过物理的学生呈现如下问题：假设你手持重球匀速奔跑，在途中某点丢下重球，则该球会按什么路径下落。结果发现，认为重球会垂直下落的（这是错误的回答），未学过物理的学生占80%，学过物理的学生仍有27%。认为球会以弧线形下降，即下降过程中会继续向前运动的（这是正确答案），未学过物理的学生只有13%这样回答，而学过物理的只有73%这样回答。[19]这说明即使学过一年物理，但仍有27%的学生不能正确回答这一问题，依旧坚持其错误的观念。

又如克莱门特（J.Clement）给学生呈现如下的硬币问题：将一枚硬币竖直向上抛，请画出硬币在上升和下降过程中的受力情况。该问题正确的答案是，硬币在上升和下降过程中一直受恒定不变的重力作用。但有一些学生错误地认为，硬币在上升过程中受到向下的重力作用，还受到向上的推力作用，向上的推力作用逐渐减少，当其为零时，硬币就开始下落。他发现，在学习力学课程之前，能正确回答这一问题的学生占12%，而教学之后这一比例为28%。[20]这说明仍有72%的学生在接受正确的教学后仍持有错误的日常观念。

林和西格尔（M.C.Linn & H.Siegel）借鉴拉卡托斯（I.Lakatos）的思想对日常观念的顽固性做了进一步解释。拉卡托斯区分了观念的硬核和观念的保护带。观念的硬核不对新的资料做出反应，而观念的保护带则准备通过改变以维护观念的硬核。这一思想同样适用于日常观念。个体具有的日常观念中，一些成分是抵制改变的，而另一些成分则易于被改变；不过改变的目的是为了保持核心观念不变。如林给青少年呈现如下问题：由铝和钢做成的两块体积相等的立方体，把它们分别浸入水中，哪块立方体排开的水多？由于青少年已形成了“重的物体比轻的物体排开的液体多”这一错误观念，所以他们会回答钢块排开的水多。而后研究者向其演示两块立方体排开的水一样多，这名被试立即指责研究者在搞欺骗，并指出研究者用的是一种“魔水”，以此来维护他的错误观念。[21]

专栏4-2

日常观念的硬核与保护带

奥姆罗德（J.E.Ormrod）举了一个例子说明学习者如何通过改变日常观念的保护带而为其核心的观念辩护。一名11年级的学生在物理课上学习“物体的质量和重量不会影响其下落的速度”这一观念。教师要求学生们设计并编织一只鸡蛋篮，以便从三楼窗户扔下时鸡蛋不会碎。在往下扔鸡蛋的那天，还要学生记录鸡蛋篮下落的时间。这名学生深信重的物体落得快，于是他把一些钉子放到他的鸡蛋篮中。当他往下丢篮子时，同学记录了篮子下落的时间是1.49秒，非常接近其他学生的较轻鸡蛋篮的下落时间。在向老师（或许也向他自己）解释这一结果时，这名学生认为“做记录的人没有很好地记录时间”。[22]

三、日常观念的来源

学习者为什么会具有日常观念？或者这些日常观念从何而来？对这一问题，心理学目前仍未给出一个满意的回答。综合不同学者的意见，以下几种因素导致了日常观念的形成。

一是学习者对观念例证的分析概括不够充分所致。日常观念大都是学习者在日常生活中接触观念例证的基础上自发习得的。这种学习可以用无指导的发现学习或纯发现学习来描述。在这种学习中，需要学习者在没有外来帮助和指导下对观念的例证进行分析、概括。一些观念的例证中包括的对观念的形成至关重要的因素常常是比较抽象的，或者是隐匿在现象背后而不能被学习者直接观察到。在这种情况下，学习者只能凭对例证的不充分观察和概括来形成相关的观念，因而这样形成的观念不可能把握住例证的共同本质特征。如学习者认为“物体不受外力作用就要停止运动”，“力是产生和维持物体运动的原因”，这些错误观念的形成就与其对观念例证的分析有关。力停止作用于物体后，物体总要停下来，导致停止的因素是物体受到的摩擦阻力。这一因素是一隐蔽的因素，没有外部的帮助和指导，学习者自己很难认识到，于是错误的观念就在所难免。又如“重的物体在水中下沉，轻的物体在水中漂浮”这一错误观念的形成也与这一因素的隐蔽性有关。决定物体沉浮的因素是物体的密度，这一概念比较抽象，在没有帮助情况下，学习者不可能自发习得。而物体的体积、重量则比较明显，学习者通过观察、掂量可以很容易地感知到。于是根据他们观察到的物体特征(轻重)而进行概括，自然就得出了“重的物体下沉，轻的物体上浮”的结论。

小贴士

请指出这里的描述与本章第一节介绍的概念与原理学习间的关系。

二是学习者工作记忆容量的限制。工作记忆是信息加工的重要场所，也是信息加工的重要“瓶颈”，因为它能同时加工处理的信息量有限。当学习者要学习的内容超过其工作记忆的容量时，学习者会对学习材料进行重新组织，如删去、简化一些内容，以使之适应其工作记忆容量。如对物理现象的解释通常要用多个变量之间的相互作用来进行，而在工作记忆中同时考虑几个变量及其相互作用，对儿童和青少年来说可能超过其工作记忆容量，所以他们倾向于用较少的变量来解释，这样就易于形成错误的观念。例如，要解决杠杆平衡问题，要运用的正确原理是比较“左端的重量×左端距支点的距离”与“右端的重量×右端距支点的距离”。这一原理要考虑四个变量之间的相互作用关系。年幼的儿童因其工作记忆容量的限制，难以对这四个变量同时进行考虑，他们只能考虑一个变量。如5岁的儿童只会根据杠杆两边的重量多少来判断杠杆是否平衡，他们认为两边重量相等，杠杆就平衡，哪边重量大，哪边下沉。9岁儿童则会在两边重量相等的情况下考虑距离不等的杠杆平衡问题，但还不能解决重量距离都相等的平衡问题。13、17岁的儿童会解决一端的重量和距离都较另一端大时的平衡问题。显然，解决这类问题需要儿童在心理上将重量和距离的信息组合起来进行判断。由于工作记忆容量的限制，年幼的儿童只能选取其中部分信息进行判断，错误观念也就在所难免了。[23]工作记忆容量限制这一思想也有助于解释错误观念的顽固性。当在正式的教学中将正确、科学的观念呈现给学习者时，这些学习材料可能超过学习者的工作记忆容量，因而虽然正确的解释呈现给了他们，但学习者却因其工作记忆容量有限而对这一解释做了有选择的吸收，结果是仍旧维持其原有的观念。

三是社会文化因素也会促进错误观念的习得。我们所处的社会创造的语言、文化会在潜移默化中向学习者传递错误的观念。如我们经常讲太阳东升西落，这样的话暗含的思想是太阳绕着地球转。在这种语言中成长的儿童，形成“太阳绕地球转”的结论也就不足为奇了。如一些卡通片中经常出现人物跑过悬崖仍挂在空中的现象，经常观看这类卡通片的儿童也就在上文提及的悬崖问题上容易出错。而且，上文的研究和调查也发现，做出错误回答的被试中有一部分是卡通片的热心观众。

小贴士

想想这里的论述与本书第二章介绍的维果茨基理论的关系。

四、日常观念的转变

有关日常观念的研究表明，学生并不是空着脑袋进课堂的。在日常生活中，学生已经自发习得了一些概念和原理，而且这些观念通常与学校要教授的科学观念相冲突，因而学校教学的一项重要任务是转变学生错误的日常观念。

（一）日常观念转变的实质

日常观念转变的实质可用顺应、建构等词语来描绘。顺应是皮亚杰用的术语，指个体运用已有的图式不能与环境成功地相互作用时，要对已有的图式做出改变以使个体能适应环境。日常观念的转变也是顺应的一种情况，是学习者面对新的情况，将已有的日常观念（通常是错误的）转变为科学观念的过程，这种转变可以是生成新的观念，也可以是对原有的观念做出局部的修改。建构是近年来教育界流行的一个术语，一般指学习者在原有知识基础上构建出新的知识。从这一观点看，知识、理解都是学习者自己建构而来的，这就是说，直接将新知识呈现给学习者，并不等于他们实际习得了新的知识。由此引申的一个含义是，日常观念的转变并不是直接将科学的观念讲授或呈现给学习者那样简单，而必须经由学习者的主动建构过程。

（二）影响日常观念转变的因素

1. 学习者的动机

日常观念的转变是学习者自己对观念的重新建构。要引发这种建构活动，需要学习者有转变观念的动机。如果学习者满足于自己的日常观念，认识不到自己日常观念的不足，他是不可能去进行观念转变活动的。这一点正如平特里奇（P.R.Pintrich）等人指出的，观念的转变不应是“冷的”观念转变，而应当为学习者提供转变的动机、诱因。[24]

引发学习者观念转变的动机，最主要的手段是给学习者创设认知冲突，即让他们认识到自己已有的观念不能解释新的现象，或者与自己认为同样正确的其他观念相矛盾。认识到了认知上的冲突，学习者才有可能开始观念转变的过程。

2. 学习者对知识与学习的一般性质的认识

学习者对知识与学习的认识（称为个体认识论）制约着他们的观念转变过程。如果学习者认为知识是一成不变的、确定无疑的，则他对于自己信奉的日常观念也会这样看，因而对日常观念的转变就持抵制态度。反之，如果学习者认为知识是处于不断发展变化中的，会随时间和新的发现而变，则他们会对自己日常观念的转变持肯定态度。

3.教学的条件

这一条件主要是从学习的环境、教师方面来谈的。总的来讲，教师和学习的环境要引发、促进学生的观念重构，而不是代替学生的重构活动。导致日常观念形成的一些因素在这里都要被考虑到并做出妥善安排。如对于观念例证中隐匿的因素，教学中应予以突出，让学习者注意到。考虑到学习者工作记忆容量的限制，在内容的呈现上不要呈现过多、过快。此外，还要利用社会文化环境及同伴间的相互作用来促进新观念的建构。

（三）日常观念转变的过程与方法

1.引发认知冲突

观念转变的第一步是学习者认识到自己持有的日常观念有问题。一般来说，有两种方法可用来引起学习者的认知冲突，从而引发观念转变过程。

第一种方法叫预测—观察—解释法，即给学习者呈现某种问题或现象，学习者运用其原有的日常观念先做出预测，预测接下来会发生什么。接着，通过学习者自己动手做或教师的演示，学习者观察实际发生了什么。最后，学习者解释他们的观察与预测为什么有冲突，以此让学习者认识到当前持有的观念不能解释新的现象。如学生在日常生活中形成了如下的观念：物体重心两侧的重量是相等的。为让学习者认识到这一观念有问题，教师给学生呈现一根一头粗、一头细的棍子，找出棍子的重心，然后问：将棍子从重心处切为两半，这两半的重量是否相等。学生运用其原有的观念对这一问题做出预测，认为两半的重量相等。接下来，教师将木棍从重心处切开，分别用弹簧秤称量，学生观察称量的结果，发现两半的重量不一样。于是，教师就引导学生思考，为什么会与预测的不一样，从而引起学生对自己观念的怀疑。

运用预测—观察—解释法并不能总是导致认知冲突。有研究表明，运用日常观念所做的预测会对接下来的观察产生影响，即学习者做出什么样的预测，就倾向于带着这种偏见进行观察，而实际观察到的又易于和这种偏见一致。如钦和马洛特拉（C.Achinn & B.A.Malhotra）向四年级学生呈现如下问题：两块一重一轻的石头同时从高处落下，哪块石头先落地？结果65%的学生认为重的先落地，15%的学生认为轻的先落地，20%的学生认为两块石头同时落地。接下来，教师演示这一实验，学生观察。从表4-1中可见，预测重的石头先落地的学生比其他学生更倾向于观察到重的先落地；预测轻的石头先落地的学生也倾向于观察到轻的先落地，预测二者同时落地的学生也倾向于观察到二者同时落地。[25]

表4-1 预测偏见对观察结果的影响

预测	实际观察到的结果		
	重的先落地	同时落地	轻的先落地
重的先落地	44%	25%	31%
同时落地	28%	72%	0%
轻的先落地	32%	27%	41%

第二种方法是利用文本来引发认知冲突。这一方法不需要动手做实验或演示，只要学生在阅读文本时，文本中的描述与其原有观念不一致就可引发认知冲突。如学生持有的血液循环的观念是，带着营养和氧气的血液从心脏出发流向身体各部位，身体消耗氧气和营养后，血液就流回心脏。而他们阅读的科学教科书如下表述：动脉血从右心室出发，流向身体各部位，而后再流回左心房，再经左心室流向肺，最后由肺流向右心房并进入右心室。这一循环路径是两条，与学习者持有的一条循环路径明显不一样，这就可能使学习者产生认知冲突。

2. 促进新观念的构建

在引发学习者认知冲突以后，接下来就要促进学习者建构新的观念。有两种主要的方法可用来促进这一过程。

一是运用具体的类比来促进观念的重建。所谓类比是学习者将某一模型的各组成部分及其关系类推或映射到实际的现象或系统上。如学生原有的有关地球形状的观念认为，地球是球体，人只能生活在地球顶部的表面。为转变这一观念，首先要引发认知冲突，可以让学生用气球来作地球，并找到澳大利亚的位置，而后问学生澳大利亚的人为什么能生活在那里而不掉下去。接下来，要促进科学的地球形状观念的形成，可以采用一个具体的类比物，这一类比物是一个有磁性的球体及一些含有铁质的玩具船或玩具娃娃，然后用这一类比物演示地球就像一个巨大的磁体一样吸住它表面上的任何东西。这里使用的类比物包括磁性球体和铁质的玩具，它们间的关系是球体对玩具有吸引作用而使其能停留在球体表面各处。这一成分和关系也同样适用于地球及地球上的人。研究表明，这样的类比十分有利于学习者构建新的观念。

另一种方法是通过改进文本的编写技术来促进观念的重建。传统的教科书编写常常注重清晰、准确地呈现科学的观念，一般不论及学生的错误观念，这样做的后果是学生虽然记住了科学观念的言语陈述，但错误的观念依旧存在。为改变学生的错误观念，一些研究者主张在教科书中明确地描述出学生可能持有的错误观念，而后再对这些错误观念进行比较，以此促进观念的转变。研究发现，学习了这类文本的学生比其他学生在回答概念性问题上的成绩要好。[26]

本章小结

概念性知识是一种较为抽象概括的、有组织的知识类型，包括概念、原理、理论等。概念性知识不仅可以减轻我们的记忆负担，还可使我们预测未来、解释新现象，并能构成新的更复杂的知识。

概念和原理是重要的概念性知识类型，其学习可以通过对概念与原理的例证的分析概括进行，也可以通过对概念与原理的言语界定的理解来进行。不过在后一种学习方式中，概念与原理的例证仍是必需的，其目的是为了更好地说明其言语界定。此外，学习者练习识别和分析概念与原理的例证并获得反馈对概念原理的学习也很有必要。

对概念的结构，心理学家提出了不同的观点。经典的观点认为，概念中贮存的是一类事物共同的必要且充分的特征。还有观点认为，概念在我们头脑中以原型、样例、理论的方式贮存。近年来有人主张将概念的结构理解为双层的，即原型、样例和核心成分。概念的学习不可能一蹴而就，而是渐进的，在不同阶段习得概念的不同成分。

学习者在日常生活中自发习得的观念很多是不科学的，会对科学观念的学习产生阻碍作用。而且，日常观念还有顽固性，直接的教学不易改变它。导致日常观念形成的因素主要有学习者对观念例证的分析不够全面深入，学习者工作记忆容量的限制及社会文化因素的影响。要改变日常观念，首先要引发学习者的认知冲突，让其意识到原有观念的局限性，而后要借助类比等手段促进新观念的建构。

重要术语

概念性知识	概念	原理	正例
反例	具体概念	定义性概念	原型
认知冲突	日常观念		

思　考　题

1. 现代教育技术的发展对概念性知识例证的设计有何启示？
2. 有的教师上课旁征博引，课后学生却不知道学到了什么。请对这样的教学进行分析并提出改进建议。
3. 有关日常观念转变的研究对科学教科书的编写有何借鉴意义？
4. 小学生和高中生学习的概念、原理有什么不同？

第五章

图式与心理模型的学习

学习目标

- 能结合具体学科举例说明什么是图式和心理模型
- 能用自己的话解释图式和心理模型习得的规律
- 能从图式或心理模型的角度分析教学案例中目标的组成成分及教学措施所基于的学习规律

概念性知识的学习强调形成有组织的知识结构。图式和心理模型就是两种重要的知识组织形式，而且这两种知识组织形式在中小学各学科教学中比较常见，心理学家又对其做过较为集中的研究，因而有必要将其单列出来予以介绍。

图式的含义与作用

一、图式的含义

图式这一概念最初是由英国心理学家巴特莱特（F.C.Bartlett）在1932年提出来的。他在对记忆的研究中发现，被试原有的知识经验会影响其对材料的回忆，而且这种知识经验是由被试有意识组织的，形成了一种“团块”或“有组织的模型”，于是巴特莱特将这种经个体积极组织过的过去的反应或过去的经验称之为图式（schema，复数形式是schemata，我国台湾学者译为基模）。[1]

本章讲的图式主要基于现代认知心理学家特别是鲁墨哈特(D.E.Rumelhart)提出的理论[2]。为便于理解这一理论，先来复习一下大家都熟悉的表格，以其作为图式的类比物(参见下页专栏5-1)，而后再从图式的界定、图式与相关概念的关系、图式存在的证据三方面来了解图式的含义。

（一）图式的界定

与表格类似，图式是用来描述一类人、一类客体、一类事件的共同特征的。不同的地方在于，表格是存在于我们头脑之外的，而图式则是我们头脑内部的表示一类事物共同特征的一种“表格”。从定义上来讲，图式是我们头脑中关于一类客体、事件或情境的一般知识结构。梅耶（R.E.Mayer）指出这一界定涵盖了诸多图式定义共有的一些特点。[3]

一是图式有一定概括性，可应用于多种情境中。图式中贮存的知识是从很多具体的例子中抽象概括出来的，不是指具体的某一个例子在头脑中的贮存。如我们头脑中具有“书”的图式，这一图式不是适用于某一本书（如我的学习心理学教科书），而是适用于所有的书（如语文书、工具书、小人书等）。图式的这一特点相应于其定义中的“一般”二字。

二是图式代表的是个人所知道的知识。心理学家认为，图式贮存的是知识而非定义。理解这一特点的关键是区分知识与定义。定义是某一例子要成为某类事物所必须具备的特征，这些特征有时又叫必要性特征。同时，这一例子还具有其他一些特征，这些特征不一定是成为该类事物所必须的特征，可以叫做特点性特

专栏5–1

图式的类比物：表格

××学校学生登记表

姓名		性别		民族		出生年月	
政治面貌		系别		专业		年　级	
个人简历							

对于这样一个表格，我们要有如下认识：

1. 表中需填写的九方面情况适合该校全体学生，换言之，是该校学生都具有的几方面特征，这就是说，这一表格可以描述该校全体学生的情况，因而它也就具有一定程度的概括性。
2. 这一表格有九个空格需要填写，每个学生都要填，但各人填的内容不一样。
3. 表格中的九个空格是按固定顺序编排起来的，先姓名、性别，再民族、出生年月，……最后是个人简历。
4. 各个空格所填内容之间要前后一致。如果“姓名”栏内填“文娟”，则以后的出生年月、个人简历必须是“文娟”的，不能填成“张强”的。这就是说，其中一栏所填内容会对其他栏内所填的内容产生一定的限制。
5. 每个空格内所填内容可以在一定范围内变化。如“民族”一栏可以在我国56个民族中选择，“性别”可以在男女之间选择。

总之，这种表格描述了一类人（某学校的学生）的共同特征。在结构上它由一些空格组成，这些空格又是按一定顺序组织起来的，每个空格内所填的内容可在一定范围内变化，而且所填内容之间存在相互制约的关系。

征。如对于“鸟”来讲，其必要性特征是“有羽毛的动物”，其特点性特征是“会飞，有喙，会鸣叫，会下蛋”等。这里所用的“知识”涵盖的范围比定义要广，不只包括了必要性特征，也包括了特点性特征。我们具有的“鸟”的图式不只包括“有羽毛”这一必要性特征，也包括“会飞，有喙，会鸣叫，会下蛋”等特点性特征。

三是图式所代表的知识是围绕一定主题组织起来的。图式是知识组织的一种形式，在这种组织中，知识之间因共同的主题而组织在一起。例如，我们具有上餐馆就餐的图式，有关上餐馆就餐的知识如先走进餐馆，再坐下，然后点菜，接着吃饭，最后付款；点菜只能在餐馆提供的菜谱中点，付款可以用现金，也可以用信用卡，还要索要发票等等。这些知识按一定顺序结构组织起来，但都是围绕上餐馆就餐这一主题的。

四是图式中包含有槽或空位，可由环境中的信息来加以填充。在对某一类别的成员进行描述时，图式是通过按一定方式组织起来的“空格”进行的。不过这里的“空格”在图式理论中叫做图式的槽（slot，又译空位），槽又分两类：一类槽在许多情况下其中所填的内容不变，这类槽叫做常量；另一类槽在许多情况下其中所填的内容可以不断变化，这类槽叫做变量。在许多情况下，图式的槽是按一定顺序相互联系起来的，表示这种空位连接顺序的知识叫做线性序列。而且，每个变量中可以填充什么内容是有一定限制的，这种限制来自两方面：一方面是变量本身对所填内容的限制，这类似于表格中“性别”一栏所填内容只能限制在“男”、“女”两项，而不能填“汉族”、“大学”等内容。这种限制我们称之为变量本身的约束（variable constraints）。另一方面是其他变量所填的内容对该变量所填内容的限制，类似于表格中“出生年月”一栏对“个人简历”一栏的限制，这类限制我们称之为变量之间的约束。

当我们面临一定的情境并激活了相应的图式时，该情境中的一些信息就会填充到图式的各个变量中，这一过程叫给变量赋值。在通常情况下，图式各槽的值要从环境中获得。当环境没有提供某一槽的值时，我们会给该槽赋予一个值，这个值叫缺失值或默认值。当所填充的各个值之间有内在联系而形成一个统一体时，我们将这一过程称为图式的具体化[4]。在具体化时，某一变量可以填充什么样的值是有限制的，这种限制主要是变量本身和变量之间的限制。

对表格与图式的关系，我们列表对照如下（见表5-1）：

表5-1　表格与图式的关系

表　格	图　式
空格	槽（常量、变量）
空格的排列顺序	槽的排列顺序
每格所填内容的变化	变量本身的约束
空格之间在所填内容上的相互限制	变量之间的约束

总之，结合我们熟悉的表格，可以区分出图式有四种构成成分：①图式由许多槽（包括常量和变量）构成，这是图式的组成部分。②这些槽是按一定顺序连接起来的，这是各部分的组成顺序。③变量本身对填入其中的内容有一定限制，这是变量本身的约束。④其他变量对某一变量中所填内容也有一定的限制，这是变量之间的约束。

（二）图式与脚本、框架

与图式这一概念有密切联系的两个概念是认知心理学家提出的脚本(script)和框架（frame）。脚本是由香克和阿贝尔森（R.C.Schank & R.P.Abelson）1977年提出来的。所谓脚本其实是关于事件的图式，表征的是某种特定情境所涉及的有固定顺序和因果关系的一系列事件。如到医院看病这一情境涉及如下有序的事件：预检—挂号—就诊—付款—取药—离开。我们对看病这一情境的表征就叫脚本。框架是人工智能专家明斯基（M.Minsky）1975年提出来的。框架也是一种图式，其中包括有若干空槽（slot）以便贮存有关情境的信息，这些空槽指出了一类例证中都涉及的一般类目。如对于“赠与”这一情境，个体所表征的框架中就包括捐赠者、受赠者、捐赠的物品等空槽，这三个空槽是所有捐赠行为都要涉及的三个方面。这样看来，脚本和框架都是个体对一类事件、情境的一般化表征，是图式的具体例子。本书不对这三个概念做严格区分，下文中论述的有关图式的内容，也适合于脚本和框架。

（三）图式存在的证据

鲍尔、布莱克和特纳（G.H.Bower，J.B.Black & T.J.Turner）1979年的研究说明了人们头脑中确实存在有关事件的一般化表征。他们要求32名被试指出在给定的情境（如看医生、听演讲、上餐馆就餐等）中自己认为最重要的20项事件。虽然对给定的情境，没有一件事被所有被试都提到，但被试的描述还是有相当大的一致性。如在描述上餐馆就餐这一情境时，至少73%的被试提到了坐下、看菜单、点菜、吃饭、付账单、离开餐馆等6件事。此外，至少48%的被试提及了进餐馆、报出预定者的名字、点饮料、讨论菜单上的菜、谈话、吃色拉或喝汤、点甜点、吃甜点和付小费等9件事。这说明，至少有15件事构成了许多人上餐馆就餐知识的一部分。[5]

二、图式的作用

我们头脑中有了某一主题的图式以后，它们会对我们的认知活动产生什么样的影响？现代心理学的研究证据表明，图式可以影响我们对信息的解释和组织，影响对信息的回忆和提取，影响对信息的选择性注意，还可使我们做出预测和推理。

（一）图式影响我们对信息的解释与组织

这是图式最为突出和重要的作用。在面临一定的信息，激活相关的图式后，图式会为我们提供解释信息的背景知识。没有这种知识，我们将难以对信息做出前后一贯的解释。布兰斯福特和约翰逊（J.D.Bransfort & M.K.Johnson，1972）曾给被试呈现如下材料[6]：

程序实际上非常简单。首先，你要将东西按不同的类别加以整理。当然，也许把它们放在一起就够了，这取决于你有多少工作要做。如果你因缺少工具而必须到别的地方去，这是下一步；如果什么东西也不需要，准备工作就已经很好地完成了。重要的是，不要干得过多。也就是说，一次干得少一点比干得太多要好。短期看来，这一点好像并不重要；但是复杂的情况很容易出现。一次错误的代价可能是很大的。最初，整个过程好像是很复杂的，但是很快它就将成为生活中的另一个侧面。在不久的将来，很难预见这一任务必要性的终结，但到时候谁都说不准。在整个过程完成之后，我们就可以再将这些东西分成不同的类别，然后就可以把它们放在各自适当的地方。最终，它们将再次被使用，而以上的过程将被重复，但这是生活的一部分。

很多被试在阅读这段文字时感觉很难理解，但若告知他们这是一篇关于洗衣服的文章，则被试就很容易理解。原因在于头脑中的洗衣服图式被激活，提供了解释该文的背景知识，从而将难以理解的信息组织成了一个连贯的、有意义的整体。

（二）图式可使我们超越给定的信息，从而做出推理和预测

图式的这一功能与“缺席赋值”这一概念有密切联系。上文指出，图式各槽的值要从环境中获得。当环境中没有提供某一槽的值时，我们会给该槽赋予缺失值，这样我们就超越了环境提供的信息而做出预测和推理。例如，我们进餐馆就餐，坐下来点过菜后，会预测服务员随后就送上菜来，这就是图式的预测功能。图式的推理作用可通过如下的例了说明。“他同老板争论后，离开办公室时‘砰’地把门关上。”这句话只讲了开头和结果，没有明确指出人物的内心反应。借助头脑中的故事图式，我们可推论出人物的内心反应是“生气和愤怒”。

（三）图式影响我们对信息的回忆和提取

一般来讲，对于与图式相一致的信息，我们往往有更好的记忆；而对于与图式不相吻合的信息，记忆的效果则不大好。皮切特和安德森（J.W.Pichert & R.C.Anderson）1977 年给两组被试看同一段文章，文章讲述的是两个逃学的儿童到其中一名儿童家里玩，并把家里的情况向其同学作了介绍。在阅读文章前，给两组被试不同的指导语，对一组被试，让他们以购房者的角度阅读文章；对另一组被试，则让他们以夜盗的角度阅读。结果发现，第一组被试记住的多是房子的情况，如墙壁粉刷过，卫生间很大等；第二组被试记住的多是钱和贵重物品放在何处。随后，研究者又让被试转换角度来回忆，即原来持夜盗观点的，现在转为购房者；原来持购房者观点的，现在转为夜盗。结果，转化角度后，被试又回忆出了更多的细节，如持夜盗角度的被试回忆出了更多的与购房有关的细节。[7]

研究者认为，不同观点对学习文章所产生的不同效果可以用图式来解释。给被试不同的指导语，其实激活了被试不同的图式（如购房者和夜盗的图式），不同的图式指引被试选择性地记忆不同的信息。

（四）图式影响我们对信息的选择性注意

我们头脑中的图式控制着我们分配给刺激材料中各成分的注意量。在所呈现的刺激材料中，有些成分与图式是一致的、有关的，是我们根据自己头脑中的图式可以预料到的，这些成分称之为典型的刺激或预期的刺激。有些则与图式无关或矛盾，是我们根据自己头脑中的图式预料不到的，这些成分我们称之为不典型的刺激或预期不到的刺激。在大多数情况下，我们会将更多的注意用于不典型的刺激而非与图式有关的刺激。例如，面对一幅农场的画面，我们会更注意农场上出现的章鱼而非拖拉机，这是因为与我们头脑中的农场图式相比，章鱼是我们用农场图式预料不到的刺激，拖拉机则是与农场图式有良好吻合的刺激。图式的这一作用使我们将有限的资源用于加工环境中新颖的、未曾预料到的方面。

专栏 5-2

图式影响对信息的选择性注意

当信息与现有图式相偏离，则在对它的加工中会得到特别对待，因而对它的记忆也更好。例如，在一项研究中，学生听某次演讲的两种不同版本，在演讲中，教授表现出了一些对演讲活动而言是典型的活动（如在版本 A 中的“坐在桌子的一角”和在版本 B 中的“从黑板上擦掉一句话”），也表现出了一些不典型的活动（如在版本 A 中的“擦眼镜”和版本 B 中的“从地上捡起一支铅笔”）。在随后的再认测验上（“你看到过这一行为吗”），学生发现，很难辨别对演讲活动而言是典型的可能行为，但能很容易地指出他们看到过的不典型的行为。[8] 这是因为典型的活动可被同化进图式的结构中，学生便很少注意这些实际已发生的活动，而不典型的活动则受到了特别注意。

三、学科中的图式

图式是中小学各学科中的一种重要学习结果。在不同学科中，图式具体体现形式也不尽相同，但都具有图式的共同特征。

（一）语文学科中的图式

1. 句子图式

在语文课上，学生要学习很多种句型，这些句型都有一定的组织结构，可以把它们看做是各不相同的图式。从图式组成的角度看，可对某一种句型分析如下：①它由哪几部分（常量与变量）组成；②这几部分的组成顺序；③各部分之间的关系（变量之间的约束）；④每一部分可以填充的内容（变量本身的约束）。

例如，“轮船在大海上航行”，“农民在地里锄草”，“乌鸦在树上做窝”这三句话都是讲“谁在什么地方干什么”，有共同的结构，可看做是一个单句图式。如下所示：

谁	在	什么地方	干什么
变量	常量	变量	变量

其中“谁、什么地方、干什么”是该句子图式的变量，“在”是常量，其组成顺序是谁—在—什么地方—干什么。“谁”这个变量对于填充其中的内容有一定限制（变量本身的约束），即是能动的人或动物或客体。“什么地方”这个变量中填入“草地上”时，会对后一变量“干什么”的填充内容施加限制（变量之间的约束），即可以填“跑步、打球”等，不能填“划船、游泳”等内容。这里，变量之间的约束主要是一种逻辑与事理上的要求。

小贴士

请用这里的思想将英语句型也看做是图式并进行细致的分析。

2. 课文理解中的图式

理解不同类型的课文也需要学生具有不同的图式。如对于故事类的课文，心理学家发现学生头脑中有一种类似于句法的故事语法（也有人称之为故事地图），它指出了故事的一般结构，这种故事语法也是一种图式。

时间：（　　　　）

地点：（　　　　）

人物：（　　　　）

问题：（　　　　）

采取的解决问题的行动：（　　　　）

结果：（　　　　）

这一图式包括了一般故事的主要成分，或者说大多数故事的内容都可纳入到这一组织框架中。考虑如下简单的故事（聪明的大公鸡）：一天，一只大公鸡在路上走着，后面跟来了一只狼。狼想吃公鸡，就上前对公鸡说："我们两个一块走好吗？"公鸡则说："怎么是两个呢！后面还有一条狗呢！"狼一听，吓得连忙逃走了。这一故事的内容就可填入到刚才的故事图式中，达到对故事的理解。

时间：某一天

地点：路上

人物：大公鸡

问题：狼想吃大公鸡

采取的解决问题的行动：公鸡说后面还有一条狗

结果：狼被吓跑了

更复杂的故事也可按这一框架去分析，不过其中涉及的各成分可能会更复杂。

小贴士

自己选取一篇较复杂的故事，试着按上面的故事图式进行分析。

（二）数学学科中的图式

在数学学科中，图式集中体现为学生掌握的不同类型应用题的结构，如“求一个数的几分之几是多少”（如“第一纺织厂原有棉花3500包，用去3/5，用去了多少包”）是分数乘法中的一类重要题型，这种题型也可看做是一个图式，它有两个变量：一个数和几分之几，这两个变量是可以不断变化的。

1．“几分之几”的变化

首先，可以把这道题改成：第一纺织厂原有棉花3500包，用去3/5，剩下多少包？它的算式是：3500 ×（1 − 3/5）。通过这样的变化，学生开始受到了启示，了解到这种基本类型题是可以改变的。在这个基础上，原题还可以改变成：第一纺织厂原有棉花3500包，第一次用去1/5，第二次用去2/5，还剩下多少包？

由此，学生看到了“几分之几”有了发展变化，但是并不限于这样的变化，还可以有其他的变化。可以把3500 ×（1 − 1/5 − 2/5）改变成：第一纺织厂原有棉花3500包，第一次用去1/5，第二次用去剩下的2/5，还剩下多少包？列式是：3500 − 3500 × 1/5 −（3500 − 3500 × 1/5）× 2/5，从中使学生理解“几分之几”与代表整体“1”的3500包之间有着多样的变化，并且“几分之几”的几个分数之间也可以有很多变化的相依关系。

2．“一个数”的变化

上面的题还可以改成：第一纺织厂原有棉花2000包，后来又运进1500包，用去3/5，用去了多少包？列式是：(2000 + 1500) × 3/5 = 3500 × 3/5=2100包。通过分析，要先求这个数是多少，然后再乘以3/5。这使学生知道“一个数”也是在变化中。进一步练习：第一纺织厂原有棉花2000包，后来运进的比原来的少500包，用去3/5，用去多少包？算式变成［2000+（2000 − 500)］× 3/5。学生从计算中看出“一个数”又有了进一步的变化。这样，不仅“几分之几”有多样的变化，而且“一个数”也有多样变化，并且每一部分都可以有扩大、缩小、增加、减少、可乘、可除、可加、可减等等有规律的变化。[9]

在上述案例中，“一个数”、“几分之几”是所要教学的应用题图式的两个组成部分（或两个变量）。这两部分之间的关系是用“一个数”去乘以“几分之几”。该图式的两个变量是可以变化的。接下来的“几分之几”的变化，“一个数”的变化，是让学生掌握该图式两个变量本身的约束。学生具备了这种知识，在遇到这类题目时，不管其有多大变化，都能将其正确归类，找到解题方法。

（三）社会学科中的图式

在地理学科中，也有大量图式要学生习得。如教学黄河中下游五省二市的地理特征，是从认识该地区的地理位置开始，进而认识本地区的地形、气候、河流等自然地理要素的特征，再学习工农业生产及交通城市等人文地理要素特征，最后得出此地区的地理特征。教学美国地理时，从认识美国的地理位置开始，再学习美国的自然条件，最后学习美国的经济特征、工业和农业地理。这样的教学其实在遵循如下的模式，即国家、地区地理概况知识模式[10]。

1. 地理范围和位置

2. 自然地理概况：

（1）地形和地势

（2）气候

（3）植被、土壤

（4）河流、湖泊

（5）自然资源

3. 经济地理概况：

（1）农业

（2）工业

（3）交通和城市

这里涉及的其实就是地理学科中的图式。这些图式具有一定的变量，如国家名称、地理位置、自然条件、经济地理等。这些变量之间又存在一定关系，如地理位置会在某种程度上决定其自然条件，而自然条件又会决定其经济发展的类型与水平。图式的几个变量本身又有多种变化。国家、地区可在全世界所有国家内选择，地理位置可以有内陆、沿海、岛屿等多种变化情况。

图式的学习

巴特莱特指出，图式涉及对过去经验的积极组织，这其中就暗含了图式习得的条件。现代心理学则明确地将这些条件区分为外部条件和内部条件两方面。

一、图式学习的外部条件

概括地讲，图式学习的外部条件主要就是两个以上经过精心设计的图式的例子。具体地讲，这一条件涉及如下几个方面。

一是图式要在图式的例子基础上习得。这里图式的例子指的是在一定情境中具体化了的图式，即图式的各变量都在一定情境中被赋予了一定的值。图式的习得要基于图式的例子，这是相对于如下图式习得的建议，即教师直接将图式的定义、特征用言语描述出来并呈现给学生，在学习过程中不呈现图式的例子。对此，加涅等人指出，这种教学方式下的学生习得的只是有关信息的命题表征，并不会习得可灵活提取知识的高水平的图式。[11]

小贴士

> 回想一下，定义性概念学习中既呈现定义性概念的例证，又呈现其言语定义的作用。

二是图式的习得至少要基于两个图式的例子。里德和博尔斯特德（S.K.Reed & C.A.Bolstad）1991年的研究说明了这一问题。他们要求学生用“速度1 × 时间1+ 速度2 × 时间2= 已完成的工作量”这一公式解文字题。学生被随机分为六组：第一组只有一个例子，说明如何用上述公式解题；第二组呈现一个复杂的例子，即学生在运用公式前，要对问题的某些成分（如速度、时间）做些变换；第三组学习的是一套程序，描述了解文字题的基本步骤；第四组学习一个简单的例子和第三组的解题步骤；第五组学习一个复杂的例子和解题步骤；第六组学习一个简单的例子和一个复杂的例子。各组学习结束后，都来解8道类似于复杂例子的测验题。结果发现，最后一组学生的成绩远优于其他五组，说明两个例子要比一个例子更能促进学习。[12]

三是图式的例子要经过精心的选择和设计。这里的精心选择和设计指的是对图式的例子要突出其共同特征，而使其在无关特征方面尽可能地变化，换言之，是让图式中的常量在各个例子中都有所体现，而变量则要在各个例子上都有变化。如为形成建筑工人的图式，如果呈现的例子都是男性建筑工人，则学生形成的图式中可能会把男性作为建筑工人图式的一个常量而不是变量。为防止这种情况出现，在呈现男性建筑工人的同时，还要呈现女性的建筑工人，即让性别这一变量充分地体现出变化来。

二、图式学习的内部条件

图式学习的内部条件主要指学生对图式例子的主动比较和概括的活动。经过学生的这种活动才能抽取出图式的共同部分和可变部分。但这种活动要在学生容量有限的工作记忆中进行，因而为促进学生的这种比较概括活动，需要让这些例子同时处在工作记忆中。为此，对于有视觉成分的图式例子而言，要尽可能同时呈现图式的例子；对于那些有时序特征而不能同时呈现的图式例子，最好一个接一个地快速呈现。此外，当学生接触到图式的新例子时，可提示他们回忆出以前经历过的例子，从而将新旧例子同时置于工作记忆之中。

我国语文教育家张志公在谈到文言文句型的教学时所提出的主张生动地阐释了图式习得的规律（参见下页专栏5-3）。其中的“……者，……也”句式其实就是一个句子图式。直接向学生解释“者”、“也”的含义与作用，并不能让学生习得“……者，……也”句的图式。学生习得这一图式的正确方法是在两个以上图式例子的基础上进行比较和概括。

三、图式的修改与完善

图式形成后，我们还会根据具体的情境对其进行修改和完善。这种修改和完善主要有两种形式。第一种形式是当图式对当前情境提供充足的解释（或在某一情境中具体化）时，图式的结构得到巩固，其中的变量和默认值更为突出。这种形式的修改和完善不会引起图式发生实质性的变化。

第二种形式是对已有图式做出扩展、限制或修正，在某种程度上改变已有的

专栏 5–3

图式的习得：来自教学经验的诠释

“某某者，某某也”这种句子，我们常常告诉学生说，“者”是什么词，“也”是什么词，说到这里为止。如果我们把学生在各篇文章里读到的这种句子归拢归拢，由简到繁地排列一下，比方：

陈胜者，阳城人也。

廉颇者，赵之良将也。

师者，所以传道受业解惑也。

虽有槁暴不复挺者，輮使之然也。

不难看出，每个句子都分前后两半，后半对前半提出的人、物、事情加以说明、解释或者论断。这样的句子，前半末了用“者”，后半末了，也就是全句末了用“也”字。这就是“……者，……也”句式的用处。[13]

图式，或者导致图式的发展或新图式的产生。要进行这种修改，需要学生首先意识到他错误地运用了某一图式或用某一图式难以解释新的情境，而后学生才有可能对现有的图式做出修正。这种修正一般来说主要是图式的常量和变量之间的转换，如有时要将图式中的常量代之以变量，即给图式增加一个变量，从而使图式有更广的包容性。如上文提及的建筑工人的图式就是这样，学生原来的图式中“男性”这一常量被“性别（男，女）”这一变量所取代。

四、促进图式的学习：案例解读

如何根据图式的构成及其习得的规律来促进图式的学习呢？这里以语文教学中的句型学习为例来说明。小学生在学习完《给颜黎民的信》一文后，练习用其中的“至于”造句，结果造出了如下的句子：“下雪了，至于孩子们可还在堆雪人、打雪仗，根本不怕冷。”，“至于山水都美的地方要数桂林。”一位教师则按如下步骤对学生进行了补救性的教学。

1. 找出原文中能正确体现该词作用的语境作例子

看课文第四节，提问学生，“至于”之前与之后作者谈的是什么，是不是同一件事？在这中间，“至于”表示什么意思，起什么作用？（“至于”前鲁迅谈的是自己在屋前的四尺见方的泥地上看到了桃花，“至于”后，讲的是看桃花的名所是龙华，但作者由于有几个青年朋友死在那里，所以是不去的。“至于”在这里就表示话题由谈屋前看桃花转到谈看桃花的名所。）而后再揭示“至于”一词的抽象意义：“至于”表示话题的转换，由一件事或一种情况说到另一件事或另一种情况。

2. 教师举例，巩固学生对该词作用的理解，同时扩展学生的造句思路

- 文章要写得通顺，使人一看就懂，至于生动感人，那是进一步的要求。（由一般情况转到特殊情况）
- 这个小组一年来发明了不少新工具，至于零星的小革新，那就更多了。（由主要方面说到次要方面）
- 今年他们村新盖楼房有九十户，至于全乡，数量就可观了。（由局部情况转到整体情况）

3. 修改与再造

在上述讲解基础上，让学生修改病句：下雪了，（大人们围着火炉取暖，）至于孩子们可还在堆雪人、打雪仗，根本不怕冷。（我国有许多名山名水，）至于山水都美的地方要数桂林。[14]

在上述补救教学中，根本的问题是让学生习得如下的图式：

情况 1	至于	情况 2
变量	常量	变量

这一图式有三个组成部分：“至于”之前介绍的一种情况，“至于”，“至于”之后介绍的另一种情况。“至于”前后讲的两种情况（两个变量）间的关系是话题的转换（变量之间的约束），这种转换的方式可有多种变化形式（如由一般情况转到特殊情况，由局部情况转到整体情况等），这些变化形式作为变量本身的约束也要让学生习得。这样看来，要让学生正确用“至于”造句，关键是要让学

生习得这一图式，既要习得图式的三个组成部分，也要习得图式中变量之间与变量本身的约束。从整个教学过程来看，第一步是让学生习得“至于”句子图式的组成部分、各部分间的关系；第二步则是让学生习得变量本身的约束，开拓造句的思路；第三步则相当于补救教学后对学生的检测。结果表明，经过补救性教学，学生正确习得了“至于”的句子图式，能造出正确的句子来。

心理模型的构建

一、心理模型的思想渊源

假设我们遇到了某一问题或某种现象，而后对它做出了反应或判断，那么在做出反应之前，我们头脑内部是如何运作而使我们做出反应的呢？一些心理学家认为，在遇到问题或现象后，我们头脑中构建了一个针对该问题或现象的工作模型（working model），通过对这一工作模型的构建和操纵，我们便可理解问题或现象并对之做出反应。这种工作模型，心理学家称之为心理模型（mental model）。

当代心理学有关心理模型的思想源于克雷克（K.Craik）。早在1943年，在计算机发明之前，克雷克就在《解释的本质》一书中提出，人是信息的处理器，会将外部的情境转换为内部的模型，这一模型与他所模拟的情境有类似的关系结构。[15]后来，约翰逊－莱尔德（P.N.Johnson-Laird）用心理模型的思想来解释演绎推理（主要是三段论推理）。他认为，在进行三段论推理时，我们首先根据大小前提构建一个整合一致的心理模型，这一模型类似于前提中所指的事件被知觉或想象到时而产生的模型。根据这一模型，我们可得出一个假设的结论，这一结论的正确性不是通过逻辑原理来判断的，相反，我们尽力根据前提构建出其他心理模型，如果构建不出其他心理模型，就接受结论；若构建出了其他的心理模型，就看假设的结论是否适合这些模型，如果适合，则接受假设的结论，若不适合，就对结论进行修改。在这一过程中，构建并评价其他心理模型要耗费工作记忆容量，推理中出现错误也常常是因为我们缺乏足够的工作记忆容量来构建和评价其他心理模型。[16]约翰逊－莱尔德的这一思想可用专栏5-4中的例子来说明。

专栏 5-4

运用心理模型进行推理

从下述两个前提中能得出什么结论（如果有的话）？

所有的养蜂人都是艺术家。

没有一个化学家是养蜂人。

从这两个前提中，我们可构建出如下的心理模型［图中的（一）］：

化学家	化学家	化学家 = 艺术家
化学家	化学家 = 艺术家	化学家 = 艺术家
— — — — — —	— — — — — —	— — — — — —
养蜂人 = 艺术家	养蜂人 = 艺术家	养蜂人 = 艺术家
养蜂人 = 艺术家	养蜂人 = 艺术家	养蜂人 = 艺术家
（艺术家）	（艺术家）	
（艺术家）		
（一）	（二）	（三）

虚线表示养蜂人和化学家是独立的两类人。第一个模型表明，每个养蜂人都是艺术家，而且还有一些不是养蜂人的艺术家（用括号表示）。从这一模型中可得出如下结论：没有一个化学家是艺术家。

要检验这一结论是否正确，我们还要考虑能否根据前提构建出其他的心理模型。其中一个心理模型见第二个模型。该模型表明如下结论：一些化学家不是艺术家。还可构建第三个心理模型。这时，原来的两个结论都不适用这一模型，因而我们会认为，从这两个前提中得不出有效的结论。

心理模型的思想不仅适合于解释演绎推理，也适合于解释课文（或文本）的学习以及对一些现象的理解。如读者在阅读课文时，就需要构建一个与课文中所描述的情境相类似的心理模型。如阅读下述故事片段：一名男子围绕某个湖泊进行慢跑。在某处他脱下了他的汗衫，并把它放在地上，然后继续跑。读者可能在头脑中构建出湖泊、跑步的男子、脱下的汗衫的形象，并根据自己对空间关系及运动的理解而构建出男子与汗衫的空间关系变化，据此做出推理：这名男子还会跑回到他放汗衫的地方的。在阅读文本时，读者构建了整合一致的心理模型才会理解文本并能做出推论。这里的文本不单指语文课文，也包括科学、历史等学科中的课文，因而从这些学科的课文中进行学习，有时也涉及心理模型的构建。

又如，对于电视机能播放图像这一现象，初步学过物理的人可能会建构出如下的心理模型：由阴极射线管发射的电子束射向屏幕，而电子束的运动则受电磁场的影响。这样的模型给我们提供了解释电视机工作机制的模型，而且也能解释在电视机旁边放一块磁铁，或放在电视机旁边的手机在接收信号时，电视上的画面会变形或抖动的现象。

二、心理模型的含义

心理模型到底是什么呢？由于心理模型适用的领域比较多，因而在不同的适用领域有不同的定义。斯腾伯格和本－齐夫（R.J.Sternberg & T.Ben-Zeev）在演绎推理的领域将心理模型定义为：一种表征前提中所包含信息的知识结构。表征的方式是通过将这些信息与已有的例子或现实生活的知识联系起来，从而形成可能的结论。[17]在文本理解领域，又将其界定为：一种文本中所描述情境（如读者所理解的）的内部工作模型，换言之，读者创造了某种类型的心理表征，这种表征包括了文本的主要成分，而且相对容易理解，或至少比文本本身更简单、更具体。[18]劳斯和莫里斯（W.B.Rouse & N.M.Morris，1986）指出，在技能和人类工程学领域，心理模型一词被用来指个体具有的与某个问题有关的所有知识。他们给出了一个更简洁的定义：心理模型是人类用来描述系统状态的目的和形式，解释系统的功能及所观察到的系统状态，以及预测系统未来状态的机制。[19]哈尔福德（G.S.Halford）在解决问题领域将心理模型定义为：解决某一特定问题时主动的表征以及为推理和心理操作提供工作空间的表征。它们可能受背景知识的影响，但并不包括背景知识。心理模型可由命题表征或表象表征的任何组合构成。[20]梅耶在文本学习领域将心理模型定义为：某一系统主要部分及这些部分状态变化间的因果关系的表征，主要包括两种成分：①成分模型——系统各主要部分的位置及潜在状态，如知道自行车打气筒包括一个可上可下的手柄，一个可上可下的活塞，一个可开可闭的进气阀，一个可开可闭的排气阀，一个气压可高可低的气缸等等；②因果模型——某一部分状态的变化如何影响另一部分状态变化的因果链，如知道随着手柄的下压，活塞会下移，接着又导致进气阀关闭，这又引起气缸中空气压力增大，从而导致排气阀开启等等。[21]

上述几种定义各有侧重，分别突出了心理模型的不同侧面。从上述有关心理模型的界定中，我们至少可以总结出心理模型的如下特点：

①心理模型适用于多种领域，从演绎推理、文本理解到问题解决、人类工程学。②心理模型是个体即时构建的心理表征。③心理模型是个体形成的一种有组织的知识结构。④心理模型中不仅有抽象的命题，也有比较具体的表象。⑤心理模型能使我们做出预测、推理和解释。

在上述几种定义中，梅耶的定义更为简洁明了，而且与学科学习的关系也较为密切，因而本章就采用梅耶的心理模型定义。

三、心理模型在学科中的体现

正如梅耶指出的，当要学习的材料是解释某种事物如何工作时，学生的工作就是建构心理模型。[22]科学课程要描述和解释世界的运作方式，因而心理模型在科学课程中有集中体现。例如，要学习人的呼吸系统的工作原理，就需要学生构建相应的心理模型。这一心理模型有三个主要组成部分（心理模型的成分）：肺气泡、横隔肌和横隔膜。这三种成分的状态是可以变化的：肺气泡可以扩张和收缩，横隔肌可以收缩和舒张，横隔膜可以上升和下降。三种成分的状态变化间还存在因果联系：横隔肌收缩导致横隔膜下降，这又导致肺部扩张，肺内气压低于外部大气压，空气便进入肺部，这是吸气。呼气时横隔肌舒张，横隔膜上升，肺部收缩，导致肺内气压高于外部气压，空气便排出。又如生物课程标准（实验稿）中列出的一些课程目标，如“阐明绿色植物的光合作用”，“概述尿液的形成和排出过程”[23]，物理课程标准（实验稿）中的“了解高压锅的原理”[24]，实质上都要求学生建构相应的心理模型。

心理模型在其他课程中也有所体现。如在历史课程中，学生要学习的不只是一系列毫无联系的事实，有时要通过因果联系将分散的事实组织成有机的整体，这时的学习就可用心理模型来刻画。如明末农民战争的主要原因是明朝末年的土地集中和租税太重，这导致农民揭竿而起，接下来又导致李自成起义军有针对性地提出了“均田”、“免粮”的口号，这些口号深得民心，得到人民的拥护，最终推翻了明朝。这里面的一系列事件都有内在的因果联系。学生要理解这些联系，也需要建构相应的心理模型。

心理模型也引起了教育研究者的重视。在布卢姆教育目标分类学的修订版中,修订者们吸收认知心理学的研究成果,将心理模型也纳入到教学目标的分类体系中。在分类学的修订版中，教育目标是从知识和认知过程两个维度来刻画的。知识被分为事实性知识、概念性知识、程序性知识和元认知知识；认知过程被分为记忆、理解、运用、分析、评价、创造六类。知识维度的四个大类或其中的亚类与认知过程维度的六个大类或其中的亚类相结合,就可以从所要学习的知识和要对知识执行哪种认知过程两方面来全面地刻画教育目标了。概念性知识有一个亚类，叫做理论、模型和结构的知识，侧重于将原理和概括以某种方式相联系，以用于描述、理解、解释和预测现象。理解这一认知过程有一个亚类，叫做解释（explaining)，指学生建构某个系统的因果模型（该模型包括该系统中的每一个主要部分)，并运用该模型确定该系统中一个部分的变化怎样影响另一部分的变化。[25]这两个维度的亚类相结合所描述的就是学习者对模型和结构知识的理解和运用，正是本章讲的心理模型。

四、心理模型的作用及其测量

学生具备了相应的心理模型后能使他们的行为表现发生什么变化？换言之，心理模型如何运用？对此，马克曼（A.B. Markman）指出，心理模型可使人们对新颖事件进行推理，或者是进行心理模拟，即给定一套初始条件，想象某一系统的未来轨迹。[26]例如，一个人站在被雪覆盖的山顶上做了一个雪球，然后让它顺着山坡滚下去。这一情境我们可能以前没有经历过，但如果我们具有了雪山、重力的知识，就可以构建出一个心理模型而对雪球的最终状态做出预测。学生在学校学习的知识最终是要运用到实际情境中的，而实际的情境又是多种多样和不断变化的，这样学生遇到的实际情境极少与其在学校学习的情境完全一致。在这种情况下，要与环境进行有效的相互作用，就要求学生能在新颖的情境中做出推理和判断。从这一点来看，心理模型对学习者有效地应用和迁移知识、达成教学目标十分重要。

马克曼和金特纳（D.Gentner）认为，心理模型的运用具有如下一些特点[27]。一是心理模型的运用是质性的。这主要是指人们在对物理系统进行推理时，并不估计该系统具体量的值，如物体运动速度、物体的质量大小等。二是心理模型的运用常涉及形象和动作成分的使用。考虑如下的问题：想象在一块板上按圆形方式装有七个齿轮，每个齿轮都与它相邻的两个齿轮相咬合。如果顺时针转动其中一个齿轮，则紧挨它的那个齿轮会按什么方向转动？要回答这一问题，人们通常要在心理上模拟齿轮的转动，有时甚至还伴随有动作，这样才能做出推理和回答。

根据心理模型的使用方式，目前至少有四种测量形式可用于测量心理模型。一是推理，要求学生对某一给定事件提供原因。如“为什么手柄上拉时空气会进入打气筒内？”习得了心理模型的学习者会回答，因为筒内气压低于外部的气压，于是空气就被压进气筒内，这里学生找到了解释某一事件的原理。二是诊断，要求学生在某一出故障的系统中找出原因。如“假设你反复拉上压下打气筒的手柄但没有气出来，则打气筒可能什么地方坏了？”学生会运用自己的心理模型提出如下一些解释，如“气筒上有孔，……排气阀失灵。”三是重新设计，要求学生改变系统以实现某些目的，如“如何改进打气筒以使其效率更高？”学生会用其心理模型来想象改变系统的一个或几个成分，如“在活塞和气筒之间涂上润滑油。”四是预测，问学生若系统的一部分状态发生变化对另一部分会有何影响。“如果增加打气筒的直径会出现什么情况？”这一问题要求学生在心里“操纵”其打气筒的心理模型，来看看气筒直径的增加会导致通过打气筒的空气量增加。[28] 这四种测量形式并非缺一不可，在测量具体的心理模型时，可以根据不同领域、不同学科心理模型的具体特点选择合适的形式。

五、心理模型的构建

心理模型作为有组织的知识的一种，其习得的关键是建立知识之间的联系。这种联系主要是指两种联系，一是新知识内部的联系，即心理模型的组成部分之间的联系，建立这种联系的认知过程是组织；二是新知识与学习者的原有知识之间的联系，如建立呼吸的心理模型时，就需要在肺部的扩张和收缩（新知识）与学生已知晓的“空气由气压高的地方向气压低的地方流动”（原有知识）间建立联系，建立这种联系的认知过程是整合。

梅耶提出了一个心理模型学习的两阶段理论。该理论认为，心理模型的建构会给学习者造成沉重的认知负荷，减轻学习者学习期间的认知负荷可以促进心理模型的建构。于是梅耶主张将心理模型的学习分为两个阶段。第一个阶段建构成分模型，学习者理解心理模型各组成部分的名称、位置及可能的状态变化情况。第二个阶段是建构因果模型，学习者理解模型中一部分的变化如何影响另一部分的变化。为检验两阶段理论，梅耶等人做了一系列的实验研究，内容涉及闪电、汽车刹车系统、打气筒等心理模型的学习。其实验的基本思想是将两种不同阶段安排的学习效果做比较。一种学习方式是先建构成分模型后建构因果模型，另一种安排是先建构因果模型后建构成分模型。如在刹车系统的学习中，对第一种学习安排，是先让学生在计算机屏幕上观看刹车系统的图解，图中每个主要部分旁边有一蓝色的标签。当学习者点击某部分的标签时，该部分便高亮显示于一椭圆框中，并有一段解说词来描述该部分的主要状态（如“这是主缸中的活塞，它可以前后移动”）。学习者可以点击“演示给我看”按钮来观看这部分如何运动，而系统的其他部分则被黑屏掩盖。在学习者探索完刹车系统的各个组成部分后，再让他们来观看并描述刹车系统如何工作且伴有解说的动画。第二种学习安排则正好与之相反。系列研究发现，先建构成分模型再建构因果模型的学习者，在迁移测验上的成绩优于先建构因果模型再建构成分模型的学习者[29]，这说明学生习得心理模型确实应经过先建构成分模型再建构因果模型的两阶段过程。

心理模型的学习涉及组织和整合的过程，要经过两阶段的建构过程，那么，根据其学习的规律，我们应当采取哪些教学措施来促进其学习呢？梅耶对科学学习做过一些研究和调查，发现图解（illustration）有助于促进学生对心理模型的学习。就心理模型的学习而言，梅耶区分了两类图解，一类叫组织性图解，描述了系统的各成分间的结构联系，如一幅标出了打气筒各组成部分的图片。组织性图解的目的是促进组织过程，有助于习得心理模型的成分模型。另一类叫解释性图解，是解释某些系统如何运作的，这主要是通过指明系统主要成分状态变化间的基于原理的关系而实现的。最有效的解释性图解是通过呈现两个以上的框面来表明在某一过程的不同时刻系统各部分的变化。如用两幅图表示横隔肌收缩、横膈膜下降、肺泡扩张的状态和横隔肌舒张、横膈膜上升、肺泡收缩的状态。解释性图解的目的是促进整合过程，有助于习得心理模型的因果模型。

如果能设计出融合了组织性和解释性图解的综合性图解，则这种图解就为心理模型的学习提供了最有力的支持。梅耶等人就设计了这样一个图解，他们对一段描述打气筒如何工作的短文设计了两幅图解，既标出了打气筒的各组成部分（手柄、活塞、进气阀、排气阀、气筒内气压等），也画出了打气筒手柄上提和下压时打气筒各组成部分状态的变化。接着，他们找了两组学生。让一组学生只学习短文，另一组学生除学习短文外，还学习研究者设计的图解，学完之后对两组学生进行有关打气筒短文的保持与迁移测验。结果发现，阅读了短文和图解的学生，在回忆测验上的成绩是只阅读短文的学生的四倍。在要求新颖的问题解决迁移测验上（如手柄下压但打不出气来，问题可能出在哪里），阅读了短文和图解的学生比只读短文的学生多提出了69%的解决办法。这说明图解对于学生习得有关打气筒的心理模型有积极的促进作用。[30]

后来，梅耶等人又用计算机开发了动画，用来演示打气筒的工作原理，结果发现动画也能有效地促进打气筒心理模型的习得和运用。这启示我们，在计算机广泛普及的今天，可以用计算机这一工具来更方便、更有效地设计和呈现有关心理模型的图解，促进心理模型的构建。

本章小结

图式是我们头脑中关于一类客体、事件、情境的一般知识结构，一般由组成部分、各部分的排列顺序、各部分间的关系、每部分的变化范围四种成分构成。图式会影响我们对信息的选择、解释、组织与记忆，还可使我们超越给定的信息而做出预测和推理。

图式的习得需要具备内外两方面的条件。外部条件主要是两个以上经过精心设计的图式的例子，内部条件是学习者在工作记忆中对图式例子进行的分析、比较与概括。已习得的图式还会不断得到修正和巩固。

心理模型是我们对系统主要部分及各部分状态变化间因果关系的表征，包括系统的各主要部分及其可能的状态变化，以及各部分状态变化间的因果关系。心理模型能使我们对新颖的事件、情境做出推理和预测。

心理模型的学习涉及两个主要步骤。一是习得心理模型的成分模型，二是习得心理模型的因果模型。梅耶等人的研究发现，利用有效的图解、动画可以有力地促进心理模型的构建。

重要术语

图式	变量	常量	变量之间的约束
变量本身的约束	具体化	缺席赋值	心理模型
图解			

思考题

1. 比较图式和心理模型的异同。
2. 图式与概念有什么区别？
3. 以你熟悉的学科为例，各举出图式和心理模型的三个例子。
4. 对图式的四种组成部分，试提出一些促进其习得的教学措施。

第六章

认知技能的学习

学习目标

- 陈述技能与认知技能的含义
- 用自己的话阐述智慧技能与认知策略的区别与联系
- 陈述安德森的ACT理论、样例学习理论及技能学习的两阶段循环模型的主要观点
- 陈述影响认知技能学习的主要因素
- 能为认知技能的教学提出若干建议

学校教育应培养什么样的人才？对此，我国古代思想家荀子在两千多年前就指出，“口能言之，身能行之，国宝也。口不能言，身能行之，国器也。口言善，身行恶，国妖也。治国者敬其宝，爱其器，除其妖。”荀子区分的这三类人，对明确教育的培养目标有重要意义。用今天的话讲，我们培养的人才既要具有能用语言表述信息的能力，也要具有能运用这些信息解决实际问题的能力，还要具备良好的思想品德。即使用语言表达信息方面有所欠缺，但只要品德良好，具有解决实际问题能力的人也依然是重要的人才。可以说，荀子区分了人才“说”的能力、“做”的能力以及德性方面的品质。前面几章重点论述了“说”的能力如何习得，本章及下一章重点论述“做”的能力如何形成。“做”的能力涉及“动手”和“动脑”的能力，本章重点介绍学生“动脑”的能力——认知技能的学习。

认知技能概论

一、技能的含义

在日常生活和学习中，技能是人们使用频率较高的一个词语。对“技能”一词，人们通常是在区分了“说”的能力和“做”的能力的背景中使用的，而且“技能”更多地与“做”的能力联系在一起。一般的人可能难以为技能下一个科学严谨的定义，不过，现代认知心理学的研究逐步为我们揭示了技能的本质特征。

（一）陈述性知识与程序性知识的区分

了解技能的本质，需要先从认知心理学的知识分类谈起。与说和做、知什么和知如何的区分相对应，现代认知心理学区分了陈述性知识和程序性知识。陈述性知识通常被定义为个体能有意识地提取，因而能用言语或其他方式直接陈述的知识；程序性知识是个体不能有意识地提取，因而其存在只能通过某些形式的行为而间接展示的知识。[1]如我们能有意识地回想并说出五四运动的历史意义，就说明我们具有相关的陈述性知识；我们虽不能明确地描述自己是如何骑自行车的，但拿来自行车就能轻松地骑行，就说明我们具有骑自行车的程序性知识。本书前几章提及的事实性知识、概念性知识都属于陈述性知识。我们经常讲的关于“结果”的知识和关于“过程”的知识、认识世界的知识和改造世界的知识也分别与陈述性知识和程序性知识的区分相对应。有了陈述性知识，我们可以认识、了解我们周围的世界是什么样；有了程序性知识，我们可以作用于和改变我们周围的世界。

陈述性知识和程序性知识的区分也得到了神经科学研究的支持。本书第一章曾提及健忘症病人的研究，健忘症病人可以学会镜像追踪，而且随着练习的进行会在这一任务上越来越熟练。但每天进行追踪练习时，他都否认曾见过这一任务。可见，病人对这一任务缺乏有意识的认识，但能通过实际的追踪行为向我们展示他具备与这一任务有关的知识。这说明病人对镜像追踪这一任务只具有相关的程序性知识，不具备相关的陈述性知识。

（二）技能的实质是程序性知识

在区分了陈述性知识和程序性知识的基础上，认知心理学将技能与程序性知识联系了起来，认为技能实质上就是程序性知识，换言之，我们习得了程序性知识，就具备了相应的技能。而认知心理学对程序性知识的大量研究也有助于我们深化对技能的认识。

1. 程序性知识的表征

程序性知识在我们头脑中是以产生式（production）及产生式系统（production system）的方式表征的。所谓产生式是指条件—行动的规则，可以用“如果……，则……”的形式表示。“如果”部分表示条件，“则”部分表示在这一条件下采取的行动。这里的条件和行动都是在学习者头脑中表征的。如学生会根据三角形两个内角的度数而求出第三个内角的度数，这一技能可用如下的产生式表示：

如果　目的是求三角形一个内角的度数，
　　　且另两个内角的度数已知，
则用　180°去两个内角的度数和。

单个产生式只能解释简单的技能，要解释复杂的技能，就需要引入产生式系统的概念。所谓产生式系统是由若干个产生式按一定关系结构联合而成。联合的方式是，其中一个产生式的行动部分正好满足了另一个产生式的条件，于是，对第一个产生式的执行就激活了第二个产生式，这样两个产生式就连接起来了，我们则可以观察到个体有更复杂的技能表现。如比较两个负数大小的技能，就是由如下两个产生式组成的产生式系统完成的。

P1　如果　比较两个负数的大小，
　　则　求出两个负数的绝对值。
P2　如果　已知两个负数的绝对值，
　　则　绝对值小的数较大。

2. 程序性知识的分类

加涅从两个维度对程序性知识进行分类。一个维度是一般领域与特殊领域。

根据这一维度，可以将程序性知识分为专门领域的程序性知识和一般领域的程序性知识。专门领域的程序性知识是由仅适用于特殊领域的产生式系统构成的。如中小学生学习的算术四则运算规则，在语文课上学习的造句、改错句的规则，在英语课上学习的语法规则等，都属于专门领域的程序性知识。一般领域的程序性知识也称思维或解决问题的一般方法和步骤的知识，如“做事之前先有计划”、“三思而行”、“从多方面考虑问题”等等，这些规则不只是适用于特殊情境，还可以适用于多种多样的情境，所以这类程序性知识又称跨情境的程序性知识。

另一个维度是自动化与受意识控制。根据这一维度，可以区分出自动化的程序性知识与受意识控制的程序性知识。自动化的程序性知识是由经过系统练习而能自动激活的产生式系统构成的，也可以称为经过充分练习而达到的熟练技能。中小学生掌握的有关读、写、算的程序性知识，大多数要达到自动化的程度。受意识控制的程序性知识是由一系列未达到自动激活程度的产生式构成。

这两个维度是相互独立的，某种程序性知识可以同时在这两个维度上进行分类，如图 6-1 所示。

图中表明，两个分类维度相结合，可以导致三种类型的程序性知识。一是特殊领域的可以自动化的程序性知识，又叫自动化的基本技能；二是特殊领域的受意识控制的程序性知识，又叫专门领域的策略；三是一般领域的受意识控制的程序性知识，又叫一般的策略或弱方法。

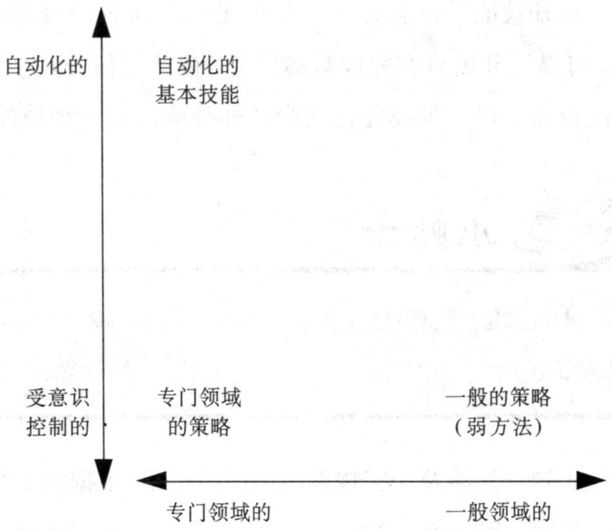

图 6-1 程序性知识的两维分类

3. 技能的定义

在对技能本质考察的基础上，本书将技能定义为：在练习基础上形成的按某种规则或操作程序顺利完成智慧任务或身体协调任务的能力。这一定义指出，技能是在后天练习基础上形成的，不是先天就具有的。技能的本质是一套规则或程序，运用这些规则或程序要达成智慧任务或身体协调任务的目的。自动化未被纳入到技能的定义中。

专栏 6–1

自动化是技能的本质特征吗？

一些学者对技能进行界定时突出技能的自动化特征，认为达到自动化才可以称为技能。如菲伊（G.D.Phye）认为技能是"获得自动加工特点的一套高度发展起来的程序序列"[2]。普罗克特和达塔（R.W.Proctor & A.Dutta）认为技能是通过练习获得的指向目标的良好组织的行为，并以努力上的经济方式而表现出来[3]。这里的"努力上的经济方式"，是指随着技能的获得，认知上的要求降低，从而能将有限的心理资源释放出一部分用于其他活动，说明的还是技能的自动化。根据加涅的分类，自动化仅是部分技能（专门领域的基本技能）的特征，并不是所有技能的特征。这也说明，同样的术语，在不同学者使用时其具体含义可能不同。

二、认知技能及其亚类

认知技能是技能的一个类型。根据技能所涉及的规则或程序指向的目标的不同，可以区分出旨在完成智慧任务（或认知任务）的技能和旨在完成身体协调任务的技能，前一种技能称之为认知技能，后一种技能称之为动作技能。

小贴士

认知技能与动作技能之间有区别也有联系，具体的区别与联系见本书第七章第一节的有关论述。

认知技能涉及一套规则或程序的运用，根据这套规则或程序指向或作用的对象的不同，可以将认知技能分为智慧技能和认知策略。

（一）智慧技能

在加涅的学习结果分类体系（见本书第一章）中，智慧技能是其中的一种学习结果。这里讲的智慧技能即是加涅的这一学习结果分类，具体是指运用概念与规则对外办事的能力。智慧技能的突出特点是它所涉及的规则或程序是作用于学习者之外的环境的，或者说，这些规则或程序是外部环境中事物之间关系的反映，学习者用来改变环境而已。如学生在科学课上学到了如下的规则：二氧化碳可以使澄清的石灰水变浑浊。而后，为检验某试管中澄清的液体是不是石灰水，学习者根据这一规则向试管中吹二氧化碳并进行观察。这里学习者表现出的就是运用规则对外办事的智慧技能。

智慧技能的一种表现形式是操作步骤，是学习者按一定顺序执行一系列较简单的规则。如求平均数就可以通过执行以下步骤来进行：①求出若干个数字的和；②计算出这些数字的个数；③用数字的和除以数字的个数。日常生活中有许多这样的操作步骤，如发动汽车的步骤、电脑开机的步骤以及使用显微镜的步骤等。操作步骤的执行虽然涉及动作和行为，但在相关的动作和行为早已熟练掌握的情况下，操作步骤的本质就是智慧技能，涉及概念原理的运用。如上述求平均数的步骤就涉及“和”、“除法”等概念。

教科书中常有一些概念原理的陈述和相应操作步骤的陈述。学生把这些陈述复述出来并不能表明学生掌握了智慧技能，只表明他们学到了陈述性知识。当学生能运用这些陈述做事情时，才能说明他们掌握的是智慧技能。学生运用概念和原理及执行相应的操作步骤都能导致智慧技能的表现。如在小数乘法的教材中，有这样一条原理：一个因数不变，另一个因数扩大10倍、100倍、1000倍……，积也扩大10倍、100倍、1000倍……同时，教材中还有这样的操作步骤：计算小数乘法，先按照整数乘法的法则算出积，再看因数中一共有几位小数，就从积的右边数出几位点上小数点。这一操作步骤其实是把前边的原理具体化了，这样更便于学生操作而形成智慧技能，或者可以说，概念原理是描述性的，仅描述了事物之间的关系，而操作步骤则是处方性的，指出了具体如何做的步骤，而这些步骤的导出要以概念原理为指导。

加涅进一步将智慧技能分成四类：辨别、概念、规则、高级规则。辨别是区分事物差异的能力，如区分两张不同的面孔，区分两个不同字母如b与d的音和形。概念是运用一类事物的关键特征对事物进行分类的能力，如从大量餐具中识别“碗”和“杯子”，从大量动物中识别“马”。规则是运用若干概念之间的关系办事的能力，如圆的面积（S）等于圆的半径（r）的平方乘以π，即$S=\pi r^2$。当学生运用这个定律（公式）做事时，则该定律变成了指导人行为的规则。高级规则是由若干简单规则组合而成的新规则。如求环形面积的规则[$S=\pi(R^2-r^2)$]是由圆面积的规则（$S=\pi r^2$）和求差的规则（大图形面积减去小图形面积等于相差的面积）组合而成的。加涅还提出，智慧技能的各个亚类之间存在一种层次关系，即高级规则的学习要以规则的学习为前提，规则的学习要以概念的学习为前提，概念的学习要以辨别的学习为前提。这一理论被称之为智慧技能层次论，对于教学内容的确定以及教学顺序的安排都有重要指导价值。

（二）认知策略

1.认知策略的含义

认知策略是学习者用来调节控制自己的注意、学习、记忆、思维过程的一种技能，或者是对学习和思维中的内部过程进行选择和指导的认知技能[4]。和智慧技能相比，认知策略指向的对象不同。智慧技能涉及的一套程序指向的是外部世界，而认知策略涉及的一套程序指向的则是学习者内部的注意、学习、记忆、思维的过程。换言之，认知策略是指导学习者自己如何去注意、如何去记忆、如何去思维的一套程序。由于指向的对象是内部的过程，因而和智慧技能相比，认知策略更具有内隐性，不易为别人观察到。我们可以通过观察学生向试管里的液体吹气来推断学生掌握了相应的智慧技能，但学习者调控了自己的内部过程后，由于其调控的对象及调控的结果仍是内部过程及其变化，因而很难通过观察来知晓。不过，现代认知心理学发展了一些技术来推测学生的认知策略。一种方法是让学习者在完成认知任务时出声思考，即把自己头脑内部执行的过程说出来，从其言语中可以推知学习者是否对内部过程施加了控制。二是通过学生的作业表现来推测。如学生要记住我国各省、自治区、直辖市的名称，为提高记忆效率，他对自己的记忆方式做了调节，即不是机械地重复，而是想象一下中国行政区划图，而后分区来进行记忆，如东北三省就组合在一起来记忆。这样，他在回忆时也倾向于将这三个省份一起回忆出来。根据他回忆的省份的组织情况，我们可以推知他是否采用了按地图分区回忆的策略。

2.认知策略的类型

温斯坦和梅耶（C.E.Weinstein & R.E.Mayer，1986）将认知策略分为如下五类[5]：

（1）复述策略

复述是指对所学习的信息进行多次重复。对简单的学习任务而言，重复的方式可以是出声或不出声地逐字逐句念。如记忆外语单词就可以通过不断念单词而记住。对较复杂的学习任务（如学习一篇文章的主要观点），重复可通过划出主要观点、摘抄文章片断、边看边讲述材料、做文章的摘要等方法来完成。

（2）精加工策略

精加工是指通过添加补充细节、例子、创设联想等，在新信息与学习者已有的知识间建立联系的过程。本书第三章提及的记忆事实性知识的关键词法、位置法、词栓法、故事法等，都属于精加工策略。对复杂知识的学习而言，创设类比、用自己的话对材料进行解释、做笔记、自问自答等方法是较好的精加工策略。

（3）组织策略

组织策略是指把要学习的材料形成有组织的结构。这一策略特别适合复杂材料的学习。常用的方法是列提纲（即划出文章中的主要观点并对其进行重新组织），对概念之间的关系用画图的方式表示等。

（4）元认知策略

这些策略有时被称为“理解监控策略”，是学习者对自己学习状况的一种意识和监控，包括为自己设置学习目标，评价自己成功实现目标的可能性，选择其他策略来达到目的，对自己的学习状况做进一步调整等。如学生阅读课文时，对自己的理解状况进行不断的监督，当发现自己对某一段的理解不是很好时，会调整自己的学习，比如跳回去重新阅读，或做一些推论活动等，这些都是学习者对其学习的监控。

（5）情感策略

情感策略是学习者用以集中和维持注意、控制焦虑、有效使用时间的策略，或者说是为学习创设良好的心理环境的策略，也有人将这类策略称之为资源管理策略。这些策略可以帮助学习者对自己的学习树立积极的信念，能为自己找到合适的学习地点和时间，能够通过制定一些规则如学习期间不接电话、不看电视等来减少学习过程中的分心。

三、认知技能的作用

认知技能对学生的学习、工作有重要作用。现代社会知识更新的速度很快，学生很难在学校把将来要用的知识都学完，这需要学生在离开学校、离开教师的辅导教学之后仍具有学习的能力，于是，教会学生学习、教会学生思维成了各国教育改革者的共识。认知技能中的认知策略是学习者用来对自己学习的内部过程进行调控以促进学习的，因而掌握了认知策略的学习者才有可能成为会学习的学习者，才能在不断变化的社会中不断学习和进步。

认知技能中的智慧技能在学校教学中有着突出地位。加涅等人将其作为教学的基础，并主张把智慧技能作为教学和教学设计的主要框架，作为设计教程结构的中心。这是因为，智慧技能具有累积性的特点，学会了某一智慧技能有助于更高级、更复杂技能的形成。而且，由于智慧技能的对象是环境中的客观事物，因而其掌握与否可以通过学习者所做的事情而相对容易又可靠地观察到。所以，加涅等人说，一名学生要想在某一学科领域被看做是有胜任能力的，就必须掌握许多智慧技能。[6]

专栏 6-2

智慧技能的作用与语文学科性质的争论

加涅等人指出，智慧技能是构建大多数课程的重要基础，并主张以智慧技能作为教学的主要框架，这一思想对于我们深入认识我国语文学科的性质有重要意义。长期以来，我国语文教学界对语文学科的性质一直争论不断，争论的焦点是语文学科到底是工具性还是人文性。虽然正式的文件中对这一争论做了总结，认为语文学科是工具性和人文性的统一，这似乎平息了对语文学科性质的争议，但在实践中总是会偏向一方。如自2001年开始的语文课程改革，虽承认语文课程是工具性和人文性的统一，但在课程的实施上仍偏向于人文性一端。

从加涅的学习结果分类角度看，人文性更多地与态度、情感这样的学习结果相联系，而工具性则涉及对语言文字这一符号系统的使用规则的掌握，因而主要与智慧技能相联系。语文学科性质的工具性和人文性争论，从加涅等人的立场看，应是智慧技能与态度在语文课程中的作用和地位之争。显然，加涅十分看重智慧技能（但并没有否定、排斥态度的重要性），因而语文课程应以强调智慧技能的工具性为主导，并以智慧技能为主要框架来组织语文课程和语文教学。这样看来，不管是实践中对人文性的强调还是文件中对二者"统一"的表述，都与加涅的这一思想不相吻合。

认知技能学习的理论

一、安德森的ACT理论

安德森（J.R.Anderson）的ACT理论，即思维的适应性控制（Adaptive Control of Thought）理论，认为程序性知识是由陈述性知识转化来的，并将程序性知识的学习分为三个阶段。第一阶段是陈述性阶段，学习者习得了有关步骤或程序的知识（陈述性知识），并通过对这一陈述性知识的解释来解决问题、指导行为。如刚学习某种电脑软件的操作时，有关该软件的运用有一系列操作步骤，我们要看一下书上描述的某一步，而后采取一定的操作，接下来看下一步，再执行相应的操作，这是运用有关步骤的陈述性知识来指导行为。第二阶段叫知识的编辑。在这一阶段，陈述性知识被转化成程序性知识，学习者逐渐摆脱了对陈述性知识提示的依赖，他们不需要再通过回看步骤的描述来采取操作了。第三阶段叫调整阶段，学习者通过泛化或辨别来对程序性知识做出调整，泛化使得程序性知识的应用范围更广，而辨别则使程序性知识的应用只限于合适的情境中。同时，在这一阶段，通过练习，学习者执行程序性知识的速度也得到提高。[7]

二、样例学习理论

样例学习（learning from worked examples）是指从例中学。这里的"例"指例题，是已经为学习者解出的题目。通过对样例的观察和研习，学习者可以从中习得解题的方法或规则。人们的许多认知技能是通过观察样例而习得的。

在组成上，样例一般包括三部分：问题，解决问题的方法，评论。问题部分对要求学生解决的问题作了陈述，解法部分则逐步描述了解决问题的步骤，评论部分则解释了采取每一步的理由或根据。评论可以书面形式和前两部分一同呈现，也可以由问题解决者在解题时通过口头讲解而呈现出来。解决办法和评论部分可以是文字形式，也可以是图片或符号形式，还可以是这些形式的组合。

如对于"$5x-7=8$，求 x 等于多少"这一问题，给出如下的解法和评论：

$5x-7=8$　　移项

$5x=15$　　合并同类项

$x=3$　　方程两边同除以未知数的系数

样例中的解法演示了解题的步骤，而评论部分则将解题者的思维过程示范出来（也可通过教师的讲解示范出来），这样的例题也变成了学习者观察的对象，学习者可从中抽取出解题的程序性知识。

研究发现，通过研习样例所进行的学习可以减轻学生学习时的认知负荷。帕斯和范麦瑞波尔（F.G.W.C.Paas & J.J.G.van Merrienboer）1994 年以荷兰中学生为被试，研究了解几何题的两种不同方法的效果。研究中使用计算机向学生呈现问题和进行教学。对其中一组（传统方法组），依次呈现六个问题要求学生解决，如果学生尝试后解决不了，再将解决办法呈现给他们。对另一组（样例组），给他们直接呈现六个问题及其解法，并告诉他们去研究样例。学习结束后，所有学生都解决六个迁移问题。研究者还测量了两组学生在学习阶段和迁移测验阶段心理努力（或认知负荷）的水平，其方法是让学生在九点量表上报告自己的努力程度，从最低程度的"非常非常低的心理努力（1）"到"非常非常高的心理努力（9）"。结果，传统组学习期间所花的时间是样例组的两倍多。在迁移测验上，样例组正确解决的题目数是传统组的两倍多。[8] 此外，传统组的学生比样例组的学生报告了更高水平的认知负荷。

在利用样例进行学习时，学生对样例的自我解释在其中起着重要作用。学生对样例的学习不是单纯的复述、模仿，而是在学习过程中对样例中每一步背后的原理做出自己的解释和推论。如齐（M.T.Chi）等人 1989 年研究了学生对物理课本中样例的学习。他们发现，优秀的学生在遇到难以理解的步骤时，会不断地对解决步骤做出自我解释；而较差的学生在学习样例时，自我解释的行为较少。后来，任考（A.Renkl）1997 年又发现，优秀学生对样例的自我解释有两种类型：预期推理和基于原理的解释。前者是预测样例解法的下一步，然后检查一下自己的预测是否与样例一致；后者则尽力把握解决问题的思路或解决问题的子目标及其关系，并找出解法背后所基于的规则或原理。[9]

要想有效地引发和促进学生的自我解释活动，可以采用如下一些措施。一是利用结构上的措施。例如，在样例中利用小标题标出解题的子目标，这样会迫使学生去思考这些步骤为什么组合在一起。后来又发现，小标题之类的文字说明并不是必要的，可以省略这些文字说明而代之以空行，同样会促使学生去解释为什么某些步骤被空行隔开。二是有意识地训练学生进行自我解释。研究发现，自我解释的训练只在一定条件下有效。条件之一是样例演示的是某一学科的基本原理。如果演示的是程序，则训练的效果不明显。条件之二是学生在某一主题上的原有知识相对较少。训练的程序一般包括三步：首先向学生解释什么是自我解释及其重要性，然后由教师或学生示范如何进行自我解释，最后让学生练习进行自我解释并给学生提供指导。此外，还有人提出让学生充当教师的角色向其他学生解释样例，认为这样会促进学生的自我解释。但这一措施受学生的原有教学经验、原有内容知识以及学生情绪、焦虑状态的影响，使用时要因人而异。

三、技能学习的两阶段循环理论

这一理论是由海斯－罗斯、克拉尔和莫斯特（F.Hayes-Roth，P.Klahr，& D.J.Mostow，1981）提出来的。他们将技能的学习分成两个不断重复的阶段。第一阶段叫建议采纳阶段，是学习者按照教师的建议做出相应的行为。这里的建议是以概念、规则、启发式等形式提供的，学习者要运用这些建议，必须先对它们进行解释并将其与学生的原有知识联系起来。第二阶段是知识的精致阶段，学习者对建议进行尝试时不可能不犯错误。在这一阶段，学习者觉察出自己尝试中的错误并对错误进行改正。学生尝试中所犯的错误有很多，他们可能错误解释了教师最初提供给他们的建议，也可能形成了错误的指导行为的计划，还有可能行为的计划合适，但对它的实施有错误。学习者对这些错误都需要诊断出来并进行改正，改正的过程也是对所学习的知识进一步建构和精致的过程。接下来，学习者对修改过的知识再进行尝试，即再次回到第一阶段，而后再针对尝试中的错误进行修改，如此循环往复，直至技能被正确掌握为止。[10]

这一理论的突出特点有两个。一是特别关注学习中的错误，认为错误是学习者学习和提高的机会，只有在对错误的改正中，学习者才会建构和发展知识。二是强调学习阶段的重复性。根据建议进行尝试及识别和改正错误这两个阶段不是直线式进行的，而是循环进行的，在不断的循环过程中，学生的知识得到不断发展。

该理论也为教师的干预提供了充足的空间。在学习的第一阶段，教师可以为学习者提供概念、原理的解释及相关的建议，在第二阶段，教师的作用主要体现在为学生的尝试提供反馈，让他们意识到自己所犯的错误并指导他们改正错误。给学生以新的建议以引发他们进一步的尝试，诊断并纠正学生的错误应是教师具备的一项基本技能。

四、三种理论的比较

认知技能学习的这三种理论并不是相互矛盾的，而是有很大的一致性。安德森的ACT理论其实也吸收了样例学习的一些思想。如安德森就曾指出，在程序性知识学习的陈述性阶段，要通过对有关步骤、程序的解释来产生行为，这种解释也可通过在样例和新的任务间做出类比来进行[11]。这与样例学习的主张不谋而合。后来，安德森又专门讨论了样例在技能学习的不同阶段的不同作用。他将认知技能的学习做了如下描绘：①与样例进行类比，提取出所研习的样例，然后将其类化到当前的问题上。②陈述性的抽象。在做过一些应用后，学习者可能有意识地识别出与运动相联系的规则并加以应用。③产生式规则。经过广泛练习，学习者形成了一种规则的程序性形式。④提取样例。对给定的问题，提取出与之匹配的样例，并找到答案。两阶段循环理论也是对安德森理论的扩展和补充，该理论中提及的学习第一阶段其实相当于安德森理论中陈述性知识的习得以及陈述性知识向程序性知识的转化。不过，安德森的理论更关注学习积极的一面，即因学习上的成功而使技能的学习得以完成，而两阶段循环理论则关注学习中“消极”的一面，即学习者如何从错误中学习和提高。

可以说，在认知技能学习的大环节上，不同的理论解释不存在大的分歧。认知技能的学习首先始于陈述性知识的理解，学习者要先习得构成认知技能的相关概念原理，而后在理解的基础上进行尝试练习，促进陈述性知识向程序性知识的转化，并从错误和反馈中不断改进和提高。在这一过程中，样例既可以促进学生对陈述性知识的理解，也可以为学生的练习提供样板和指导，并减轻学生学习时的认知负荷。

影响认知技能学习的因素

从理论的视角看，认知技能学习的大环节基本上得到了认同，但在认知技能学习过程中还有一些具体的因素和学习机制有待阐明。本节从影响因素的角度，在更细致的水平上阐述认知技能学习的机制。

一、概念性知识

概念性知识是一些有概括性的概念、原理、理论。当这些概念原理支配了个体的行为时，我们就说个体具备了认知技能，在这种意义上，概念性知识的掌握是认知技能学习的前提。这一关系在安德森的理论中也有所体现。但有一种认知技能是操作步骤，和概念原理相比，操作步骤更强调对如何做的指导，对为什么要这样做的道理（即涉及概念性知识的理解）却不重视。而且，根据操作步骤表现出的行为一样可以作为智慧技能掌握的指标，因而在学习操作步骤这一认知技能时，很多学习者倾向于认为没有必要去学习相关的概念原理，只要按步骤操作即可。如对于小数乘法，只要按小数乘法的操作步骤去做，就能得到正确答案，没有必要知道一个因数扩大若干倍与积的变化间的关系原理。

但研究和实践方面的证据表明，这种认识是有偏颇的。例如，珠算涉及一系列操作步骤的执行（这里操作步骤以口诀的形式体现），掌握了这些步骤，可以让学生迅速进行珠算，这似乎说明仅掌握操作步骤就足够了。但国外有研究发现，一些日本儿童可以熟练地运用珠算进行乘法运算，速度快且正确率高。但还是这些题目，让他们用笔算，大多数儿童都难以完成。[12]珠算与笔算，其原理是一样的，这些儿童会珠算而不会笔算，缺乏的并不是乘法运算的程序性知识（这类知识在珠算中已有体现），而是缺乏理解乘法运算原理的概念性知识。教学实践中也会出现类似的情况。如一位教师教学求平均数问题。学生根据“先求出总数量，再求出总份数，最后用总数量除以总份数”这一操作步骤而能得心应手地计算许多类似的问题，如“五年级一班分成三组投篮球。优秀组6人，共投中42个；练习组21人，共投中63个；提高组3人，共投中3个。全班平均每人投中多少个？”学生很快列出算式：(42+63+3) ÷ (6+21+3) =3.6（个）。但对如下问题，全班学生大都答错了（正确率只有28%）：某公司要招聘20名员工，年龄40岁以下，高中以上文凭，月平均工资不低于1000元。一位受聘者第一个月只领到800元工资，他到法庭上控告该公司未履行合同。这位员工的官司能打赢吗？[13]学生之所以出错，是因为他们对“平均数”这一概念的理解有问题。求平均数的操作步骤是从平均数这一概念中导出来的，只重视操作步骤的掌握而不重视相关概念原理的理解，会导致对操作步骤盲目地运用。

此外，对概念性知识的理解是运用程序性知识的前提条件[14]。在学生遇到新颖的问题时，只有当他将新问题识别为某一概念性知识的例证而对其予以理解时，才能运用相关的程序性知识。否则，即使会运用某一程序性知识，但若不能用概念性知识理解问题，程序性知识也不能在具体问题情境中得到运用。如对于下列问题：黄鼠狼和狐狸比赛跳跃，黄鼠狼每一跳的长度是36厘米，狐狸每一跳的长度是22厘米。从比赛的起点开始，每隔99厘米有一陷阱，问谁先掉进陷阱？如果学生不能将这一问题识别为比较22和99、36和99的最小公倍数谁大谁小的问题，即不能将其理解为求最小公倍数的问题，则即使学生会运用求最小公倍数的程序，也不能在这一情境中运用它来解决问题。

操作步骤与概念性知识的区分及其关系处理问题在我国的

专栏 6-3

操作步骤与概念性知识的关系

伯恩斯（J.P.Byrnes）对操作步骤与概念性知识的关系做了通俗的解释：

汽车修理工需要非常熟悉发动机的工作原理，这样在问题出现时才会知道怎样修理。内科医生如果不知道各种器官和组织工作的原理就不会治病。同样，不具备心如何工作的知识，教师就不能解决学生的学习或动机问题。只向教师呈现教学方法而不告诉他有关心的知识，就好像给内科医生呈现了药方而没有解释药在体内发挥作用的机理。药方或教学程序越神秘（如它有效但我不知道为什么），它就越有可能被不当或无效地使用。[15]

数学学科中体现得最明显。数学教师常区分数学中的“算理”和“算法”。如异分母分数的加减法涉及一系列步骤，包括先通分，分母不变，分子相加减，能约分的要约分。这是教师们常讲的“算法”，是一种程序性知识。而异分母分数的加减法为什么要通分的道理，为什么分子、分母不能直接相加减的道理，则属于“算理”，是概念性知识。

二、学习者的原有知识基础

学习者的原有知识基础是新学习的重要条件，这是一条基本的学习原理。对于认知技能的学习而言，这条原理更为突出。如加涅的智慧技能层次论指出，高级规则的学习要以规则的掌握为前提，规则的学习要以概念的掌握为前提，这说明学习者原已掌握的概念对新的规则、高级规则的学习而言起重要的基础作用。操作步骤的学习也一样，如果学习者事先掌握了操作步骤中涉及的概念及相关的概念性知识，就会促进他们对操作步骤的学习。

认知策略的学习也同样需要学习者具备相关的原有知识。如20世纪80年代，研究人员发现，学习者的原有知识背景对他们的策略选择与使用有重要影响。当给大学生和幼儿一些单词，如狗、金子、胡萝卜、钻石、猫、豌豆，要求他们记住时，大学生记住得更多，而且他们还采用了一种群集策略，即将单词分成有意义的类别来记，如蔬菜、动物、矿石。最初心理学家将儿童在实验中较差的成绩归因于他们不具有使用群集策略的能力。后来，林伯格（M.Lindberg）研究发现，如果要记住的单词儿童很熟悉而大学生不熟悉，实验就有不同的结果。如果实验中用30个儿童熟悉的电视明星、卡通人物或连环画中的人物名字，儿童会比大学生记住得更多，而且也更多地使用群集策略。该项研究表明，原有知识基础和一般的策略之间存在交互作用。在我们熟悉的专业领域或对于我们熟悉的论题，更可能使用一般的记忆策略。[16]

三、练习

练习是影响认知技能学习的最重要因素。从知识转化的角度看，练习是陈述性知识向程序性知识转化的关键环节，而认知技能的本质又是程序性知识，这样，不经过练习，认知技能不可能形成。练习要让学习者达到能灵活运用认知技能的目的，而有助于达成这一目的的练习有两种类型：变式练习和间隔练习。

变式练习是在不同情境中练习使用同一种概念原理或程序。这里的关键是练习的情境要有变化。在单一的情境中练习而形成的认知技能，可能难以应用到与练习情境不一样的新情境中。这一点正如情境认知理论家指出的，知识和学习是情境化的，即知识受学习时的情境所约束和限制，因而在同样的情境中进行练习，所学习的认知技能就与该情境密切结合而不可分，这会限制认知技能的灵活运用。解决的办法是变换练习的情境。如学习了“三角形内角和定理”，要让学生形成运用这一定理的智慧技能，不能单纯地让学生去求三角形一个内角的度数，可以为学生创设不同情境，如求任一多边形的内角和，在日常生活中求太阳的高度角等。

变式练习是从情境的变化角度看待练习，而间隔练习则是从时间维度看待练习。间隔练习是指对同一项认知技能的练习之间插入休息的时段。为促进保持，在练习的初期，休息的时段可以相对短些，随着练习的进行，可以逐渐延长这一休息时段。如某项技能，在练习初期每隔一天练习一次，在练习中期每隔一周练习一次，在练习后期每隔一月练习一次。很多研究表明，间隔练习能有效促进技能的保持。

练习是一个长期的过程，在这一过程中，认知技能的变化可用练习的幂定律来描述。这一定律指出，在技能练习的初期，技能水平提高很快，但到练习的后期，技能水平提高的速度变慢，换言之，随着练习的进展，技能改进的空间越来越小。这样，技能的表现就成了练习的负增长函数，其关系可用如下公式表示：

$$T=aP^{-b}=a/P^{b}$$

其中a、b是常数，T是完成技能所需的时间，P是练习的量。公式表明，随着练习量的增加，完成技能的时间就减少；常数b越大，则随着练习的增加，完成技能的时间也快速减少。如果对这一公式两边取对数，则公式变成：

$$\mathrm{Lg}T=\mathrm{Lga}-\mathrm{bLg}P$$

这样，公式就变成了$y=a+bx$的线性函数的形式，说明在练习过程中任一点上技能的提高速度与技能的潜在改进量之间呈线性关系。在练习早期，技能改进的空间很大，因而改进的速度很快；而到了练习的晚期，技能提高的空间已经很小，于是技能改进的速度也大大降低。这一规律是许多技能学习过程的重要特征。

四、反馈与动机

反馈是指学习者在练习之中或之后得到的有关技能练习状况的信息。行为主义理论认为，反馈是一种强化，目的在于增强学习者的反应。这一观点在学习的认知理论看来并不正确。认知理论认为，反馈在技能的练习中起提供信息的作用和发挥动机的功能，因而这部分将反馈与动机一道论述。

发挥信息功能的反馈常被称为信息性反馈。当学习者的练习导致正确的结果时，反馈可以用来证实反应的正确性；当练习出现错误时，反馈则提供了用于改正错误的信息。正如技能学习的两阶段循环模型指出的，学习者练习中犯了错误后，会根据反馈信息对错误进行矫正，从而导致知识的精致和技能水平的提高。反馈通常是由教师提供的，促进学生学习的反馈通常是在学生练习中出错误以后提供的反馈。学生的错误有不同类型，有的是因为缺乏基本的事实而导致错误，如学生在计算涉及 2 的平方根的算式时总是出错，原因在于学生将 2 的平方根值记做 1.144 而不是 1.414，这就是由缺乏事实而导致的错误。有时学生的错误是系统的程序性错误，如学生在计算退位减法时会出现如下错误：76 − 49=33，82 − 17=75，40 − 22=22。这里学生所犯的错误是被减数某数位上的数不够减减数数位上的数时，就用减数数位上的数减被减数数位上的数。这一错误在相似题目上反复出现，表明学生的错误是系统的。还有的错误是不系统的，其原因可能是学生粗心，也可能是其他更深层次的原因。作为教师，要重视为学生提供反馈的作用，并根据学生的错误有针对性地提供反馈。一名教师曾就自己作为学生和作为教师对反馈的理解做了总结，见专栏 6-4。

专栏 6-4

学生与教师眼中的反馈

作为一名学生，我总是被如下事实所困扰：在作业完成之后，除非我犯了一个我不能改正的错误，否则我不需要老师。作为一名教师，我开始相信，我起的最重要作用是提供反馈，或者用来证实一个正确的解法，或者提供改正错误解法的基础。这一观点表明，课堂教师应是一名诊断家。但诊断技能不应仅限于提供正确答案，教师具有的最大天赋之一是对导致学生出错的错误思维或推理形成正确认识的能力。教师方面的这一理解是成功矫正的一个必要前提。[17]

除了为学习者技能的改进提供相关信息，反馈的内容与提供方式还会对学生的动机产生影响。通过练习达到对技能的完全掌握，通常需要较长时间，而且练习过程中学习者还不可避免地犯错误，这会对学生继续练习下去的动机产生干扰。反馈还要发挥动机功能，促使学生坚持练习下去。根据学习动机的归因理论，学生对自己成败原因的认识会影响其动机。对于小学生而言，当他们在练习中取得成功时，要引导他们将原因归结为自身的努力。这种归因一般会激发学生继续练习的动机。对于初中学生而言，将练习中的错误归因于努力可能会威胁到他们的自我价值或自我形象，因而要避免对他们做出这样的归因。相反，要引导他们认识到自己的错误和失败是因为不当策略的使用，这种归因会避免伤及他们的自我形象。此外，在练习的不同阶段，归因的重点也不同。在练习的早期，可以引导学生将自己的成败归因到自己的努力上，但到了技能练习的后期，当学生的技能已牢固掌握时，要将学生的成功归因于能力的提高上。根据学习动机的自我效能理论，学生对自己能力水平的判断稍微高于其实际能力会有助于激发其动机。练习中不断让学生体验到失败会使学生的自我效能水平降低，因此，练习中要根据学生的水平设置练习难度，保证学生能取得成功。练习题的设计可以由易到难，让学生看到自己的进步、成功，这会提高其自我效能知觉，有利于他们进一步去练习难度更大的技能。

在认知策略的练习中，也要注意引导学生将学习上的成败归因于适当策略的运用，即让学生看到自己运用策略的实际效果，这对于学生以后主动使用策略十分关键。另外，还有研究发现，学生的不同动机状况会影响他们对认知策略的选择与运用。如掌握目标定向的学生，由于以提高自己理解和技能水平为目的，会倾向于选择精加工、组织等认知策略来提高自己的学习效率；而表现出回避目标定向的学生，由于害怕自己的表现不佳而会采用机械重复、逃避、拖延等策略来应对学习。

小贴士

这部分的内容涉及学习动机的有关理论，可结合第九章的相关内容进行学习。

五、元认知

元认知（metacognition）是指学习者对自己认知的意识和控制。“meta-”这一前缀的意思是“在……之后”、“在……之上”，因而也有人将其称做后设认知、反审认知。学生的元认知活动对改进其技能水平十分关键。在对认知技能的练习中，学生技能水平提高的一个重要途径是从练习所犯的错误中进行学习，即学习者犯了错误之后，能对自己的练习进行反思，以便识别出错误的来源和性质，只有这样他们才有可能改进和提高。这种事后（犯了错误之后）的聪明就是一种元认知的活动，因为它是发生在认知（练习认知技能）之后的。在学习中元认知的具体体现是学习者对学习的反思。学习中缺乏反思的学习者，往往难以取得巨大的学习成效。如科学课程中十分看重学生的动手做（hands-on），但许多研究者批评说，这些活动虽让学生动手，但学生缺乏动脑（minds-on）的机会，即缺乏对动手活动的反思机会，因而现在人们不再单纯地强调动手做，而是同时也强调动脑，即给学生以反思提高的机会。

元认知的一种形式是个体认识论。正如学生会对自然界的现象形成自发的理论解释（即日常概念）一样，学生也会对自己和他人的心理世界自发形成一些理论解释，这些解释在对幼儿的研究中称为心理理论，在对较大的学生和成人的研究中称为个体认识论，其实质是学习者对自己认知、学习的认识，属于元认知范畴。所谓个体认识论是指个体对有关知识的本质及学习的一些信念。研究发现，学生的认识论信念会对他们的学习尤其是认知策略的学习产生影响。例如，一些学生认为，在阅读教科书时，他们是从书中被动地吸收信息；从教科书中学习要求学习孤立的事实。另一些学生则认为，从阅读中学习要求他们通过主动地解释、组织、应用教科书中呈现的信息而建构自己的意义。将阅读视做建构过程的学生更有可能以有意义和有效的方式加工他们所阅读的内容。学生的认识论信念倾向于随其发展而发展。小学生通常相信知识的确定性，他们认为，对任何主题，在某处存在一种绝对的真理。当他们升入中学时，一些学生开始认识到知识是一个主观实体，某一主题上的不同观点可能同样有效。在中学水平还会发生其他一些变化，如高三年级学生比初三年级学生更可能相信知识由复杂的关系而不是离散的事实构成，学习是缓慢进行的而不是快速发生的，某人学习某事物的能力可随练习而改进，而不是依赖于遗传的智力。因而，对学生进行认知技能的训练，也要考虑到他们的认识论信念对学习的促进和干扰作用。专栏 6-5 则给出了教师期望学生具备的认识论信念。

专栏 6-5

教师期望学生具备的认识论信念

- 知识并不总是意味着困难、复杂的问题有明确的答案；
- 知识不仅涉及知晓事实、概念、思想，而且还涉及理解这些事物间的相互关系；
- 学习涉及知识的主动建构，而不是被动地“接受”知识；
- 掌握一套信息体系或复杂的技能，有时要求坚持性和艰苦的努力。[18]

六、社会性因素

在学校教育情境中，影响学习的社会性因素指的主要是教师、同伴与学习者的相互作用。这种人际间的社会性互动对于认知技能的学习有促进作用。如认知策略涉及内隐的思维过程，这种思维过程很难为学习者观察到，为此，教师在进行策略教学时，可以出声思考的方式将这种内隐的思维过程用语言来外显化，从而便于学习者学习。此外，许多较高级的认知技能，如批判性思维技能、创造性思维技能，其习得的难点不在于一套程序的掌握，而在于使用这一程序的倾向(disposition)。如在认知策略的训练中经常看到的是，教会学生掌握策略的步骤不难，而且教学的效果也很明显，通常几节课内就可以见效，但学习者不会将策略主动运用于其他的学习场合，换言之，学习者掌握了策略，但不一定去用。批判性思维技能的培养也一样，学习者可能掌握了如何去进行批判性思考的程序，但在适用的场合不会主动地运用。

要培养学生主动使用这些技能的倾向，基本的途径是让他们处在一个良好的、推崇技能运用的社会群体中，这种群体为每个成员示范了所学认知技能的使用，而且也为每个成员的运用提供机会，并对每个成员的尝试运用进行鼓励、反馈。学习者长期处于这样一个积极的社会群体中，其运用技能的倾向会得到培养和发展。

本章小结

现代认知心理学将知识分为陈述性知识和程序性知识。陈述性知识是个体能有意识地提取，因而能用言语或其他方式直接陈述的知识；程序性知识是个体不能有意识地提取，因而其存在只能通过某些形式的行为而间接展示的知识。技能的本质是程序性知识，在我们头脑中是以产生式及产生式系统的方式表征。根据技能所涉及的程序指向的任务不同，可以将技能分为认知技能和动作技能。认知技能是在练习基础上形成的按某种规则或操作程序顺利完成智慧任务的能力。

根据对内对外这一维度，可以将认知技能分为智慧技能和认知策略。智慧技能是指运用概念与规则对外办事的能力，加涅区分了智慧技能的四个亚类：辨别、概念、规则、高级规则，并认为这四个亚类间存在一种层次关系。认知策略是学习者用来调节控制自己的注意、学习、记忆、思维过程的一种技能，常用的认知策略主要有复述、精加工、组织、元认知和情感策略。认知技能是中小学各主要学科教学的中心。

安德森的ACT理论强调认知技能的学习是由陈述性知识经由知识的编辑而转化为程序性知识。样例学习理论则突出了解出的例题可以促进认知技能的学习。技能学习的两阶段循环理论则突出技能学习的重复性和学习者对错误的诊断、识别及改正在技能学习中的作用。这三个理论相互补充，共同为我们描绘认知技能的学习过程与规律。

影响认知技能学习的因素主要有概念性知识、学生的原有知识基础、练习、反馈、动机、学生的元认知及社会性因素。对操作步骤的掌握要与概念性知识的理解相结合。认知技能的学习要保证学生具有良好的原有基础，要通过变式练习、间隔练习并为学生提供信息性反馈来维持学生练习的动机，促进技能的保持和迁移。学习认知技能过程中要重视学生反思的作用，并考虑到其个体认识论的影响。教师的示范、学生间的互动等社会因素对认知技能的学习也有积极作用。

重要术语

陈述性知识	程序性知识	技能	产生式
认知技能	弱方法	操作步骤	智慧技能
智慧技能层次论	认知策略	样例学习	ACT 理论
练习的幂定律	反馈	元认知	

思 考 题

1. 一位数学教师规定，学生做错一题罚做10题。一名学生做错了一题，被罚做的10题中又做错了3题，于是又被罚做30题……试分析这一规定对学生技能学习的影响。

2. 有人指出，我国学生的动手做能力较差，因而我们的教育应多重视与动手有关的程序性知识的学习，而对于涉及“说”不涉及“做”的陈述性知识则不必太看重。谈谈你对这一观点的看法。

3. 加涅的智慧技能层次论对教材的编排、教学方法的选择有什么启示？

4. 画出如下几个概念之间的关系图：陈述性知识、技能、程序性知识、动作技能、认知策略、智慧技能、认知技能、概念性知识、操作步骤、弱方法。

第七章

动作技能的学习

学习目标

- 举例说明动作技能与智慧技能的区别
- 陈述动作技能学习的过程及影响其学习的主要因素
- 能用心理学的研究证据说明示范与指导、练习、反馈在动作技能学习中的作用
- 能根据动作技能学习的规律，为动作技能的教学提出建议

动作技能是一种重要的学习结果。在布卢姆和加涅的教育目标（学习结果）分类体系中，动作技能是与认知领域、态度或情感领域相并列的学习领域。在我国教育界倡导的德智体美劳全面发展的教育中，动作技能是其中体育和劳动技术教育的重要组成部分。研究动作技能的学习规律，对于科学地实现教育目标至关重要。

心理学有关动作技能学习的研究经历了一次重要转变。在第二次世界大战以前，心理学家主要从行为主义心理学的立场研究外部刺激与强化对动作技能学习的影响。二战以后，受当时兴起的认知心理学的影响，心理学家开始从信息加工的角度，探讨动作技能学习中的内部认知过程。于是，在言语学习和记忆研究中起重要作用的认知与信息加工观点也开始在动作技能学习中起同样重要的作用[1]。本章主要介绍当代心理学家在认知理论指导下所做的有关动作技能学习的研究。

动作技能与动作技能学习

一、动作技能的含义

（一）技能与动作技能

小贴士

明确一个概念的含义，就是要明确它与相关概念的关系。相关的概念既包括上一级的概念，也包括与之并列的概念，还包括其下属概念。就动作技能这一概念而言，我们需要在它与相关概念的关系中把握其含义。动作技能的上一级概念是技能，与之相并列的概念主要是智慧技能，其下属概念则主要是动作技能的亚类。接下来，我们就按照这一思路来阐释动作技能的含义。

动作技能是技能的一个亚类。技能的共同特征也为动作技能所具有。作为一种学习结果的技能，其最突出特点是其后天习得性，换言之，技能是我们在后天习得的，那些先天的、与生俱来的反射并不属于技能。动作技能也是我们后天习得的，我们与生俱来的眨眼反射、膝跳反射、咳嗽等动作，均不属于动作技能。

技能常表现为一套做事的程序。动作技能也可以看做是一套做事的程序。早期的心理学家将这种程序解释为一系列的刺激——反应连锁。第一个刺激引发了第一个反应，这个反应本身又会产生一些刺激而引发下一个反应……以此构成了做事的程序。如用钥匙开门的技能就可以表示为如下的程序[2]：

Ss ⟶ R ～ Ss ⟶ R ～ Ss ⟶ R ～ Ss ⟶ R

Ss	R	Ss	R	Ss	R	Ss	R
锁	对准锁孔	朝着锁孔的钥匙	插入钥匙	插入的钥匙	旋转钥匙	被旋转的钥匙	推门

后来的心理学家受认知理论的影响，倾向于将动作技能解释为贮存于大脑中的程序，他们称之为动作程序。如我们书写同样的字，可以用左手写，也可以用右手写，还可以用牙齿衔着笔写。虽然用不同方式写出来的字在许多方面存在差异，但由同一个人写出来的字还是有一些相似之处。这说明，我们头脑中贮存了一种支配我们如何书写的动作程序。

（二）动作技能与智慧技能

动作技能与智慧技能虽同属于技能，但动作技能还具有智慧技能不具有的特点，使得我们仍有必要将这两种技能区分开。

首先，动作技能的执行必须涉及实际的肌肉运动。智慧技能可以完全在头脑内部执行，可以不涉及实际的肌肉运动。如我们可以心算24+73=？，从问题到过程再到结果，都可在头脑中进行。而动作技能则必须用实际的肌肉运动来体现。单纯地在头脑中想象骑自行车的动作而没有实际骑的行为，是不能说某人具有骑自行车的动作技能的。

其次，个体执行动作技能时，除了可以从他人或环境中获得技能执行状况的信息外，还可以从自身的肌肉运动及其他感觉器官（如前庭）中获得这方面的信息。这一特点其实是与刚才提及的特点密切联系着的。动作技能的执行必然涉及实际的肌肉运动，肌肉运动又可以作为刺激而使个体知晓其技能执行的情况。熟练的电脑打字员偶尔击错了键，在未看到击键的结果之前，从其手指运动的异常感觉中可以觉察出出错了。智慧技能执行状况的信息主要来自外部环境，不可能从本体感受中获得这方面的信息。

动作技能与智慧技能虽有区别，但也有密切的联系。一方面，动作技能的掌握可以促进智慧技能的学习，如学生掌握了英语音标与单词读音的技能，就可以促进他们学会用英语进行口头交流的技能；另一方面，智慧技能的掌握要通过动作技能表现出来，如科学家霍金全身能自由活动的地方只有两根手指，他有关天文学研究的许多思考和推理（智慧技能）是在头脑内部进行并通过他的两根手指在键盘上的敲击（动作技能）而表现出来的。这一点其实就是学习与表现的区分

小贴士

一些心理学家认为，“所有的心理学研究实质上都是行为主义的，因为心理学的数据不可避免地要采取可观察、可测量的行为的形式，不管这些行为是条件化的反应、对问卷项目的反应，还是对墨迹的描述。”[3]这也说明，动作技能对于揭示人类大脑这一“黑箱”的秘密起着重要的窗口作用。

问题。很多学习要表现出来，是离不开学习者实际的动作的。这些动作可以是身体运动，也可以是舌头、声带运动而产生的言语，还可以是手指的书写动作。

（三）动作技能的分类

动作技能的分类不仅有助于更细致、深入地认识动作技能的实质，还有助于深刻地揭示动作技能学习的规律，因为不同类型的动作技能的习得规律和条件还是有一些差异的。心理学家常根据不同的标准来对动作技能进行分类。

1.根据动作技能开始与结束的特征进行分类

根据这一标准，研究者常将动作技能分为三类。

一是连续的动作技能，这类技能没有明确的开端和结尾，行为一直持续下去，直到人为打断为止。如游泳、跑步、开车等动作。在日常生活经验与实验室中常见的连续性动作技能是追踪任务，其特点是，有一条需要个体遵循的路径以及一个工具，个体通过一些肢体运动来让工具沿路径运动。如在开车时，路径是道路，工具是汽车。实验室中常用的追踪任务是由计算机呈现的。在计算机的屏幕上呈现两点，一点由实验者或计算机控制，可在屏幕上以固定的或随机的方式运动；另一点由被试通过手的运动来控制。被试的任务是让两点对齐。

二是离散的动作技能，这类技能有明显的开端和结尾，其精确性可以计数。如射箭、投篮、举重、按电钮、紧急刹车等都是典型的离散动作技能。离散的动作技能可以很快完成，只需几分之一秒的时间，如踢、扔等动作，也有需要相当长的时间才能完成，如签名的动作。

三是系列动作技能。这类技能是由一系列离散的动作技能按一定顺序组合起来，它看起来像是连续的动作技能，但也有明确的开端和结尾，可将这类技能看做是介于连续的和离散的动作技能中间的一种类型。如开车时的换挡就是这样的技能，在换挡过程中，司机必须按一定顺序执行一系列离散的动作技能，首先抬起踩加速器的脚，接着用另一只脚踩下离合，而后将变速杆前推至中央，再向右拨，然后向前推至三挡，松开离合，最后踩加速器。其他系列动作技能的例子如弹钢琴、在电脑键盘上打一句话以及一些体操动作等。

2.根据动作技能执行过程中环境的稳定性进行分类

根据这一标准，研究者常将动作技能分为开放的动作技能与封闭的动作技能两种。

开放的动作技能的环境是一直变化的、不可预测的，这样，操作者不能事先有效地计划整个运动。如撑船、捉蝴蝶、摔交等活动都属于开放的动作技能。又如在繁忙的快车道上开车的技能也是开放的动作技能，虽然你对应当做什么有一个总的计划，如超过一辆车，但你的准确计划必须足够灵活，以便能应对其他司机突然的举动。开放性动作技能的成功看来取决于个体以其行为成功地适应环境变化的程度。通常，这种适应必须非常快，而且有效的反应者还必须有许多不同的行为供其选择使用。

封闭的动作技能的环境是可以预测的。可以预测的环境主要有两种情况：一是非常稳定的环境，如射箭、打保龄球、刷牙以及在支票上签名等动作的环境。二是当环境的变化是可预测的，或者这种变化已作为练习的结果而习得时，也会形成可预测的环境，如变戏法及工业生产线上的任务。在这些任务中，随后几秒钟的环境是可以预测的，因而可以事先对运动有所计划。

3.金泰尔的两维分类

金泰尔（A.M.Gentile）主张从两个维度来对动作技能进行分类。第一个维度指执行技能的环境特征，这些特征主要有两个。一是指环境中的调节条件，即对动作技能的执行有影响的环境特征，这些环境特征可以是固定不变的，也可以是运动变化着的。如在没有人和车辆的人行道上行走，其技能（行走）执行的环境（人行道）是固定不变的，而在拥挤的步行街上行走，则技能执行的环境（其他行人）是在不断运动变化的。二是指环境中的调节条件是否在不同操作之间发生变化，这一特征又叫尝试间变化。如先在平坦的水泥地上行走，而后再到柔软的沙滩上行走，在这两种路面上行走的方式是不同的，这两种行走方式就是不同的操作或尝试。在进行这两种行走时，环境条件（水泥路、沙滩）又发生了变化，这样，调节条件就在不同操作间发生了变化。而一个人在篮球场上进行不同方式的篮球运球练习，则环境中的调节条件不随不同的运球方式（操作或尝试）而变化。

第二个维度是动作的功能，指执行动作技能是为了保持或改变操作者身体的位置或操纵对象的位置，因而动作技能又可以从身体定向和操纵两方面来刻画。身体定向指身体位置的保持或改变，如执行站立、用茶杯喝水等动作技能时，身体位置不发生变化；而行走、跑步、游泳时，身体位置则发生了改变。操纵指动作技能的执行是否要保持或改变操纵对象的位置。运球的技能需要改变操纵对象（球）的位置，而打太极拳则不需要操纵任何对象。

金泰尔的两维分类导致了16种动作技能类别。表7-1列举了这两个维度及16种技能的例子[4]。表中最左上一栏的动作技能最简单，最右下一栏的动作技能最复杂。金泰尔的两维分类有助于我们更细致地认识某种动作技能的特征，从而为动作技能的评价、确定动作技能的难度和复杂程度提供有力指导。

表7-1 金泰尔的动作技能两维分类

	动作功能			
	身体稳定性		身体移动	
环境背景	无操纵	操纵	无操纵	操纵
固定的调节条件，无尝试间变化	• 独自站立在房间里 • 徒手练习篮球罚球投篮	• 独自站在水池旁刷牙 • 篮球持球罚球投篮	• 上楼梯 • 徒手练习一种篮球行进间运球数次	• 手拿一本书上楼 • 持球练习一种篮球的突破动作数次
固定的条件条件，有尝试间变化	• 在不同地面上站立 • 徒手做棒球挥杆击球动作	• 拎一袋食品在不同的地面上站立 • 击打球架上的棒球，每次击球必须变化球的位置	• 在不同的地面上行走 • 徒手进行多种篮球行进间运球	• 拎一袋食品在不同的地面上行走 • 持球进行多种篮球行进间运球练习
运动着的调节条件，无尝试间变化	• 坐在他人推动的轮椅上行进在空走廊中 • 徒手练习传球给行进间的球员数次，球员行进路线相同	• 转动轮椅行进在空走廊中 • 连续接发球机投出的速度相同的球	• 在跑步机上做匀速行走练习 • 徒手进行多种篮球行进间运球练习，并加防守	• 手持一杯水在跑步机上做匀速行走练习 • 持球进行多种篮球行进间运球练习，并加防守
运动着的调节条件，有尝试间变化	• 坐在行驶的汽车中 • 徒手练习传球给行进间的球员数次，球员行进路线不同	• 抱着小孩坐在行驶的汽车中 • 接发球机投出的不同速度的球	• 行走在行人拥挤的商业街上 • 无球练习多种带球行进（足球）加防守	• 抱着小孩行走在行人拥挤的商业街上 • 有球练习多种带球行进加防守

（四）动作技能的界定

根据上述分析，本书将动作技能界定为：为达成一定目的而必须涉及实际肌肉运动的一套程序。动作技能又称心因运动技能（psychomotor skill）。这个术语中的psychomotor是由psycho和motor两个成分合成的，意在强调这里的动作不是简单的外显反应，而是受内部心理过程控制的。这一点正如加涅指出的，“动作技能实际上有两个成分：一是描述如何进行动作的规则，即动作程序；二是因练习与反馈而逐渐变得精确和连贯的实际肌肉运动。”[5]动作技能往往与知觉不可分，所以常常有人把知觉与动作联系起来，称之为知觉—动作技能（perceptual-motor skill）。这些不同的术语，其含义实质上相同。

二、动作技能学习的含义与阶段

（一）动作技能学习的含义

参照学习的定义，动作技能的学习是指由练习或经验引起运动能力相对持久变化的过程。对动作技能学习的了解，也要放在学习与表现区分的框架中进行。只有通过保持和迁移测验表明学习者的表现有了相对持久的变化，我们才可以说发生了动作技能的学习。

小贴士

> 回想一下本书第一章有关学习与表现区分的论述。

但在实际的学习情境中，有时很难确定某项学习任务是不是动作技能学习。如小学生学会用“虽然……，但是……”在作业本上写一句正确的话；成人学习电脑开机的步骤：先打开电源，再打开显示器，最后打开主机。这些学习任务中都要求学习者做出一定的动作，很多人都误以为这是动作技能学习。导致这种错误的主要原因在于动作技能与智慧技能的关系。由于智慧技能要通过已习得的动作技能表现出来，因而在具体的学习任务中，新习得的智慧技能就与学生早已习得的动作技能混在一起，使人很容易误以为新习得的是动作技能而非智慧技能。

在刚才两个例子中，书写的动作技能和按开关的动作是学习者早已学会的，它们是作为新习得的智慧技能的行为表现而出现，实际的学习任务则是智慧技能。

为了更好地判断学习任务的性质，加涅建议，不能简单地通过观察学习的外显运动的表现来识别动作技能的学习。要识别出动作技能的学习，对学习者在开始学习前能做些什么和在学习后能做些什么进行观察是至关重要的。为了做出动作技能已经习得的结论，我们必须首先弄清楚学习者的“起始行为”是什么[6]。就刚才提及的两个学习任务而言，学习之前和学习之后学习者都会书写和按开关，这些都是学习者的起始行为。学习之前学习者不会用“虽然……，但是……”造句，不知道开机的步骤，学习之后知道了，因而学习者学习的是智慧技能。加涅的这一建议对于判断一些学习任务是否是动作技能的学习十分可行。

费茨（P.M.Fitts）等人（1959）则指出了动作技能学习的重点。他们认为，动作技能学习应强调以准确和一致的方式获得肌肉运动的时间——空间组织。所谓空间组织指必须选择适当的肌肉并以一定的次序运用于熟练的表现中；所谓时间组织则指必须在准确的时刻收缩和放松肌肉。[7]可以说，费茨等人指出的这一学习重点，也正是动作技能区别于智慧技能之所在，可谓抓住了动作技能学习的核心。

（二）动作技能学习的阶段

费茨和波斯纳（M.Posner）1967年将动作技能的学习分为三个阶段，这三个阶段也得到了认知心理学对技能学习过程研究的支持，目前仍被认为较完整地刻画了动作技能学习的阶段。

1.认知阶段

在学习一种新的动作技能初期，学习者通过指导者的言语讲解或观察别人的动作示范，或从标志每一个局部动作的外部线索中试图理解任务及其要求。同时也做一些初步尝试，把任务的组成动作构成一个整体，并试图发现它们是如何构成的。在这一阶段，学习者的注意范围比较狭窄，精神和全身肌肉紧张，动作忙乱、呆板而不协调，出现多余动作；不能觉察自己动作的全部情况，难以发现错误和缺点。

2.联系形成阶段

在这一阶段，练习者逐步掌握了一系列局部动作，并开始将这些动作联系起来，但是各个动作结合得不紧密。在从一个环节过渡到另一个环节，即转换动作的时候，常出现短暂的停顿。练习者的协同动作是交替进行的，即先集中注意一个动作，然后再注意做出另一个动作，反复地交替进行不同的动作。这种交替慢慢加快，技能结构的层次不断增加，然后逐渐形成整体的协同动作。在这一阶段，练习者对动作技能的视觉控制作用逐渐减弱，肌肉运动感觉的控制作用逐渐增强，动作间的相互干扰减少，紧张程度有所减弱，多余动作趋于消失。

3.自动化阶段

技能形成的最后阶段是一长串的动作系列已联合成一个有机的整体并巩固下来，各个动作的相互协调似乎是自动流出来的。这时，练习者的多余动作和紧张状态已经消失。练习者能根据情况的变化，灵活、迅速而准确地完成动作，能自动地完成一个接一个的动作，几乎不需要有意识的控制。需要指出，这一阶段不是每个练习者都能达到的，要达到这一阶段，不仅需要教师或教练的指导，还需要大量充分的练习。

专栏7-1

动作技能学习的阶段

下面以大家都比较熟悉的学习骑自行车为例来对动作技能学习的过程进行说明。初学骑自行车时，我们首先观察了许多会骑自行车的人如何骑自行车。在开始学习时，常有朋友或父母给我们指点，如何扶把，如何蹬车，如何保持平衡，要先练习一只脚踩在脚蹬上并保持人车平衡等等。这样我们便对如何骑自行车有了大致的认识和了解。

接下来，我们开始尝试骑自行车了。我们会按照指导，先练习在自行车滑行时一只脚踩在脚蹬上保持身体平衡。等这一动作熟练后，再练习坐到车座上双脚踏脚蹬，同时双手还要扶好把，掌握住方向。这时这两个动作间常有干扰，我们也会显得忙乱一些，有时光顾踏脚蹬，忘了转方向而撞向大树；有时专注于把握方向，忘了踏脚蹬而失去平衡。随着练习的进行，蹬车和把握方向这两个动作逐渐协调起来，我们骑在车上也不如刚学时那样紧张了。

最后，经过大量的练习，我们的骑车动作已经很熟练了，不仅骑车时不再紧张，而且可以边骑车边与人说话，还能在拥挤的道路上灵活地骑行。这表明，我们骑车的动作技能已经达到了自动化的程度。

小贴士

对照费茨等人描述的动作技能学习过程，回想一下你学习用电脑键盘打字的过程。

示范、指导与动作技能学习

动作技能学习的第一阶段是认知阶段，学习者在这一阶段的主要任务是认识和理解要学习的动作技能。这时，教师的示范和指导是促进学生这一阶段学习的重要措施。

一、示范

示范是将技能演示出来，以便学习者能够直接观察到动作的成分。当然，也可以使用熟练操作者的录像或照片。接下来，学习者会在最初的练习中模仿动作。哪些因素决定着示范对动作技能学习效果的影响呢？目前人们主要关注三个因素。

一是不同的示范方式。汤姆森（L.Thompson）的研究探讨了这一问题。他让小学五年级学生学习装配两种复杂程度不同的拼图，学生被分成五组，教师给以各组相同的示范，不过示范时对各组的言语解释不同。同时要求不同组的学生在教师示范时进行不同的活动。实验的安排和结果见下页表 7-2 所示[8]。

从表中可以看出，第五组的学习效果最好。这组学生在观看教师的示范时，还对自己观察到的示范进行积极的加工，而教师则及时就学生对示范的理解予以反馈，纠正其中的错误。这种示范方式中，学习者积极地参与到学习过程中，而教师又给以及时反馈，确保学生对所示范动作的正确理解。这说明，要想发挥示范影响学生学习的作用，除了教师的良好示范外，还需要学生的主动加工及教师对学生的反馈。那种认为示范就是教师单纯地做给学生看的想法是不对的。

二是示范的时机和频率。金泰尔认为，示范应在实际练习前进行，在练习过程中应尽可能频繁地向学生做示范。[9]这样，若给定示范的次数，就涉及一个在练习前和练习中如何进行示范的分配以更充分地发挥示范作用的问题。威克斯和安

表 7-2 不同示范方式对动作技能学习的影响

组别	规定学生的反应	教师示范与说明	示范后独立操作简单拼图所需时间（分）	示范后独立操作复杂拼图所需时间（分）
1	边看示范边背诵与技能无关的数字	只有示范动作，不做任何说明	5.7	25
2	边看示范边说出教师正在做什么动作	只有示范动作，不做任何说明	3.1	22
3	只许看不许发问	示范动作之外略做要点说明	3.5	16
4	只许看不许发问	示范动作之外另加详细说明	3.2	14
5	边看示范边说出教师正在做什么动作	只纠正错误，不做口头解释	2.2	12

德森（D.L.Weeks & L.P.Anderson，2002）的研究说明了如何解决这一分配问题。他们让学习者观看10次熟练的排球运动员发飘球的动作。所有的学习者都没有发飘球的经验，并被分成三组：一组叫前练习组，在练习30次发球前观看10次示范；一组叫分散组，观看一次示范后练习3次发球，这样分散地观看10次示范后共练习30次发球；最后一组是联合组，观看5次示范后练习15次发球，而后再观看5次示范，练习剩下的15次发球。对三组学习者的保持测验发现，联合组和前练习组比分散组模仿得更好，发球的准确性也更高。[10] 这说明，练习之前要让学习者充分地观察示范，练习过程中也要尽可能频繁地提供示范。

三是做示范的榜样。在进行示范时，示范专家完美无缺的动作表现可称之为专家榜样，示范初学者学习的过程可称之为学习榜样。麦卡拉和凯尔德（P. McCullagh & J.K.Caird，1990）比较了学习手工限时任务时专家榜样和学习榜样的有效性。一组被试不断地观察榜样完美地执行任务的录像，另两组则观察榜样学习这项任务的录像：给其中一组提供榜样执行结果的信息，另一组则不提供。结果发现，观察学习榜样并接到榜样执行结果信息的一组成绩最好，这些被试在习得阶段，在没有得到有关其表现的任何信息的情况下，仍持续地改进作业表现，而且和其他观察者相比，也都很好地保持了作业水平，还能更好地迁移到

新颖的限时任务中（见图 7-1）。图中的绝对误差（Absolute Error，AE）是衡量运动准确性的一个指标，其计算方法为：$AE=\sum|X_i-T|/n$，其中 X_i 是第 i 次练习的得分，T 为要达到的目标分数，n 为练习的次数）。[11]

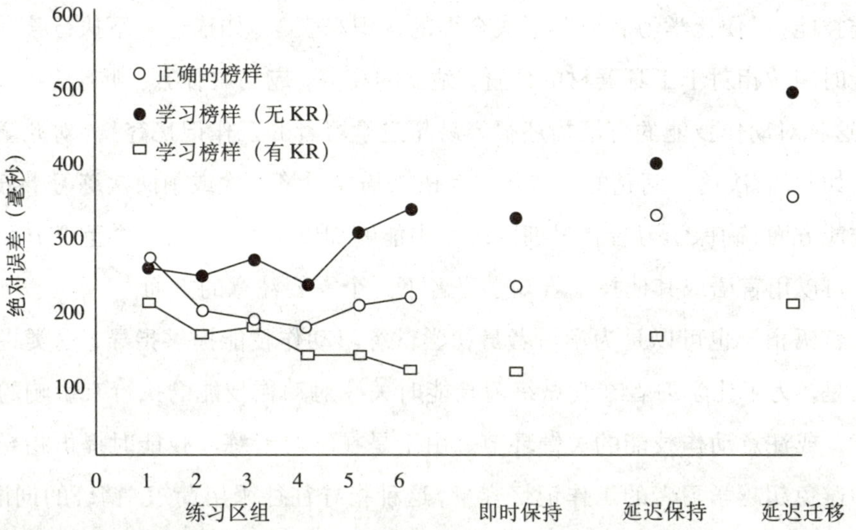

图 7-1 观察不同类型榜样的学习效应

注:KR 为 knowledge of results 的缩写。

专栏 7-2

示范在教学中的应用

在教学实践中，有两种应用有关示范研究结果的方式。一是让学生结成对子练习，其中一个练习时，另一个就对其进行观察，同时教师为练习者提供指导。经过一段时间以后，两名学生互换角色，原来练习的成为观察者，原来观察的成为练习者，当然学生观察和练习期间仍需要教师给练习者提供指导。第二种方式也是让学生结成对子，相互观察和练习。不过指导和反馈的提供主要由学生负责，即教师为对子中的观察者提供技能的关键环节，而后观察者在练习者身上寻找这些环节并向其提供反馈。[12]这种形式有助于减轻教师的负担，使其有更多精力对全班学生进行指导和管理。

二、言语指导

言语指导是指导者在动作技能学习之初以言语描述或提示的方式向学习者提供的有关动作技能本身的重要信息。言语指导可以是指导者用言语描述要学习的动作技能，以便让学习者对其形成全面的认识和表象。如描述一下执行某一动作技能时四肢相对于工具器材的位置，站立的姿势，应当看什么、听什么、做什么等。这种对动作技能的言语描述很容易超过学习者的工作记忆容量，对儿童来说尤其如此。解决这一问题的办法是用言语来描述对第一次或前两次练习十分重要的技能方面，确保学习者在早期的练习中能够加以实践。在第一个重要方面掌握后，可以用言语或其他技术告知学习者下一个需要注意的方面。

言语指导也可以是为学习者最初尝试练习动作技能提供指导，这类指导的目的是，为了让学习者在尝试练习技能时关注对动作技能的执行有影响的环境线索，或注意动作技能的关键环节。由于是在学习者练习技能时提供指导，因而为避免超越学习者的工作记忆容量，这种指导往往采用简短、精练的词语。如卡顿和兰丁（D.M.Cutton & D.Landin，1994）要求初学网球的大学生在每次击打网球时大声说出5个有关的词语："准备"是做好对来球的准备；"球"是将注意集中到网球上；"转身"提示击球时转动臂和肩至与球网垂直的位置，并向后引拍；"击球"提示将注意力集中于击球；"低头"提示击球后头的固定位置。与没有使用这些言语指导的被试相比，使用言语指导的学习者更好地学会了打网球的动作。[13]

研究发现，言语指导对动作技能的学习有一种持久的定向效应。索利（W.H.Solley，1952）让三组被试练习刺向目标的一系列动作。在6天的练习时间里，要求三组被试分别注意表现的速度、准确性及对二者的同等注意。结果，注意准确性的一组在练习中最准确，注意速度的一组动作最快，注意准确与速度的一组在两种测量上都居于中间水平。在持续6天的迁移测验中，所有被试都以准确和迅速的要求进行练习，结果发现，上述效应仍旧存在，特别是表现的速度。[14]这说明教学的"定势"对表现与学习都有影响。

练习与动作技能学习

练习是影响动作技能学习的最重要因素。这里的练习是指有意练习(deliberate practice)，即学习者要抱着掌握技能的目的，按挑战水平逐渐提高的层次持续不断地重复某项技能。[15]显然，这种练习并不是快乐有趣的，而是需要付出一定努力的。研究发现，练习的不同形式对动作技能的学习有重要影响。

一、练习的分布：集中练习与分散练习

集中练习是指将练习时段安排得很接近，中间没有休息或只有短暂的休息；分散练习是指用较长的休息时段将练习时段分隔开。在设计实验时，集中练习是指练习的时间比练习之间休息的时间长；分散练习是指休息的时间通常等于或大于练习的时间。研究发现，练习的分布对连续的和离散的动作技能有不同影响。

(一) 练习的分布对连续动作技能的影响

20世纪四五十年代，有许多实验研究练习的分布，其结果都类似：给定练习的时间，短的休息间隔会比长的休息间隔更能导致表现水平的下降。伯恩和阿彻尔 (L.E.Jr.Bourne & E.J.Archer，1956) 的研究比较典型。研究中共有五组被试学习转盘追踪任务，所有被试每次练习时间为30秒。一组持续练习了21次 (0秒休息组)，对其他四组，在练习期间插入休息时间，分别是15秒、30秒、45秒、60秒。结果发现，休息时间越长，表现越好。[16]

但这些研究未能回答的问题是，集中练习导致表现水平下降是不是由于被试的疲劳所致。如果是由疲劳所导致的，则给集中练习的被试提供适当的休息，他们的成绩会赶上分散练习组的成绩。如果休息后两组的成绩仍有差异，则可认为分散练习比集中练习更有利于学习。

为回答这一问题，伯恩和阿彻尔在最后的练习结束后，让所有的被试休息5分钟，而后让被试完成一项共同的迁移任务，这项任务是集中练习任务，在30秒的练习期间没有休息。这里的假设是，如果肌肉疲劳导致了习得期间各组之间存在差异，那么，在疲劳消退后，各组在表现上应是类似的，但事实并非如此。

休息之后，各组之间的差异仍旧存在，对于在习得阶段的练习期间有长时间休息的被试组，在迁移测验上的表现更好。这说明练习的分布有相对持久的效应。

专栏7-3

观点的碰撞

施泰马奇（G.E.Stelmach，1969）和惠特利（J.D.Whitly，1970）的研究则与伯恩和阿彻尔的研究相左。施泰马奇的研究训练被试使用两种工具。分散练习组进行16次练习，每次练习由一次30秒的练习和30秒的休息组成，而后有4分钟的休息。集中练习组有8分钟的持续练习，而后有4分钟的休息。休息过后，两组都进行6次分散练习。虽然在16次练习结束时两组成绩有显著差异，但在休息之后的6次练习上，两组的成绩在统计上不存在差异。

惠特利的研究采用一种精细的动作学习任务——脚扭追踪任务。集中和分散练习组进行25次练习，而后有5分钟的休息。分散练习组每次练习所用时间为25秒，而后休息35秒；集中练习组每次练习25秒，而后休息5秒。5分钟休息后，两组进行10次分散练习。结果发现，在头25次练习后，分散练习组成绩较好；5分钟休息后，两组成绩无明显差异。[17]显然，这两项研究都认为集中练习组的表现水平下降是由于被试的疲劳所致。

进一步分析结论相反的两类研究后不难发现，在伯恩和阿彻尔的研究中，被试休息后进行的是集中练习，而在施泰马奇和惠特利的研究中，被试休息后进行的却是分散练习。两类研究结果的差异源自用来检验学习效果的练习形式的差异。这似乎表明，若休息后进行集中练习，则分散练习效果好；若休息后进行分散练习，则两种练习形式的效果无明显差异。集中与分散两种练习形式孰优孰劣，可能要看检验其效果的方式而定。

（二）练习的分布对离散动作技能的影响

对离散的动作技能，是采用集中练习好，还是采用分散练习好？就现有的研究证据来看，还难以对这一问题做出明确回答。但初步研究表明，集中练习似乎比分散练习的学习效应好，至少和分散练习一样好。卡伦（A.V.Carron，1967）让被试练习翻转短桩任务。被试从起点处开始，移动44厘米来抓住插在孔中的木桩，然后将木桩翻转过来再插进洞去，最后尽快地回到起点。这是一个离散任务，需要的运动时间为1300～1700毫秒（随操作者技能水平而定）。被试在集中练习（练习间休息300毫秒，每练习10次，休息5秒）和分散练习（练习间休息5秒）两种条件下练习。第一天，没有发现集中练习对表现有何影响。48小时后测量学习时，集中练习的被试比分散练习的被试稍快，但更有理由讲，二者没有差异（1430毫秒对1510毫秒）。[18]

李和吉诺维斯（T.D. Lee & E.D.Genovese，1989）研究了使用离散的动作技能和连续的动作技能完成同一项任务时学习者动作技能学习的情况。他们所用的任务要求在两块金属板之间尽可能以500毫秒的时间移动一支铁笔。所练习的离散技能是在两块板间做单一运动，所练习的连续技能则由20个在两块板间的连续运动组成。对技能的练习分集中练习和分散练习两种。对集中练习，练习间有500毫秒的时间间隔；对分散练习，这一间隔为25秒。实验结果发现，集中练习对学习离散的动作技能是有益的，但对学习连续的动作技能是有害的。[19]

二、部分练习与整体练习

通常，一套完整的动作技能可以分解成同时或按先后次序出现的局部技能。在学习一种技能时，至少有两种练习的方法。一种练习叫整体练习，是从开始到结束完整地对技能进行练习；另一种叫部分练习，是将技能分解成若干部分或环节后分别进行练习。这两种练习方式孰优孰劣？这要视技能的性质而定。

刻画动作技能性质的一个维度是技能的组织性或协调性。这是指技能的各个组成部分之间在时间和空间上是否相互依存。组织程度比较高的技能，其每一个组成动作的操作都依赖于其他组成动作的操作。对这类技能，用整体练习法比较好，如游泳就具有这样的特点，用胳膊划水、呼吸、蹬腿的动作要协调起来构成整体，孤立地练习这些局部动作往往无助于整个技能的学习。布里格斯和布罗格登（G.E.Briggs & W.J.Brogden，1954）让被试在两个维度上（前后、左右）同时和连续定位，这非常类似于飞机上控制飞机飞行的操纵杆。他们发现，在独立维度上的练习可以迁移到整个任务的学习上，但这种练习不如同时练习整个任务有效。[20]组织协调程度较低的技能，构成它的各个局部技能之间不存在相互协调的问题，这时可以采用部分练习法，分别练习该技能的局部技能。如打网球的技能包含托起即将着地的险球、封球、扣球和发球四个局部技能，在比赛时要将这四个局部技能有机地结合起来，灵活地加以运用。但初学者在练习时可分别进行训练，当有了一定训练基础后再把这四个局部技能结合起来练习，这样做更有效。

刻画动作技能性质的另一个维度是动作技能单独受一个程序支配的程度。如果运动非常快，几乎可以肯定地讲，这是由一个动作程序支配的，应当将其作为一个整体来练习；如果运动很慢，而且行动中存在间隙，那么该运动有可能由一个以上的程序支配，这时可以把这种任务分成几个部分来单独练习。如勒斯顿(K.C.Lersten, 1968)让被试学习一个手部的动作，这一动作包含两个迅速而又紧密相连的运动成分：圆形运动成分和线性运动成分，即被试抓住一个手柄，水平转动270度，直到其停下为止，这时再松开手柄，手向前移，推倒一个障碍物。完成这一动作所需的运动时间约为600毫秒。这两种运动成分可由不同的被试分别练习。结果发现，在圆形运动成分上的练习，只有7%迁移到整个任务情境中的圆形运动阶段，线性运动成分上的练习则对整个任务产生了负迁移（约－8%）。总之，练习这些孤立的运动成分对整个任务的学习所产生的正迁移实质上可以忽略。[21]之所以会出现这种结果，可能是因为这一运动的时间很短，是由一个动作程序支配的，因而适合进行整体练习。

整体练习和部分练习各有优点。整体练习可以练习技能各部分间的协调，而部分练习可使学习者集中注意所练习技能的某个环节。有时可以将这两种练习形式结合在一起，充分发挥其优势，提高练习效果。如对于组织性较高而又可以分解为各局部技能的动作技能来说，可以先练习第一部分的技能，在第一部分的技能练习熟练，需要的注意量减少后，可以将第一部分与第二部分结合起来练习，练习中要注意两部分技能的协调。接下来，可以将第一部分、第二部分和第三部分结合起来练习，……直至掌握完整的技能。如蛙泳是一项组织性较高的技能，又由两个相对独立的部分组成：腿部打水和手臂动作。练习时可以分别练习这两个部分动作，而后再尝试将二者结合起来，重点练习两部分动作的协调。

三、身体练习与心理练习

身体实际进行活动的练习，称为身体练习。仅在头脑内反复思考动作技能的进行过程的练习形式，称为心理练习。心理练习不受时间、地点、器械的限制，而身体几乎不会产生疲劳。赫德等人（J.S.Hird et al. 1991）比较了身体练习与心理练习的效果。他们找了12组被试参加实验，6组被试学习桩板任务，把不同颜色、形状的桩尽快塞入板上刻出的方格中。其余6组练习转盘追踪任务。对每项任务，对被试进行前测，而后进行7次训练（安排在不同时间），最后进行后测。100%的身体练习组，每项任务练习8次，100%的心理练习组内隐地练习任务，练习时间与100%的身体练习组一样。其余三组进行综合练习，由2、4、6次身体练习结合6、4、2次心理练习［即75%身体练习（P）：25%心理练习（M）；50P：50M；25P：75M］。控制组在训练期间练习同样时间的一项无关任务。

结果发现，100%心理练习组比控制组更优，但不如100%身体练习组好。此外，混合组的结果表明，用于身体练习的比例越高，学习效果越好。[22]这一研究表明，在任何可能的时候，学习时要尽量选择身体练习。但在不可能进行身体练习的情况下，心理练习是促进学习的有效方法。

需要指出的是，由于动作技能的重要特点之一是涉及实际的肌肉运动，因而真正的动作技能学习必须得有身体练习。心理练习所练习的可能是与动作技能有关的操作步骤（一种智慧技能）。单纯进行心理练习对动作技能学习虽有促进作用，但不能代替身体练习。对此，加涅也明确指出，如果一套操作步骤的有关动作技能没有得到充分练习，那么，光练习操作步骤而不同时练习有关的动作技能，就不能期望这样的练习对整个活动的学习有多大的帮助。[23]

四、练习的变化：随机练习和区组练习

练习的变化（variable practice，又称变式练习）对动作技能的学习也有重要影响。研究发现，在多种情境下进行练习，相对于情境不变的练习条件而言，能更好地促进动作技能的学习。谢伊和科尔（C.H.Shea & R.M.Kohl，1991）让被试学习用握力计生成指定大小的力。实验中的握力计与力的转换器相连。一组被试（标准组）在标准任务上练习100次，每次产生150牛顿的力，另一组（标准＋变量组）在标准任务上接受同样次数的练习，但此外还练习相对于标准任务±25牛顿和±50牛顿的力（即100，125，175，200牛顿）。需要注意，这一变式练习组不仅要做与标准组同样多的练习，而且还要练习标准任务周围的任务——这就混淆了变式练习与额外练习的效应。为此，他们又增加了第三组（标准＋标准组），除了练习标准任务，还要做一些标准任务上的额外练习。这样，练习的总数和变式

练习组相等。结果发现，和其他两组相比，标准+变量练习组在习得阶段，在标准任务上的表现一直很差，但在保持测验上却优于其他两组。[24]

在心理学中研究比较多的变式练习形式主要是随机练习和区组练习。假设有X项任务（或一种任务的X种变式）要练习，每项任务练习N次，有两种安排。区组练习（blocked practice）是先完成第一项任务的N次练习，而后再完成第二项任务的N次练习，……直到第X项任务的N次练习完成为止。随机练习（random practice）是先完成任意一项任务的一次练习后，接下来练习哪项任务是随机确定的，但每项任务练习的总次数仍为N次。如有A、B、C三项任务，每项任务要练习3次，则区组练习的安排是AAABBBCCC，随机练习的安排是CBBACABAC。

这两种练习形式对动作技能学习的影响是否一样？谢伊和摩根（J.B.Shea & R.L.Morgan，1979）做了先驱性的研究。他们让被试学会对不同颜色的灯光刺激做出反应，即尽快地将手臂按一定的运动模式移动到具体的目标位置。所学习的运动模式有三种，每种都由三步组成，而且都相应于一种颜色的灯光刺激。对每种模式，要求被试练习18次，总共有54次练习。区组练习组在练习一种模式前，先完成一种模式的18次练习（将被试分成不同小组以便平衡练习顺序的影响，这样，并不是每个区组的被试先练习同一项任务）。随机练习组每次练习后都随机变换一种模式练习。因变量是完成任务的平均时间，是对灯光刺激的反应时加上完成手臂运动的时间。结果发现，在练习期间，区组练习组的表现优于随机练习组。练习结束后，对所有的被试进行保持和迁移测验。在实施保持测验时，一半被试在10分钟之后将所练习过的模式练习18次，另一半被试则在10天之后练习。18次练习中，有9次是按区组的方式安排三种练习模式（每个区组有3次练习）。另9次则按随机的顺序练习三种模式。在保持测验之后，被试在两种迁移任务上各练习3次。一种迁移任务是由三步组成的新的运动模式，另一种任务则是由五步组成的运动模式。结果发现，在保持和迁移测验上，随机练习组的成绩优于区组练习组，区组练习的学习效应反而不如随机练习（见图7-2）。[25]这说明，区组练习在动作技能的习得阶段有积极作用，但在保持和迁移阶段则不如随机练习，换言之，随机练习对动作技能的学习要比区组练习产生更持久的影响，这一发现被称为情境干扰效应（contextual interference effect）。

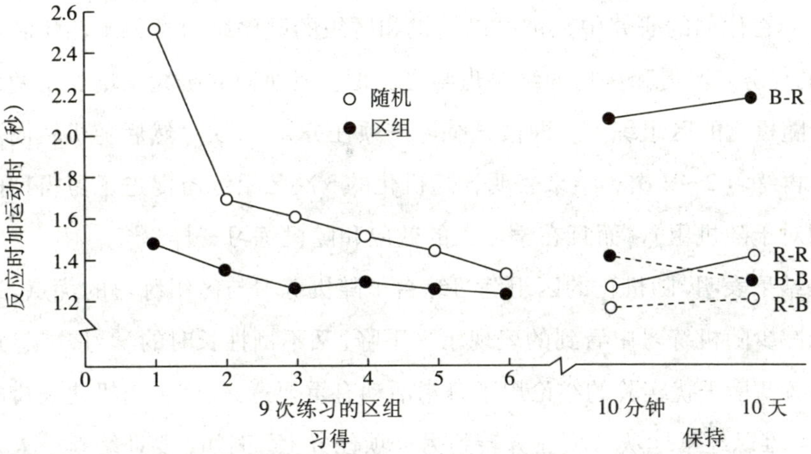

图 7-2 **随机练习与区组练习的学习效应**

古德和马吉尔（S.L.Goode & R.A.Magill，1986）用实验室之外的更现实的任务证实了情境干扰效应。他们让女大学生练习在右侧发球区发羽毛球的动作，要学习的发球动作有三种形式：长球、短球和大力发球。每种发球动作要练习108次，练习为期三周。按区组练习法练习的女大学生，每周只练习一种发球动作；按随机练习法练习的女大学生，在练习前由研究人员随机告知练习的动作。结果发现，随机练习组的保持和迁移测验成绩均优于区组练习组，尤其是在将发球位置由右侧发球改为左侧发球后，随机练习组被试的发球技能保持完好，但区组练习组的被试却不能很好地适应这一新的情境。[26]

当然，练习的变化形式并不仅限于这两种。给定X项任务，每项任务练习N次，有多种安排练习的方式。区组练习和随机练习只是两个极端。李和马吉尔（T.D.Lee & R.A.Magill，1983）研究了介于这两个极端中间的一种练习安排。在他们的研究中，练习在三项任务间轮换，但总是以同样的顺序（如B-C-A-B-C-A-B-C-A）。这样，和随机练习一样，练习是不重复的，但下一个练习的任务又是可以预测的，这一点类似于区组练习。结果发现，进行这种练习的被试，其表现基本上与随机组的表现一样。[27]这说明，区组练习的重复性是促进表现和抑制学习的关键因素。

随之而来的一个重要问题是，中等程度的练习重复性安排是否对表现与学习都有益。艾尔阿默尔和图尔（H.Al-Ameer & T.Toole，1993）的研究证实了这种可能性。在他们的研究中，被试以随机和区组的顺序练习类似于谢伊和摩根（1979）的任务，习得和保持的结果也与之类似。但他们的研究又增加了两组被试，进行随机化的区组练习，即被试练习一项任务 2～3 次，然后随机转向另一项任务，再练习 2～3 次。结果表明，随机化的 3 次区组练习促进了习得期间的表现（相对于随机组），而且在学习上的效应和随机练习一样。[28]

这些结果表明，随机化的区组练习综合了随机练习与区组练习的优点，这样有可能既减少随机练习中看到的表现水平下降，又不牺牲长时的学习效应。这些结果对于将情境干扰实验的结论用于日常活动有重要意义。完全随机化安排的一个缺陷是，难以经常地从一项任务转到另一项任务上。例如，要训练新工人几项技能，如果这些任务要在不同的厂房完成，那么，在练习新任务前做一些区组练习是合乎逻辑的。

五、过度练习

动作技能的练习不仅指练习的形式，也包括练习的量。为达到动作技能学习的一定标准，需要的最佳练习量是多少？在这一问题上，心理学有关过度练习的研究可以给我们有益的启示。所谓过度练习是指达到特定操作标准所需练习量以外的附加练习。如某项技能，需要练习 200 次才能达到掌握标准，练习 200 次以后再进行的练习就属于过度练习。梅尔尼克（M.J.Melnick，1971）的研究说明了过度练习的量对动作技能学习的影响。在其研究中，被试学习在一个稳定性测量仪上保持平衡，要求达到的标准是在50秒内至少保持28秒。在达到这一标准后，四组被试分别按下列练习量进行过度练习：0%，50%，100%，200%。而后所有被试在练习结束一周和一月之后进行两次保持测验。结果发现，进行了过度练习的三组被试的保持成绩优于没有进行过度练习的被试，而且 50% 的过度练习组与 100%、200% 过度练习组的成绩没有显著差异。[29]这说明，过度练习对技能的掌握与保持有积极作用，但并不是说过度练习量越多越好，可能存在一个最佳的过度练习量（根据上述研究，这一最佳的过度练习量可能是50%的过度练习），超过这一最佳练习量的过度练习，对技能的学习可能就没有多大促进作用了。

反馈与动作技能学习

与运动有关的信息分两类：一是在运动之前得到的，二是在运动之中或运动之后得到的。在运动之前，我们会得到一些有关所学习的动作技能的信息，如动作技能练习前的言语指导和示范。在运动之中或运动之后会得到运动产生的信息，如感觉到的、听到的、看到的及运动在环境中产生的结果，这种信息通常叫做运动产生的反馈，简称反馈。许多研究者认为，反馈是仅次于练习的、影响动作技能学习的重要因素。

一、反馈的分类

反馈可分为固有的反馈［inherent feedback，有时叫内反馈（intrinsic feedback)］和增补的反馈（augmented feedback）两种。

（一）固有的反馈

通过各种感觉通道，练习者可以获得自己运动的许多方面的信息，这些信息形式是由具体的运动所产生的，称之为固有的反馈。固有的反馈是练习者不依赖外来帮助而通过自己的感觉通道可以获得的反馈。它可以是练习者在执行某个动作时肌肉中的动觉感受器提供的感受，如在做了一个错误的潜水动作后所感觉到的刺痛感；也可以是练习者对自己行为结果的直接观察，如练习者在投篮中可以看到球是否投中。

在许多情境中，固有的反馈可以很容易地得到：我们能看到球拍没有击中球，或者在溜冰时能感觉到自己摔倒了。但有些固有反馈不大容易识别，如学体操时，需要学会感觉关节在某个运动中是否弯曲。

（二）增补的反馈

增补的反馈是由教师、教练或某种自动化的记录装置提供给练习者的反馈信息，通常是在练习者得不到固有反馈信息时给予的，是对固有反馈的增加和补充。如当你的车超速时，你会接到蜂音器传来的信息——这种信息通常在开车时是得不到的。增补的反馈可以从不同维度进行描绘：①同时性与终结性反馈。前者是在运动之中给予的（如赛车手从速度计中得到的关于赛车速度的信息），后者是在运动完成之后给予的（如体操运动员的得分）。②即时性的和延迟性的反馈，这是从给予时间上做的区分。③言语的（或能言语化的）与非言语的（如蜂音器指示车速过快）。常见的增补反馈主要有如下两种：

1.结果的知识

结果的知识（knowledge of results，KR）是关于环境中目标达成状况的增补的、言语式的（或可言语化的）、终结性的（即运动后的）信息。如教练讲“这次你没有击中目标”。结果的知识可以很具体，也可以有一定概括性，还可以包括诸如“很好”之类的奖励成分。需要指出的是，结果的知识是关于环境目标的运动结果的反馈，不是关于运动本身的反馈（如你的胳膊弯了）。结果的知识是增补的，有时也会重复固有的反馈（你没有击中）。

2.表现的知识

表现的知识（knowledge of performance，KP）是关于学习者做出的运动模式的反馈信息（如你的胳膊弯了）。表现的知识更多地是教员提供给学生的，旨在改正错误运动模式的反馈，而不是环境中的运动结果。表现的知识还可指被试模糊意识到的运动的一些方面，如在复杂运动中某个手臂的动作；还可指被试通常意识不到的身体中的过程，如血压或具体运动单元的活动——通常叫做生物反馈。比较常见的一种表现的知识是录像回放。这是把练习者练习的过程录制下来，再回放给练习者。研究发现，通过录像回放提供给练习者的信息太多，特别是对复杂的技能而言，观察者往往不知道哪些细节是重要的。如果使用一定的线索、指引或教会被试在录像回放期间注意自己动作的某些方面，会促进动作技能的学习。

结果的知识和表现的知识都是增补的反馈。在研究中，一般不对这两种反馈做细致区分，有关结果的知识的研究结论也同样适用于表现的知识。

二、反馈的作用机制

运动之中和之后获得的反馈对动作技能的学习有何作用？早期的观点认为，在动作技能学习中呈现的KR就是动物学习中呈现的奖励，会强化所练习的技能。后来的研究发现，这种观点并不正确。在动物学习研究中，不呈现奖励，动物所习得的行为就倾向于消退；延迟给予奖励，会极大地削弱动物习得的行为。但在人类的动作技能学习上，不呈现KR，被试倾向于重复而不是排除所学习的运动；延迟呈现KR对动作技能的学习也没有影响。

专栏7-4

KR与奖励

洛奇和桑代克（I.Lorge & E.L.Thorndike）1935年经典的研究说明了KR所起的作用与奖励有别。他们要被试朝某一目标投球，共练习40次。在被试投球和提供KR之间分别插入0，1，2，4，6秒的延搁。结果发现，延搁期的长短对成绩没有任何影响，延迟0秒所导致的成绩并不比延迟6秒的成绩更好。[30]这说明，对人类的学习而言，KR不能等同于动物学习研究中的奖励。

在信息加工取向的认知心理学的推动下，动作技能研究者逐渐认识到反馈的信息价值，开始把反馈看做是有待进一步加工的信息。在这种思想指导下，为研究和分析的方便，研究者区分了动作技能的两次练习期间对反馈的信息加工有密切关系的两个时间段：KR延搁和后KR延搁，如图7-3所示[31]：

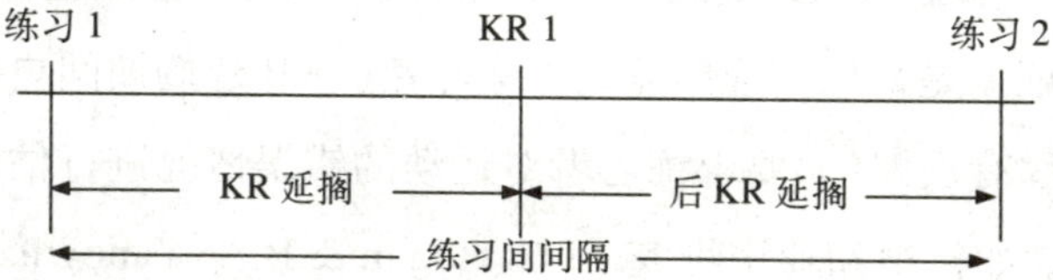

图7-3 KR研究中的时间间隔

KR延搁是从某次练习结束到本次练习的KR呈现的时间间隔，在这期间，练习者对操作完成后所获得的固有反馈进行加工。后KR延搁是从某次练习的KR呈现完毕到下一次练习开始的这段时间间隔，在这期间，学习者对固有反馈和增补反馈之间的差异进行比较、解释，并计划下次应如何操作。这一系列的信息加工活动的最终目的是形成成功且稳定的动作反应以及觉察自己运动错误的能力即觉错能力。觉错能力是练习者将练习后所获得的固有反馈与已习得的正确参照进行多次比较后形成的。在练习初期，练习者对自己获得的固有反馈信息是否反映了正确的动作技能把握不准，这时KR提供的信息就很好地发挥了信息作用，练习者可以据此判断自己获得的固有反馈是否是正确执行了动作技能的结果，并能指导练习者矫正其错误的反应。但KR的信息作用还有不利的一面，这一面通常是在练习的后期体现出来的，即KR会使学习者过分依赖KR提供的信息，而不去进行有助于技能保持的其他信息加工活动，如感知并自己判断固有反馈的正误。此外，每次练习后都参照KR来修正所学习的技能，也不利于学习者形成独立而稳定的动作反应。这样看来，我们既要利用KR对动作技能学习的促进作用，也要防止它的消极作用。

有多方面的研究证据支持上述反馈作用的信息加工解释。一方面的研究证据是在KR延搁期间插入其他活动，干扰练习者对固有反馈的加工，这会对动作技能的学习产生干扰作用。如谢伊和尤普顿（J.B.Shea & G.Upton，1976）让被试蒙住眼，要求他们在移动一对钢棒上的手柄时，每次做两个独立的线性反应。第一个反应要求运动100毫米，第二个反应要求运动200毫米。完成第二个反应约30秒后，给所有被试提供第一个和第二个反应的定量的KR。在30秒的KR延搁期间，控制组静静地坐着，实验组被试则被要求做出两个不同于刚才练习的额外反应。所有的被试都练习21次，休息2分钟后，进行12次不提供KR的保持练习。结果发现，在接受KR之前的延搁期间若插入额外的运动，被试的成绩要比不插入这种运动更差。[32]

另一方面的证据是采取相应措施，让练习者在KR延搁期间更多地注意自己的运动所产生的固有反馈(如要求练习者对运动的错误情况进行估计)，这会促进动作技能的学习。如霍根和亚诺维茨（J.C. Hogan & B.A. Yanowitz，1978）要求一组被试在限时爆发（ballistic timing）任务中，在接受每次练习的KR之前估计自己的错误，对另一组则不要求估计自己的错误。在提供了KR的习得阶段，两组无实质性差异，但在没有KR的迁移测验上，进行错误估计的被试几乎完美地保持了表现，而没有进行估计的被试则在练习中出现了系统的回退。[33]

还有一方面的证据是在后KR延搁期间插入认知性的活动会干扰动作技能的学习。在本尼德提和麦卡拉（C.Benedetti & P.McCullagh，1987）及斯温内（S.P.Swinnen，1990）的研究中，前者采用的干扰活动是让被试解数学题，后者是让被试猜测实验者在后KR延搁期间进行的操作杆运动任务的运动时间误差。两个研究都发现，插入的这些活动干扰了动作技能的学习。[34]

此外，还有证据表明，学习者将增补的反馈用做信息，以构建指导运动的内部计划或程序，一旦形成了正确的内在计划或程序，就不再需要增补的反馈了。如纽厄尔（K，M.Newell，1974）让被试练习移动一个杠杆9.5英寸，共练习75次。第一组被试每次练习后都收到反馈（全反馈组）；第二组被试在前52次练习中收到反馈，但最后23次练习中没有收到反馈（52次反馈组）；第三组被试在前17次练习中收到反馈，但在最后58次练习中未收到反馈（17次反馈组）；第四组被试只在前2次练习中收到了反馈（2次反馈组）。结果发现，全反馈组和52次反馈组的成绩差不多。这说明，在52次练习后，被试已获得了一个内在的程序来指导如何生成正确的反应，因而外在的增补的反馈就不再需要了。但在学习的早期移去反馈时（如在2次或17次练习后移去），成绩反而下降，这说明，被试还未形成一种判断固有反馈正误的内在程序，因而一旦移去外在的增补反馈，他们就不知所措。这些结果说明，提供反馈后，学习者要做的信息加工活动是建构一个认知计划以判断固有反馈的正误和生成下一次正确的反应。[35]

三、增补反馈的提供

练习期间学习者对反馈的信息加工活动是教师或教练提供有效反馈的基础。下面提出的一些提供反馈的建议都着眼于促进学习者对反馈信息的加工，并得到了实验研究的支持。

（一）既呈现错误的方向，又提供错误大小的结果的知识，效果最好

这一建议涉及结果的知识的准确性，即反馈信息的准确程度。如被试做出10厘米的运动，而实际运动是10.13厘米，那么，可以多种方式呈现KR。首先可以质的方式呈现——错或对。在错的情况下，可以更准确地讲长或短，还可以更准确地讲“错1”，指错了1毫米，或者讲“长1.3”，指长了1.3毫米，当然，还可以比这更精确。由于KR在练习间间隔是作为固有反馈对照的标准，因而这一标准的准确与明确十分有利于练习者区分出正确的和错误的固有反馈。

特罗布里奇和卡森（M.H.Trowbridge & H.Cason，1932）的研究支持了这一建议。他们让四组被试练习画3英寸的线条100次，一组被试从未收到画的结果的知识，另一组在画线后收到无意义的音节（控制条件），第三组以对或错的形式

收到质性的结果的知识（误差在1/8英寸以内为对），最后一组收到准确的、方向性的结果的知识，即偏离目标长度有多少个1/8英寸。在练习之后立即进行的不提供结果知识的保持测验上，准确的KR组和对错式的KR组要比无意义的KR组及无KR组的准确率要高，而且，准确的KR比对错式的KR的效果更好。[36]这说明，准确定量的KR要比定性的KR的学习效果好。

小贴士

思考一下专栏7-5的研究与反馈的信息加工机制之间的关系。

专栏7-5

KR的准确性与学习效果

在上述研究基础上，自然冒出的一个问题是，提供的KR越准确，其效果是否越好呢？为此，罗杰斯（C.A.Rogers，Jr.）1974年做了一系列实验来研究这一问题。在其研究中采用的是一项测微仪定位安置任务，被试必须学习旋转一个把手（与隐藏的测微仪相连）一定的圈数。四组被试接受的KR在所提供的信息的准确性上有差异。给第一组被试提供的是一个质性的KR（“太远”或“太短”），给其余三组提供的是定量的KR，不过一组提供的KR精确到个位，一组提供的KR精确到小数点后第一位，还有一组的KR精确到小数点后第三位。要求被试进行10次习得练习，所有组的成绩在训练期间都有提高，但成绩最好的是接受的KR精确到小数点后第一位的那一组，其次是KR精确到个位的那一组，而接受的KR精确到小数点后第三位的一组与接受质性KR的一组成绩很接近。这一研究表明，在提供的KR的精确程度上存在一个节点，超过这一节点，再精确的KR的效果可能不是很好。

但在罗杰斯的另一项实验中，他重复了刚才的实验，不过延长了被试接受KR后的时间间隔（即后KR延搁）。结果发现，接受的KR精确到小数点后第三位的一组比其余两组（即KR精确到个位、小数点后第一位的两组）成绩都好。[37]这似乎说明，后KR延搁的延长，为被试提供了更多的加工KR的时间，而在第一次实验中，被试可能缺乏足够的时间来加工KR。看来，在KR的准确性与用于加工KR的时间之间存在相互作用，因而提供何种精确程度的KR效果最好，可能要取决于学习者用于加工KR的时间。

（二）练习期间不宜频繁地呈现 KR

许多研究表明，在练习的起始阶段要经常提供 KR，在接近练习的结尾时，要逐渐减少KR的呈现。普罗蒂奥和马蒂纽克（L.Proteau & R.G.Marteniuk, 1993）的研究从反面说明了这一观点。他们让被试练习射击瞄准动作，练习期间被试可以看到自己的动作（一种表现的知识）。但在 200 次、2000 次的练习之后，取消了视觉反馈。结果发现，在 2000 次练习后取消视觉反馈比在 200 次练习后取消视觉反馈导致被试的操作准确性更差。这说明，被试不仅没有减少对视觉反馈的依赖，反而加重了对其依赖的程度。后来又在练习 100 次、1300 次、2100 次后取消视觉反馈，也得出了相同的结论。[38]

小贴士

回想一下上文纽厄尔的研究与这里所提观点的关系。

为什么不宜频繁地呈现 KR 呢？施米特（R.A. Schmidt）认为，当每次都提供 KR 时，这一条件对表现十分有效，但被试会过分依赖这种信息，实际上并未对这些信息进行加工，而这种加工对于以相对持久的方式学习任务是必需的。但接受 KR 相对较少的被试，从 KR 中并未获得如此好的表现的改进，这样就被迫在习得阶段进行这种加工，从而学到了完全不同的一些东西，如觉察自己错误的能力。这种学习在习得阶段表现不出来，但在延迟的没有 KR 的迁移测验上能表现出来。根据这一假设，如果目标是在以后能够进行没有 KR 的运动，那么，在习得阶段呈现太多的 KR 是有害的。

（三）结果知识的范围较大时，能有效促进学习

这里的结果知识的范围，又叫表现的带宽（performance bandwidth），是指在提供增补反馈的情境中，可以接受的操作错误的范围。当操作所犯的错误较小，是可以“容忍”时，其错误就处在带宽之内，可以给被试提供“正确”或“对”之类的质性的KR。当错误的量超过了这一范围时，就提供错误大小与方向的KR。较大

的结果知识范围与较小的结果知识范围相比，前者给学习者提供的KR要少，这样就迫使学习者过多地注意并加工固有反馈的信息，从而促进了动作技能的学习。

舍伍德（D.E.Sherwood，1988）的研究支持了这一论断。他让被试尽量在200毫秒内做屈肘运动。对控制组被试，每次练习后都告诉他们准确的运动时间。对另两组被试，当他们的运动时间超过200毫秒的±5%或±10%时，才给他们提供运动时的KR，对这一范围之内的表现，只告诉被试将其解释成“正确”即可。结果发现，用无KR的保持测验测到的学习与KR范围的大小正相关，也就是说，范围越大，学习效果越好。[39] 有人猜测，可能存在一个最佳的范围大小，但尚无研究指出这一大小。

（四）宜由学习者来决定何时呈现结果的知识

这是指在被试完成一项运动任务过程中，只有当他们想得到增补的反馈时，才给他们提供反馈。之所以这样做，是因为被试练习完某项技能后，要将固有反馈的信息与KR进行比较，以判断固有反馈信息的准确性。当学习者对固有反馈信息的正确性不确定时，就需要外部的客观的标准，这时呈现KR就能最佳地发挥KR的信息作用。但当学习者能自己判断固有反馈信息的正误时，就没有必要再提供KR了。贾内尔等人（C.M.Janelle et al.，1997）的研究支持了这一建议。他们让大学生练习向地面上的目标低手投掷高尔夫球。一组学生（自我调节组）在200次练习中按自己的意愿要求提供KP，另一组在自我调节组的被试获得KP时，不管他们是否需要，也相应提供KP。结果发现，自我调节组的被试的投掷技术和精确性优于被动接受KP的被试。[40]

（五）每次练习过后不宜立即呈现本次练习的KR

在呈现KR时，通常是在一次练习结束，下次练习开始之前呈现。但如果在练习序列中，延迟呈现第一次练习的KR，即第一次练习后紧接着进行若干次练习，而后再呈现这次练习的KR，这样会有什么效果呢？莱弗里（J.J.Lavery，1962）让被试练习朝某个目标推球，有三种提供KR的方法。一是每次练习后都给予，这组被试称做“立即组”。二是在20次练习完成后，再呈现每次练习的表现状况，但每次练习后不给KR，即结果的知识延迟呈现，练习1的KR被其他

19 次练习隔开，练习 2 的 KR 被其他 18 次练习隔开，这组被试称做“总结组”。三是每次练习后提供KR，而且20次练习后也总结性地给20次练习提供反馈，这组被试称做“合并组”。所有被试先进行一天没有 KR 的练习，而后在上述条件下分别练习 5 天。

在习得阶段，总结组正确练习的数目远低于其他两组，合并组相对于立即组而言，其表现并未有多大改进。这说明，表现的决定因素是立即呈现的KR。在第7、8、9、10、37、93 天的时候进行不提供 KR 的迁移测验。结果，总结组最为准确，其他两组最不准确。而且，后两组在没有KR的连续练习时也丧失了准确性，而总结组则没有。这一效应持续到第 37 天，第 93 天的时候实质上已经消失。[41]

施米特等人认为，并不是总结性的KR对学习有益，而是练习后立即给予的KR 对学习有害。立即性的 KR 给学习者提供了太多的信息，使他们过分依赖这种信息，这样，学习者就不会被迫去学习撤去KR后对表现十分重要的信息加工活动。

本章小结

动作技能是一种重要的学习结果，其执行必须涉及实际的肌肉运动。可以根据动作技能开始和结束的特征将其分为连续的、离散的及系列动作技能；根据其执行时所处环境的特点，可将其分为封闭的和开放的动作技能。金泰尔的两维分类有助于我们更细致地描述动作技能及确定动作技能的难度。

动作技能的学习涉及内在运动能力的持久变化。这种变化要通过表现的持久变化推测出来。判断某项学习任务是否是动作技能学习，关键是分析学习者在学习任务之前与之后的变化是什么。费茨和波斯纳将动作技能的学习划分为认知、联系形成和自动化三个阶段，较全面地刻画了动作技能学习的过程。

教师的示范和指导对学生动作技能学习的认知阶段有重要促进作用。示范和指导要能调动和促进学生对动作技能的注意和理解。

练习是影响动作技能学习的最重要因素。不同练习形式的效果往往要视所学习的动作技能的性质而定。分散练习和集中练习对连续的和离散的动作技能有不同影响；部分练习与整体练习的效果要看动作技能各成分间是否存在协调的问题而定；随机练习在动作技能保持和迁移上的效果优于区组练习。此外，动作技能的学习要尽量采用身体练习，必要时也可采用心理练习。过度练习是动作技能达到自动化所需要的。

反馈对动作技能的学习也有重要影响。反馈作用的发挥需要学习者对反馈信息进行主动的认知加工，反馈的提供时间、精确程度、呈现方式等问题都要从促进学习者对反馈信息的加工角度进行考虑。

重要术语

动作技能	开放的动作技能	连续的动作技能	指导
示范	练习	集中练习	随机练习
情境干扰效应	心理练习	部分练习	过度练习
反馈	固有的反馈	增补的反馈	KR 延搁
后 KR 延搁	觉错能力		

思考题

1. 以情境干扰效应的研究为例，说明什么是动作技能的学习以及如何测量这种学习。
2. 试述动作技能学习的阶段与影响动作技能学习的因素之间的联系。
3. 小学体育教师要让小学生练习三种投篮动作：高手投篮、低手投篮和肩侧投篮。体育课每周两节，分别在周二和周五上午。根据教学进度的安排，三种投篮动作的教学时间为三周。请为该教师安排一个教学日程，以充分发挥在6节体育课（每节课40分钟）上的练习效果。
4. 在体操练习房，我们经常会看到一面墙上装有大镜子。根据本章有关动作技能学习的原理，回答下列问题：（1）安装镜子的作用或目的是什么？（2）请对在体操房安装镜子的必要性发表你的看法。
5. 用自己的话阐述反馈促进动作技能学习的机制。

第八章

态度的学习

学习目标

- 举例说明态度的含义
- 陈述态度与品德、价值观的关系
- 陈述态度与行为的关系
- 举例说明态度学习的两种方式
- 能为教师的态度教学提供若干建议

我们培养的人才，不仅要具有丰富的专业知识的技能，还要具有良好的态度与高尚的品德，即要培养“德才兼备”的人。前面几章重点论述了知识、技能的学习问题，本章论述态度与品德的学习规律。

态度的含义

一、态度的定义

态度是人们经常使用的一个术语。我们常说某人工作态度认真、参加集体活动态度积极、认错态度较好等，在这些情境中使用的“态度”一词，描绘的是个体的心理状态。心理学在对态度进行界定时也是将其作为内部心理状态来对待的。如罗森堡和霍夫兰（M.J.Rosenberg & C.J.Hovland）1960年将态度界定为“对某类刺激以某些类型的反应做出回应的心理倾向”[1]。加涅1985年将态度界定为“影响个体对一类人、客体或事件的行为选择的一种习得的内部状态”[2]。相比之下，这两个界定大同小异，都认为态度是一种内部状态，其作用是让个体对一类的对象做出特定类型的反应，不过加涅的界定中更明确地指出了这一类对象是什么，并将个体的反应用行为选择来描述。本书采用的是加涅的态度定义。

为说明态度的这一界定，我们以“尊重残疾人”这一态度为例。“尊重残疾人”的态度指向的对象是一类人，既包括身体残疾的，也包括心理残疾的；既包括盲、聋、哑，也包括肢体残缺的人。总之，针对的对象不是具体某个残疾人士，而是“残疾人”这一概念的所有例证。对这类态度的对象要有尊重的态度，就需要我们具有如下的内部态度或心理倾向：残疾人在人格上与正常人是平等的，对残疾人不能讥笑、嘲讽，在残疾人需要的情况下要尽可能地给他们提供帮助。这些不同的反应或反应倾向虽然表面看来各不相同，但都可归入到同一个类别中：尊重残疾人的行为。因而，态度就是对一类对象做出的一类反应的内部倾向。

罗森堡和霍夫兰进一步指出，个体对某类刺激做出的反应主要有三种类型：认知的、情感的、行为的。因而他们认为态度是由认知、情感、行为三种成分构成的。这一观点得到了大多数心理学家的认可。态度的认知成分是个体对态度的对象所持的带有评价意义的观念和信念。态度的情感成分是个体伴随认知成分而产生的对态度对象喜爱或厌恶的情绪、情感。态度的行为成分指个体对态度对象企图表现的行为倾向，即准备对特定对象做出某种反应。如对于他人浪费水、电、纸张的行为，个体会认为这种行为不珍惜我们共有的自然资源，这是对态度对象的认知成分。而后看到别人浪费水、电、纸张，个体心里愤怒、惋惜的情绪则属于态度的情感成分。而对于浪费的行为，个体想去劝阻、制止的行为倾向则属于态度的行为成分。态度的这三种成分通常是协调一致的，但有时也会出现不一致的情况。如个体虽然认识到了浪费的行为不好，但在日常生活和工作中浪费起水、电、纸张来毫不犹豫，而且也不觉得愧疚。

二、态度与相关概念的关系

（一）态度与知识技能

在加涅的学习结果分类体系中，态度是与言语信息、智慧技能、认知策略、动作技能相并列的一种学习结果。与涉及知识、技能的学习结果相比，态度有其明显的特点。知识技能涉及的问题是“能不能”，即能不能陈述事实，能不能按一定规则表现出一定的行为。而态度则涉及“愿不愿”的问题，即个体愿不愿意选择特定的反应。如对于未关紧而滴答流水的水龙头，有些人视而不见，这不是由于这些人不具有关紧水龙头的相关知识和技能，而在于他们缺乏节约用水的态度。关紧水龙头只是举手之劳，这种事幼儿都能做到，正常的成人对之视而不见，我们只能用态度而不是能力来解释了。

小贴士

老师批评未按时交作业的学生：作业做得好不好是能力问题，交不交作业是态度问题。老师的这一评论也生动地为我们说明了态度与知识技能的区别。

（二）态度与价值观、品德

态度与价值观、品德常常相提并论，这说明它们之间有某种密切的联系。价值观是一种理论化、系统化的评价意识，具有一定的稳定性，一旦形成便作为传统的力量而在相当长的时期内影响个体的行为。品德是个体依据一定社会的道德原则或规范行动时表现出来的稳定的心理特征和倾向。如“诚信”、“守法”是个体的价值观或品德，与“节约用水”、“尊敬老人”等态度有所区别，其突出的差别在于价值观、品德是相对稳定的，而且涵盖的内容较广。

但这种区别并不是实质性的区别。克拉斯沃尔（D.K.Krathwohl）等人认为，态度可有不同的内化程度。内化的最低水平是接受，即注意，如学生愿意听老师宣讲雷锋精神；第二级水平是反应，即超出单纯注意的一种行动，如学生愿意参加学校组织的向雷锋学习的活动；第三级水平是评价，即行动后获得满意感，赋予行动以价值，并显示出坚定性，如学生刻苦学习新的写作类型；第四级水平是组织，即价值标准的组织，通过组织判断各种不同价值标准间的相互联系，克服其间的矛盾与冲突；第五级水平是性格化，即价值性格化。上述价值内化的五级水平，也就是态度变化发展的水平，只有价值内化到最高级水平的态度，也就是价值标准经过组织成为个人性格系统中的稳定态度，方有可能称为品德。从这一观点看，价值观与品德实质上是内化程度较高因而较为稳定的态度，它们的实质是一样的。加涅等人也认为，价值观、品德反映的是更为一般、更为广泛的态度，在内容上这些态度的表现形式有很大差异，但就其形式、功能而言，它们都影响“趋”或“避”的行为，即影响个体的行为选择，因而可以用“态度”一词来加以概括。[3]本书也认同这一观点，将价值观、品德作为态度来对待。

（三）态度与行为

态度与行为的关系一直是心理学研究的重要课题。这两个概念有所区别但又存在复杂的联系。首先，态度不是行为。态度是一种内部的状态或反应的倾向，不能被他人直接观察到；而行为则是具体的外显的，可以为他人观察到。其次，态度与行为的关系也不是用态度决定行为所能概括的。虽然态度这种内部状态要通过外部的行为来进行推测，但态度与行为之间的关系并不像智慧技能与其相应行为那样一致和明显。态度和与之相应的行为之间常常缺乏一致性，心理学家对此给出了几种解释。

一种解释认为态度与行为之间缺乏一致性是因为对态度和行为的测量缺乏效度。态度一般是用问卷的形式进行测量。有的问卷陈述的是他人的行为，想以此来测量被测试者的态度，而实际上被测试者可能是在对问卷中涉及的人的态度进行判断，因而测量的可能就不是被测试者的态度。如某态度问卷中有这样一句陈述：一个做实验时漫不经心的学生是不喜欢科学课的。①非常同意；②同意；③不确定；④不同意；⑤极不同意。这一题目测量的可能是题目中做实验漫不经心的学生的态度，而不是被测者的态度。这样，问卷测得的态度与被测试者的行为的相关性就降低了。

还有人认为，态度与行为的不一致源于测量态度与行为的具体水平不一致。如对态度的测量是在很一般的水平上进行的，而测量的行为却是非常具体的，这就导致二者的相关很低。如态度问卷中的题目涉及的是对残疾人的一般态度，而测量的行为则是在特定的时间、特定的地点对待特定类型的残疾人的态度，一般态度与特定情境中的行为之间关系很复杂，这导致二者的相关很难提高。菲什拜因和阿金（M.Fishbein & I.Ajzen）指出，对行为可以从如下四方面进行分析：①行动，即做了什么；②目标，即行动针对的人或物体；③情境，即采取行动的物理场景；④时间，即行动执行的时间。他们认为，对态度的测量与对行为的测量若在上述四个方面对应得越密切，则态度与行为的一致性就越高，反之则越低。有研究支持了他们的这一论断。如戴维森和杰卡德（A.R.Davidson & J.J.Jaccard）考察了态度测量和一种相当具体的行为测量（即被试是否在两年内使用避孕药具之间的关系）。态度是在两年期的研究开始时测量的，行为是在研究期结束后测量的，不同的态度测量和行为测量间的相关如下：对计划生育的态度，r=0.08；对避孕药具的态度，r=0.32；对使用避孕药具的态度，r=0.53；在接下来的两年内使用避孕药具的态度，r=0.57。[4]显然，随着对态度的测量越来越具体，它与具体行为之间的相关也越来越高。

另一种解释认为，态度的可提取性影响态度与行为的关系。态度的可提取性是态度对象和评价反应之间联系的强度，可以用个体针对态度对象做出评价反应的潜伏时间来衡量。潜伏时间越短，说明态度越易于被提取出来。如果个体在面对某一态度对象时易于提取出相关的态度，则态度与行为间的一致性就趋向于提高，反之会降低。

三、态度的测量

态度是一种内部的状态或倾向，那么，我们如何知晓和测量这种内部状态的变化呢？一种方式是通过对个体行为的观察来进行推论。对行为的观察也有一定要求。一是要在个体不知道被观察的情况下观察其行为，这样的行为能较为真实地反映个体的态度。二是要在许多不同情境中观察某一类别行为的大量例子后，才能做出有关态度的推论。这是因为态度涉及对一类对象做出一类的反应，因而要在涉及同一态度对象的不同情境中看个体是否表现出某一类型的行为。这就是说，我们不能根据某个人某次关水龙头的行为就推断他具有节约的态度，而应当观察他在用电脑、电灯的情境中，在使用纸张的情境中，以及在其他一些类似情境中是否表现出了节约的行为（如离开办公室关灯、关电脑，正反两面使用纸张等一系列行为）来判断他的节约态度。三是在态度的对象或对象出现的情境相对稳定的情况下，可以通过观察个体在一定时间内行为选择的频率来推断其态度。如在课堂上，在学生不知情的情况下，观察他两个月内帮助同学的行为频率，据此判断该生帮助同学的态度是否形成或改变。

另一种测量态度的方式是基于问卷的个体自我报告。通过对个体行为的观察有时不可行，如测量个体对待残疾人的态度，需要对个体日常生活中对待残疾人的行为进行观察，这种观察显然很难进行，我们不可能一天24小时追踪某个人。在这种情况下，通常通过问卷来测量个体的态度。这类问卷一般是先描述某种态度表现的情境，而后要求个体自己报告选择哪种行为。如“当你下班时，你发现自己电脑显示器还没有关上，你会选择的行为是什么？”需要注意的是，这种方法测量的只是态度的认知成分，而且被试在测量中会做出一些虚假的选择。

态度的学习

有关态度的学习历史上出现了许多理论观点，这些理论大都是基于实验室的研究而提出来的，很难用来解释学校教育情境中学生的态度学习。本节重点介绍基于社会认知论的态度学习理论，这一理论能较好地解释现实生活中学生的态度学习。

一、解释态度学习的一种理论——社会认知论

（一）社会认知论的提出

社会认知论是美国心理学家班杜拉（A.Bandura）提出来的。这一理论有广泛的适用性，可以解释技能的学习、学习动机的激发，也可以解释态度的学习。班杜拉的社会认知论的提出有一个过程。他早年学习的是行为主义心理学，他认为，行为主义对学习的解释虽然准确，但不完整。个体可以从自己的行为后果中

进行学习，但也会从对别人行为的观察模仿中学习，后一种学习为行为主义心理学所忽视，因而班杜拉早期的研究便集中于社会行为，探讨对他人行为的观察对个体学习的影响。他在这方面工作的理论总结叫做“社会学习论”。由于他关注了行为主义未关注的问题，也有人将班杜拉看做是新行为主义者。

后来，班杜拉又开始关注信息、预期、自我知觉之类的学习者内部认知因素的作用，于是他的理论名称也从“社会学习论”发展成了“社会认知论”，可以说，这时班杜拉的理论离行为主义越来越远，而离认知主义越来越近了。社会认知论的核心是强调个人、行为、环境三种因素之间的相互决定、相互影响的性质，因而这一理论又叫“三方相互决定论”。

社会认知论是围绕“人的社会行为受什么因素决定”这一问题发展起来的。对这一问题，心理学史上曾出现两种对立的观点。一种观点认为人的行为完全受制于外部环境和刺激，如激进的行为主义所认为的。另一种观点认为人的行为受个体内在的特质支配，这些特质会对个体某些行为方式产生广泛而持久的影响。如性格上具有内倾倾向（一种人格特质）的人，在社会交往行为的频率上会更少。班杜拉并不认同这两种极端的观点。如对于第一种观点，班杜拉指出，个体的行为并不受来自环境的后果所控制，相反，个体根据来自环境中的后果的规律性而形成信念，并以此信念来调节行为。[5]对于第二种观点，班杜拉引用大量研究结果指出，人格特质的测量与人的社会行为只有很低的相关，即使二者有显著关系，特质也只能解释10%的行为变异。而且，某一种特质对个体行为的决定作用要视具体的情境而变，如有侵犯性的青少年对比他弱小的儿童会表现出侵犯行为，但对比他强壮的青少年则表现出屈从行为，之所以会这样，是因为不同情境下行为的后果是明显不同的。

由此可见，班杜拉虽然不同意这两种极端的观点，但又没有完全抛弃和否认这两种观点，因为强调环境对行为决定的极端观点需要用个人的因素来补充，而强调特质决定行为的极端观点又需要环境因素来补充。环境和个人内在的因素在决定个体行为中都有各自不可或缺的作用。基于这一认识，班杜拉在综合考虑这两种因素作用的基础上，提出了他的主张，这就是社会认知论。

（二）社会认知论的基本观点

社会认知论认为，个人、行为、环境三者之间存在一种相互决定的关系，这种关系可用图 8-1 表示。

图中的环境因素主要指个体之外的其他人的行为，包括教师的教学、反馈以及为个体提供的榜样。个人因素主要指个体内部的因素，如个体所持有的信念、期望、目标、归因以及自我评价等。行为因素主要指个体表现出的可观察的行为。

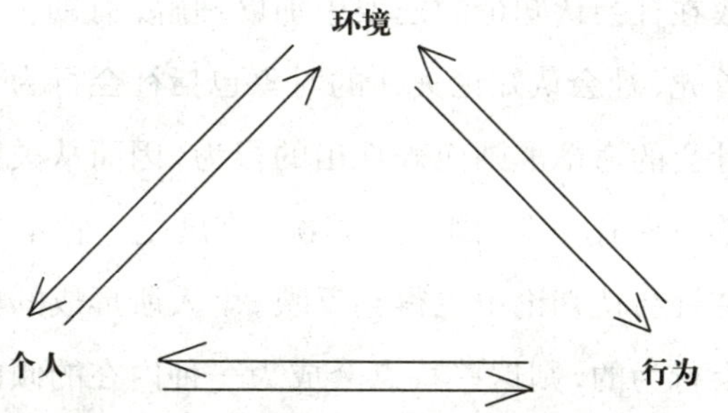

图 8-1 个人、环境、行为的相互决定关系

这三个因素彼此之间存在双向的决定关系。个人和环境可以相互决定。如教师鼓励学生说“你能行”（环境），则学生会对自己完成任务的能力更有信心（个人）；学生个人的一些特点也会影响环境，如学生对自己的学习缺乏信心，比较自卑、胆小（个人），这会招致班上其他同学的嘲笑和捉弄（环境）。个人和行为之间也存在相互决定的关系。如个人期望拾到东西交给老师会受到表扬（个人），则他就会表现出拾到失物交给老师的行为（行为）；学生成功地解决了一道数学难题，或流利地朗读出了英语课文（行为），这会使他对自己学习数学、外语的能力评价得到提高（个人）。环境和行为也相互决定。如教师的言语指导（环境）可引起学生的相应行为（行为）；学生在学习中出现错误的行为（行为），会引起教师对教学的修改和调整，重新讲解相关内容或换一种呈现内容的方式（环境）。

个人、环境、行为三种因素之间虽然存在相互决定、相互影响的关系，但这种相互决定性并不是同等程度、同时性的相互决定。在很多情况下，某种因素对另一种因素的决定作用胜过另一种因素对该因素的作用。如在教师为主导的、带有专制性的课堂上，环境更多地决定学生的行为，而学生的行为则较难决定环境。有时随着时间的变化，因素之间相互决定的情况也会发生变化。如初学某项技能时，学习上成败的行为对学习者个人的信心有很大影响作用，但随着学生学习的进行，其技能水平不断提高，这时学习上的成败就对学习者的信心影响力下降，而学习者的信心能在更大程度上决定其行为。

二、社会认知论框架中的态度学习

社会认知论可以较好地解释态度及态度的学习，换言之，将态度和态度学习放在社会认知论的框架中加以理解，有助于我们更深入地把握态度学习的规律。首先，社会认知论关注的对象包括社会行为，而态度和品德也十分关注个体依据社会的道德准则而表现出的行为，因而从关注的对象上看，社会认知论与态度品德研究有一定的重合。其次，态度是一种个人的内部状态或心理倾向，这一因素在社会认知论中也得到反映。个人所形成的信念、期望等个人特点如果是关于社会行为的，则这些特点会成为一种内在的倾向而影响个体的行为选择。这样就把态度纳入到了社会认知论的框架中。此外，社会认知论认为个人、环境、行为三者之间存在相互作用，而态度又可属于个人这一因素，这样看来，态度受环境和行为的影响，而态度又会对行为施加影响。在这种双向的影响中，态度会发生改变或新的态度得以形成，这其中就蕴涵了态度学习和改变的规律。因此，我们有可能用社会认知论的理论框架来解释态度及其学习。

班杜拉在其社会认知论中区分了两类学习：亲历学习和替代学习。这两种学习其实解释了态度学习的两种方式。

（一）亲历学习

亲历学习（enactive learning）是指学习者通过亲身去做并体验相应行为的后果而进行的学习，相当于“从做中学”。如汽车驾驶员开车违章（行为）而被罚款（行为的后果），于是他便学到了以后开车要遵守交通规则。又如小朋友将大的苹果让给客人吃（行为）并受到了父母和客人的夸奖（行为的后果），于是小朋友就学到了谦让会受到表扬。在亲历学习中，行为和行为所带来的后果都要由学习者本人亲自做出和体验。态度可由亲历学习这种方式习得，加涅则进一步区分出亲历学习的两种方式。

1. 经典条件作用

巴甫洛夫发展的经典条件作用可以解释一部分态度的学习。这方面的经典研究是华生和雷纳（R.Rayner）1920年对9个月大的婴儿阿尔伯特的研究。他们的研究是要让阿尔伯特形成对白鼠的惧怕态度，采用的方法是在阿尔伯特接近驯服的大白鼠的同时，用锤子击打一根钢棒发出巨大的响声，响声引起阿尔伯特哭泣、惧怕的反射。经过7次响声与白鼠的配对后，只呈现白鼠，阿尔伯特也开始哭泣，甚至在看到一只兔子和一件毛皮大衣时，阿尔伯特也表现出哭泣、惧怕的反应，这说明，阿尔伯特通过经典条件作用习得了对白鼠的惧怕态度。[6]

小贴士

请运用经典条件作用的术语，如无条件刺激、无条件反应、条件刺激、条件反应、中性刺激对上述学习进行分析。

专栏8-1

运用经典条件作用培养学生对学校的积极态度

小学生初入学，教师的一项重要任务是让他们形成对学习的积极态度，可以运用经典条件作用达成这一目标。首先，教师要用无条件刺激引发学生积极的反应（如感到安全、舒适等），这一无条件刺激主要是教师和蔼可亲的笑容以及整洁温馨的课堂环境，这会使小学生产生愉悦的感受。其次，教师要把这一无条件刺激带到学生的日常学习生活中，让学生在学习过程中也能感受到教师的关爱。经过一段时间的搭配（即教师的笑容与学习任务），学生对学习任务也会产生愉悦的感受，并能泛化到学校生活的其他方面。

还有一些以成人为被试的研究说明了态度学习的这一方式。如在拉兹兰（G. Razran）的研究中，将一系列的政治标语和免费食物一起呈现给被试，结果导致被试对这些标语的积极接受；而在呈现另外一套标语时伴有令人不愉快的气味，结果导致被试对标语的排斥。当问及被试时，他们并不能回忆起哪些标语与哪个条件相匹配，这说明被试的态度不是审慎选择的结果，而是条件作用的结果。又如在施塔斯和施塔斯（A.W.Staats & C.K.Staats）的研究中，将讨人喜欢的单词（如“美丽”、“悦耳”、“礼物”）与一组男子的名字（如“汤姆”、“比尔”、“杰克”）一起呈现；而不讨人喜欢的单词（如“苦味”、“丑陋的”、“悲哀的”）与另一组男子的名字一起呈现，结果第一种条件导致被试对这些名字不断增强的积极态度，而第二种条件则与之相反。[7]

2.操作条件作用

斯金纳的操作条件作用也可以用来习得态度。操作条件作用的核心是强化，态度的学习可以通过对相关行为的强化而进行。如英斯科（C.A.Insko）通过电话给学生呈现某些观点，当他们同意或不同意这些观点时，就用“好”来进行强化。根据操作条件作用理论，学生对某个观点做出同意（或不同意）的反应之后受到强化，会促进学生形成同意（或不同意）该观点的态度。一周以后，研究者将这些观点以问卷形式呈现给这些受访的学生，要求其做出反应。结果发现，学生的反应与预计的十分吻合。[8]不过加涅不主张用“强化”这一概念来解释态度学习的这一现象，他认为积极的态度源于成功的体验，学习者在某项活动中获得的对成功的知觉导致他形成对该活动的积极态度。可见，加涅十分重视学习者对强化的认识和解释在态度形成中的作用，即强化不是直接影响态度的形成，而是经由学习者将强化解释为成功的体验之后才会影响其态度。

加涅的这一观点其实也是社会认知论的主张。社会认知论的亲历学习与操作条件作用并不是同一个概念，二者的根本区别在于对行为后果的看法不同。操作条件作用认为后果会强化或削弱行为，而亲历学习则将后果作为一种信息对待。我们对这一信息的解释使我们形成预期、信念，进而影响行为。这一区别也同样适用于亲历学习和经典条件作用的区分。

小贴士

回想一下第二章对经典条件作用的后续研究与这一观点的关系。

（二）替代学习

替代学习（vicarious learning）是指通过观察他人的行为及其行为后果而进行的学习，有时也叫观察学习。如汽车驾驶员看到其他驾驶员开车违章而受到罚款，他便从中学到了以后开车要遵守交通规则。在这一情境中，行为与行为的后果不是学习者自己做出和体验的，这一点不同于亲历学习。替代学习也是态度学习的一种重要方式。

班杜拉早期的一项研究说明了这一点。在其研究中，学前儿童观看一个榜样踢打一个充气洋娃娃的电影。一组儿童看到的是榜样的侵犯行为受到了奖励，另一组则看到榜样受到了惩罚，第三组没有看到榜样的行为带来什么后果。当把他们领到有洋娃娃的房间里时，在电影上看到榜样的侵犯行为受到强化的儿童，对洋娃娃最富侵犯性；看到榜样行为受到惩罚的儿童，其侵犯行为最少。但当向儿童承诺，如果他们能模仿电影中榜样的侵犯行为，就将受到奖励，则所有的儿童都展示出了对洋娃娃的侵犯行为。这说明，所有的儿童其实都学会了榜样的侵犯行为，但有些儿童把这种行为表现了出来，有些则没有表现出来。这说明，针对相同的情境，不同的儿童表现出了不同的行为选择（这是他们态度的反映）。儿童为什么会有不同的态度呢？原因就在于他们观察到的榜样的行为虽然是一样的，但观察到的榜样的行为后果不同。儿童从对榜样行为及其后果的观察中习得了不同的态度。

在替代学习中，影响态度学习的关键因素是榜样。榜样可以是真实的人物。如儿童未入学前，父母是他们的榜样。入学以后，老师成了他们的榜样。到了青春期，同伴、影视明星、体育明星又成了他们的榜样。榜样不一定是学习者认识或亲自见过的，电影、电视中塑造的人物形象，文学作品中塑造的人物形象，也可以成为学习者的榜样。考虑到互联网巨大的呈现多种信息的能力，加涅等人指出，互联网上的文学作品和信息具有建立态度和价值观的巨大潜能[9]，对这一观点我们要充分予以重视。还有一种榜样形式是学习者自己想象出来的，这类榜样常出现在角色扮演的情境中，如学生想象自己面对有人想诱惑他吸食毒品的情境，同时也想象自己应做出何种行为选择。

榜样要影响学习者的态度学习还需要一些条件。首先，榜样要为学习者所尊重或认同。父母、教师、杰出的人物通常易于为学生所认同。学生不认同的榜样是难以影响他们的态度学习的。其次，学生还要具备与所学习态度有关的知识和技能。如榜样示范的态度是选择食用低胆固醇的食物，则学生要从中习得这一态度，必须得事先具有胆固醇是什么的知识以及识别含有胆固醇的食物的技能。此外，榜样不仅要示范出自己对一定情境所做出的行为选择，还要示范这种行为选择的后果，这种后果可以由环境中其他人提供，也可以由榜样表现出的满意或不满意来体现。

学习者对榜样行为的观察并不是机械的模仿，学习者是将榜样的行为及其后果作为信息对待，从这些信息中，学习者形成了预期或信念，这些预期指出，如果学习者也像榜样那样做出行为，就会得到相同的后果。正是这种预期影响了学习者的行为选择或态度。

（三）两种学习的关系

亲历学习和替代学习是态度学习的两种方式，前者强调对学习者行为的强化或让学习者获得成功的体验，后者强调对榜样的观察；前者强调学习者的亲历经验，后者强调学习者的替代性经验。这两种方式在促进态度形成和改变中的作用一样吗？对此，加涅指出，运用人类榜样这种方法有最广泛的适用性，也可能是态度学习的最有效方法。[10]显然，加涅更看重替代学习这种方式，但他并没有贬低亲历学习的作用。他指出，不管态度最初传递给学习者是否通过榜样人物，对个人行为选择的强化有助于态度的形成。如儿童已经学习了“帮助别人”的态度，那么在儿童受到直接强化时，这类个人行为选择的可能性就会增加。[11]这就是说，对行为选择进行强化（即学习者进行亲历学习），会促进态度的学习；而学习者的行为选择没有受到强化或没有带来成功的体验，学习者可能会形成消极的态度。

社会认知论的分析也支持这一观点。不管是亲历学习还是替代学习，学习者都要从自己的行为或环境信息中形成预期，这种预期作为学习者个人内部的因素，有可能会影响到其行为选择而成为态度。但这种预期不是稳定不变的，它还要受环境和行为的影响。对此，社会认知论指出，预期的奖励没有实现，就相当于对学习者是一种惩罚；而预期的惩罚没有实现，就相当于对学习者进行奖励。这就是说，学习者个人的预期会随环境和其个人行为的变化而改变。如学习者通过对榜样的观察而形成了看到坏人干坏事要上前制止并能得到好评的预期(这是通过替代学习进行的)，而后在现实生活中，学习者看到小偷在公交车上行窃，便根据他的预期做出了行为选择：勇敢地上前制止和揭露小偷的行为。结果却被小偷狠狠打了一顿，骂他多管闲事，车上的乘客也都无动于衷，司机还打开车门让小偷扬长而去。[12]这样，学习者亲历的经验使他的预期没有实现，这相当于是对

专栏 8-2

教学实践中的亲历学习与替代学习

很多优秀的教师在对学生的日常教育中很会运用亲历学习和替代学习这两种态度学习的方式。下面的案例是语文特级教师袁瑢的教学经验。

袁老师经常通过处理孩子们的具体问题来教育孩子。贝介仁小朋友不当心把教桌上的簿子打翻了，好几个孩子奔到办公室去“报告”。袁老师走进教室，看见贝介仁正紧张地收拾着簿子，就亲切地对他说：“你把簿子打翻啦，我来帮你拾起来。”其他的孩子感到很奇怪，但不一会儿，孩子们也跟着帮忙拾簿子了。收拾好簿子，袁老师对他们说：“你们做得很对，同学发生了事情，应该帮助他。”孩子们听说自己做得对，很高兴，同时感到幸灾乐祸地去“报告”老师是不好的。袁老师再问打翻簿子的原因，告诉贝介仁以后做事要细心。袁老师通过这类事例，逐步引导小朋友以友爱的态度对待旁人。[13]

案例中，袁老师要让学生习得的态度是对待同学要友爱。为促进这一态度的习得，她首先向班上的同学示范了对贝介仁小朋友的友爱态度：言语亲切而且俯身帮忙。由于小学生对老师这一榜样比较认同和尊重，因而其他同学也会表现出和老师一样的对待贝介仁的态度行为，这时学生的学习形式是观察学习。接下来，袁老师对这些小朋友友爱地对待贝介仁的表现进行了及时的表扬，即让这些小学生亲自体验到自己行为的后果，这是一种亲历学习。两种方式有机地结合在一起，有利于促进学生态度的习得。

学习者的惩罚，会使其形成消极的态度。学习者再遇到小偷行窃，就不大可能做出上述行为选择了。因而，替代学习和亲历学习对于态度的学习而言都很重要。

（四）说服与态度学习

讲到态度的学习，就不能不提及说服的作用。在我们的语境中，说服相当于做思想工作。说服对态度的习得和改变作用如何？对这一问题，心理学家在第二次世界大战期间就开始研究，主要的研究结果有如下三方面。

一是发现在说服中运用的信息类型的变化对态度的改变没有明显影响。如研究表明，呈现有根据的论点、说明某一问题的两个不同方面、诉诸情绪、包含有引起恐惧的刺激、得出具体结论这些说服的内容和方式对态度的改变没有产生可靠的效果。[14]

二是发现说服性信息的传达者或信息源在改变态度中有重要作用。如特里安蒂斯（H.C.Triandis.1971）的研究表明，信息传达者的如下特点对态度改变有影响：①外表上的魅力；②表明其地位的衣着与言辞；③年龄、种族、国籍等人口统计方面的特征；④信息传达者的态度；⑤有证据表明，信息传达者过去的行为与学习者有关，学习者表现出与之类似的行为也会受到相应的奖励或惩罚。又如，凯尔曼（H.C.Kelman，1958）也认为，说服信息的提供者对态度的转变很重要。他指出了有效说服者的如下三个特点：①具有一定的权力或控制手段。对他们所传递的说服性信息，接受者必须遵从，如握有一定权力的领导、警察等。②具有一定的魅力。信息的接受者易为其魅力所折服而对其传递的信息产生认同，如体育明星、影视明星等。③具有一定的学识。信息的接受者会认为其所传递的信息有高度的可信性，如某一领域的专家、学者。[15]

小贴士

许多商家其实深谙这些结论。他们常请一些影视明星、体育明星甚至专家学者来做他们产品的代言人，从而改变消费者对其产品的态度。

三是发现说服要和提供相关指导和诱因相结合才有可能促进学习者态度的转变。班杜拉研究了创新的采纳和传播的问题，发现仅有说服不足以使人们采纳创新，即使向人们说明创新所带来的巨大收益也不能改变人们的态度。要促进对创新的采纳，一方面要对相关的人员进行培训指导，使他们掌握新颖的惯例或实践方式；另一方面，当采纳创新所得到的收益被大大延迟时，需要为创新的采纳者提供诱因以维持其采纳行为。这类诱因包括财政补贴、给予特权、社会承认、提升职位等。这些诱因是暂时的，当创新带来的收益明显之后，可以中止提供这些诱因。如有研究要让农民采纳先进的生产技术，除了对农民进行必要的说服指导外，还要对愿意采纳先进技术的农民进行补贴，以促进他们对创新的采纳。[16]

有关说服的研究从另外的角度支持了社会认知论有关态度习得的观点。说服性信息的传达者本人的一些特点对态度的改变有重要作用，而信息的传达者其实是“榜样”的代名词，因而有关信息传达者特征的研究说明的是有效榜样的特征。此外，说服还要伴以指导和诱因，这是通过创设亲历学习的条件，让被说服者从自己的行为后果中习得态度。仅有说服不能改变态度，要改变态度，就要借助于社会认知论的指导。

（五）态度学习的一般条件与过程

从上述有关态度学习的研究中，我们可以总结归纳出态度习得与改变的一般条件与过程。

首先，学习者要具有与所学习态度有关的先决知识和技能。态度涉及学习者在一定情境中对一定的对象做出一类反应的倾向，要建立这种倾向，学习者要具有关于态度表现的情境以及态度对象的知识与技能。如要学习“拒绝毒品”的态度，则学习者要具有“毒品”这一概念，要知晓毒品的名称，更要能从多种物质中识别出毒品来。此外，学习者还要知道毒品可能出现的情境，如在派对、聚会等活动中有可能出现毒品。具备了这些先决知识和技能，学习者才有可能习得相应的态度。

其次，学习者要从对榜样的观察和个人的亲历经验中形成对未来行为选择的预期或信念。这类预期或信念一旦形成，就可以影响到学习者的行为选择。此时的学习者是一个信息加工者，他要对来自榜样的行为选择及其后果的信息和来自己的行为选择及其后果的信息进行综合加工处理，而后形成指导以后行为选择的预期。当然，学习者要从榜样处进行学习，需要对榜样形成认同和信赖，同时，榜样不仅要在一定情境中对一定的态度对象表现出一定的行为选择，还要展示出这种行为选择的后果。榜样可以是实际的人物，也可以是影视文学作品中塑造的人物形象，还可以是学习者自己想象的（如在角色扮演中）。在这一阶段，榜样的行为及行为后果与学习者亲历的行为和行为后果间保持一致，对于学习者形成明确、稳定的预期十分关键。

最后，要对学习者正确的行为选择进行强化，即让学习者进行亲历的学习。不管是经过观察榜样，还是经由个体的亲历经验而形成的预期，都应经历这一直接强化的阶段，以巩固所形成的预期。同时，在这一阶段，个体所形成的行为选择的内部倾向还有一个逐渐稳定而变成品德、价值观的过程。这是一个长期的过程，学习者的态度学习达到了这一阶段，我们才可以说形成了相应的态度。

本章小结

态度是影响个体对一类人、客体、事件的行为选择的一种习得的内部状态。态度包括认知、情感、行为三种成分，与涉及“能不能”问题的知识技能不同的是，态度涉及“愿不愿”的问题。内化程度较高或较稳定的态度有时叫价值观、品德。态度与行为之间关系密切，但二者又缺乏一致性。这一方面是因为态度和行为的测量缺乏效度，或对其测量的具体水平不一样；另一方面是因为态度的可提取性影响态度与行为的关系，可提取性强，则态度与行为的关系就较一致。测量态度可以通过对个体行为进行系统观察，也可以通过问卷让个体进行自我报告，这两种方式可以结合起来使用。

班杜拉提出的社会认知论可以有效地解释态度的学习。社会认知论强调个人、环境与行为三种因素间的相互决定、相互影响。态度作为个体内部的一种状态或倾向，其形成和发展变化要放在与环境、行为的相互影响框架中进行理解。班杜拉进一步区分了态度学习的两种方式。亲历学习是个体通过亲身体验其行为后果而进行的学习。经典条件作用和操作条件作用都可用来习得态度，都是通过亲历的方式进行学习的，但社会认知论更看重亲历学习中学习者主动形成预期的作用。替代学习是个体通过观察他人行为及其行为后果而进行的学习，又叫观察学习。在替代学习中，关键的因素是榜样。榜样可以是真实的人，也可以是影视、文学作品中人物形象，还可以是在角色扮演中想象的形象。榜样要发挥作用，首先必须为学习者所尊重或认同；其次，为习得一定的态度，学习者还要掌握与态度有关的知识技能。在替代学习中，学习者也积极地对观察到的榜样的信息进行加工，形成预期以指导以后的行为选择。

这两种学习方式对态度的习得都十分重要，但由于人物榜样的广泛适用性，替代学习可能是态度学习的最有效方法。学生的亲历学习，尤其是在做出行为选择后获得的强化，对其形成积极的态度十分关键。而且，榜样的行为及其行为后果和学习者的行为及其行为后果间的一致性对态度学习也很重要，因为社会认知论指出，如果预期的奖励（惩罚）没有实现，对学习者而言就相当于是惩罚（奖励）。

说服曾被用于改变个体的态度，但研究发现，对态度的转变起关键作用的不是说服中的信息类型，而是说服者本人的一些特点，而且说服要和指导、诱因的使用相结合。这些研究支持了社会认知论对榜样的观察及亲历学习在态度形成中的作用。

重要术语

态度	社会认知论	亲历学习	替代学习
预期	说服	榜样	

思考题

1. 比较行为主义与社会认知论的主要区别。
2. 试从社会认知论的角度分析并评论口号式德育、说教式德育。
3. 一些语文课文有很强的思想性，请谈谈如何利用语文课文对学生进行态度教育。
4. 科学态度是科学课程要培养的一种学习结果。运用社会认知论的观点，结合科学课程改革的实践，说说如何在科学课程中培养学生的科学态度。

第九章

学习动机

学习目标

- 陈述学习动机的含义与分类
- 陈述学习动机对学生学习的影响规律
- 用自己的话解释自我效能理论、归因理论、目标定向理论、福乐理论、自我决定理论、自我价值理论的主要观点
- 陈述动机激发的 ARCS 模型和 TARGET 模型的主要内容
- 就激发与维持学生的学习动机问题向教师提出若干建议

动机对于学生的学习和整个教育事业而言，都是一个核心和关键的因素。对此，美国前教育部长贝尔（T.Bell）指出，对于教育，要记住三件事，第一是动机，第二是动机，第三是动机[1]。学生在学习中遇到的许多问题，有的实质上是动机问题，有的则要考虑动机的因素才能很好地予以解决。一些好的学习方法、教学方法，如果缺乏学生动机方面的配合，可能根本发挥不了促进学生学习的作用。要促进学生的学习、改进教师的教学，不了解学生学习动机的状况是不行的。本章专门探讨学校教育情境中学生的动机问题，以期对学生的学习有更全面、更深入的认识。

第一节 学习动机概论

一、学习动机的界定

学习动机（motivation to learn）是什么？对这一问题，心理学家有两种类型的回答。一种回答是套用动机的定义或直接用动机的定义来代替对学习动机的界定。如动机常被界定为“引发和维持目标指向行为的内部状态”，于是学习动机就被相应地界定为“引发和维持学习行为的内部状态”。另一种回答是直接对学习动机做出界定，如布罗菲（J.Brophy）就将学习动机界定为“学习者发现学习活动有意义、有价值并尽力从中得到预期学习收益的倾向”。伍尔福克在其《教育心理学》一书中也采纳这一定义作为学习动机的正式界定。相比之下，第一种界定重在描述动机这种内部状态与学习行为的关系，第二种界定则重在刻画这种内部状态的性质与内容。这两种界定其实并不矛盾，它们相互补充，共同揭示学习动机的含义。

学习动机可以被看做是学习者的一种特质(trait)，也可以被看做是一种状态(state)。作为特质的学习动机在学习者身上往往有较稳定的体现，如学习者强烈的需要、持久的兴趣等。作为状态的学习动机常常是学习者的一种短暂状况，会随时间和情境而变，如为了应付即将到来的考试而努力学习就是一种状态性的学习动机，因为考试过后学习者可能再也不会去学习了。

既然学习动机是一种内部的特质或状态，那么，我们如何了解学生的学习动机状况呢？对此，平特里奇（P.R.Pintrich）指出，可以根据学习者如下几方面的行为表现来推测其内在的学习动机状况[2]：①学习者对学习活动的选择。这种选择涉及两方面，一是在学习活动和非学习活动之间进行选择，比如是选择做家庭作业还是选择玩电子游戏或看电视；二是对不同学习活动的选择，比如是选择学习理科课程还是文科课程。②学习者对学习活动的投入程度。如果学生有良好的学习动机，他会积极投入到学习活动中，这种投入既包括行为上的参与，也包括为实现理解与学习而进行的认知上的参与。行为上的参与包括做详细的笔记，课上积极提问，课上愿意陈述自己的观点，课下继续就课堂学习内容与人进行详细讨论，将时间更多地用在学习上，从图书馆或其他资源中查找相应的信息等。认知上的投入包括对学习材料进行深入细致的思考，主动使用各种学习策略，寻求对材料的理解而不是记忆，主动整合新旧知识等。行为上的投入是必要的，但认知上的投入更重要。③学习者对学习活动的坚持情况。如果在面临困难、厌倦、疲劳等情况下仍能坚持学习，就可以说明学生有良好的学习动机。对学习活动的坚持性可以通过课堂上观察学生的行为表现而获得。④学习者所取得的学习成就。包括学习的等级分数、测验分数、标准成就测验上的得分、升学与毕业考试上的得分等。

二、学习动机的成分

奥苏伯尔区分了学习动机的三种成分：认知的内驱力、自我提高的内驱力和附属的内驱力。认知的内驱力以获得知识和解决学业问题为学习的推动力量，直接指向学习任务本身，其满足是由学习本身提供的。自我提高的内驱力是指个体因自己的胜任力和学业成就而赢得相应地位的学习动力。由于成就的大小决定着学生所赢得地位的高低，同时又决定着自尊需要能否满足，因而有自我提高内驱力的学生往往将一定的成就视为赢得一定地位和自尊心的前提。显然，这种动机成分不是指向学习任务本身。附属的内驱力是指个体为了得到教师或家长的赞许与认可而产生的学习动力。学生力求取得学业成就，并不是作为赢得地位的手段，而是要通过学业成就来获得他人的赞许和认可。这三种成分在动机结构中的比重通常随年龄、性别、人格结构、社会地位和文化背景等因素的变化而变。在儿童的早期，附属的内驱力最为突出，他们努力学习和取得好成绩主要是为了获得长者的奖励。入学以后，自我提高的内驱力逐渐在学习动机中占据主导地位。青春期以后，附属的内驱力不仅在强度上有所减弱，而且开始从父母转向同龄伙伴，来自同伴的赞扬就成为一个强有力的动机因素。

三、学习动机与学习

（一）学习动机与学习效果

奥苏伯尔认为，学习动机与学习效果之间虽然存在因果关系，但这种关系不是单向的，而是双向互惠的。也就是说，一方面，学习动机可以引发和维持学生的学习活动，取得一定的学习效果，获得成功的学习体验；另一方面，学生在学习上获得的成功体验反过来又会增强学生的学习动机。因此，动机并不是一种必不可少的学习条件，没有必要把学习活动推迟到学习者有了适当的兴趣和动机之后再进行。当学生缺乏相关的学习动机时，教师可以先组织教学，让学生获得成功的学习体验，进而增强学习的动机。著名语文特级教师钱梦龙的作文教学经验中就蕴涵了学习动机与学习效果的这一关系原理，见专栏9-1。

专栏9-1

学习动机与学习效果的互惠关系：教学经验的阐释

"我曾经教过一个'慢班'，经过了解，知道学生最怕的是作文，于是我就选择作文训练作为培养学生自信心的突破口。每次作文，我只向学生提出一两个要求，这些要求都是经过努力确能达到的，如作文标题要居中，分段要合适，标点要占格等等，先从最容易办到的款式入手，然后逐步提出较高的要求。凡学生作文达到要求的，不管其他方面是否合格，一律给予鼓励，打八十分以上的高分。由于教师不求全责备，学生每次作文都感到目标明确，易见成效。经过一个阶段的训练，学生渐渐看到了自己作文面貌的改观，因而逐步摆脱了自卑和自暴自弃的心理，开始对语文课和语文老师有了好感，课堂上竟然也出现了积极思维、踊跃发言的局面。"[3]

（二）学习动机与学习效率

学习动机的强度或水平对学习者的学习效率有重要影响。总的来讲，二者之间存在倒U形的曲线关系，即学习动机过强或过弱都不利于学习效率的提高，只有中等强度的学习动机才会产生最佳的学习效率。但这一关系会随学习的难度而变，对相对容易的学习任务而言，能导致最佳学习效率的动机强度偏强；对相对难的学习任务而言，能导致最佳学习效率的动机强度偏弱；对中等难度的学习任务而言，中等强度的学习动机能导致最佳的学习效率（见图9-1）。这一规律是叶克斯（R.M.Yerkes）和多德森（J.D.Dodson）1908年发现的，被称为"叶克斯—多德森定律"。

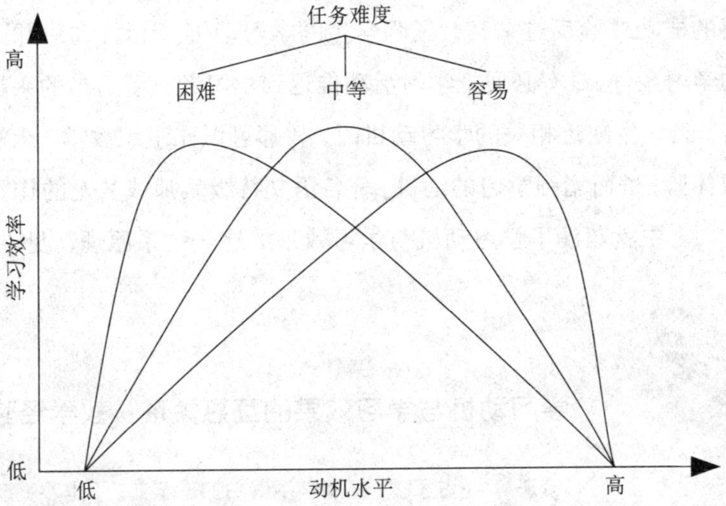

图 9-1 学习动机与学习效率的关系

学习动机理论

动机的问题很早就引起了教育工作者和心理学家的关注,他们提出了许多理论解释。早期的理论家将动机看做是一种源自某种生物需要(如饥、渴、睡眠等)的驱力,提出这一理论的依据主要来自实验室情境中对动物的研究,因而这一理论对学生课堂上的学习动机缺乏解释效力。近几十年来,强调学习者的主动认知活动的理论在动机理论中逐渐占据主导地位,这些理论源自自然场景中对人类被试的研究,有些研究则直接以学校教育情境中的学习者为研究对象,因而这些理论能对学习者的课堂学习动机做出较好解释。本节重点介绍几种与教育实践关系密切的、强调学习者主动认知活动的动机理论,具体包括归因理论、自我效能理论、目标与目标定向理论、自我决定理论、自我价值理论、福乐理论、内部动机理论等。

一、归因理论

归因理论主要是由美国心理学家韦纳(B.Weiner)提出来的。这一理论认为,个体对其成败的原因解释会影响其后续的动机。韦纳发现,人们在对自己的成败进行原因解释时，通常将原因归结为如下四个因素：能力、努力、任务难度和运气。这四个因素又可以从三个维度进行分类。第一个维度是内外维度，能力和努力都属于学习者内部的因素，任务难度和运气则属于学习者之外的外部因素。第二个维度是可控性，能力、任务难度、运气属于学习者不可控制的因素，而努力则是学习者可以控制的。第三个维度是稳定性，任务难度是相对稳定的因素，而努力和运气则是不稳定的因素，能力这一因素则随学习者本人对能力的看法而可归入稳定的与不稳定的因素中。德韦克（C.S.Dweck）区分了学习者对能力的两种看法。一种看法叫能力的实体观，认为能力是稳定的特质，不随时间和情境而变。另一种看法叫能力的增长观，认为能力是不稳定的，可以随着不断的学习而逐渐提高。显然，持能力实体观的学生会将能力看做是稳定的因素，持能力增长观的学习者会将能力看做是不稳定的因素。归因的维度和因素及相关的例子（以失败归因为例）见表 9-1。

表 9-1 成败归因的模型

事件	归因的因素	例子	内外维度	可控性维度	稳定性维度
失败	能力	我不够聪明	内部	不可控	稳定 / 不稳定
失败	努力	我不够努力	内部	可控	不稳定
失败	任务难度	这对我来说太难	外部	不可控	稳定
失败	运气	我运气不好	外部	不可控	不稳定

韦纳之所以强调归因的三个维度是因为学习者将原因归结于这三个维度之后会对其后继的期待、行为、情感产生不同影响，进而影响学习者的动机。一般来说，内外维度影响学习者的情感反应。如将成功归因于内部因素会使学习者产生自豪感，将失败归因于内部因素会产生自卑感等。可控性维度影响学习者的期待和行为。如学习者将失败归因于可控制的因素，则会付出更多的努力，更具有坚持性；而归因于不可控制的因素，会使他们形成较低的成功预期，甚至会形成习得性失助（即认为自己的失败受不可控制的因素所左右而形成的所有努力都会导致失败的预期）。稳定性维度影响对未来成功的预期。如将成功归因于稳定的因素，会期待未来仍会取得成功；将失败归因于稳定的因素，会期待未来仍会失败。

专栏 9-2

归因训练

当学生的归因削弱了他们的学习动机时，就需要教师对其进行归因方面的指导和训练。学生学习中常出现的一种不当归因是将自己的失败归因于能力低下。由于认为自己缺乏完成任务的能力，所以也不去做出努力，这又阻碍了其能力的发展。对这类学生，要引导他们将失败的原因归结为可控制的因素（如努力、策略等）。

安德鲁斯和德布斯（G.Andrens & R.Debus）1978 年曾对一贯地将失败归因于能力低下的六年级男生进行归因训练。他们的训练程序是让受失败威胁的学生不断地练习用言语将其失败归结为努力（如“我失败是因为我努力不够”）。研究将这些男生分为两组。一组作为控制组，不接受任何训练。另一组则接受归因训练，只要他们对自己在解几何题上的失败用自己的努力不够来解释，研究者就用代币或口头表扬予以强化；当他们获得成功时，对自己的成功用付出较多努力来解释也同样受到强化。结果发现，归因训练后，学习者在完成相关任务时倾向于坚持更长时间，而且坚持的质量也得到改善，表明其学习动机有了改善。[4]

进一步的研究和调查发现，归因训练的效果在年幼儿童身上较明显，这可能是年幼的儿童附属内驱力较突出，易于接受成人权威指导的缘故，但主要的原因是年幼儿童对能力与努力的关系的认识不同。在年幼儿童看来，努力和能力是一个东西，通过自身的努力，可以提高能力，可以获得成功，也可以说，这时的儿童所持的是能力的增长观，努力可以导致能力提高。但到了小学高年级（国外的研究表明，大概在 12 岁左右），儿童开始区分能力和努力，认为能力是固定不变的（即持能力的实体观），付出更多努力后才取得成功，说明个体能力低下。在儿童看来，这时努力对成功的作用越来越不重要，引导学生做出努力方面的归因并没有很好的动机效果。

但这并没有否认归因训练的价值。归因训练仍可影响学生的动机，不过要将失败归因于不充分的学习策略，换言之，要引导学生将失败归因到努力的质量上而不是努力的数量上。通过策略性的方式进行努力，相当于提高了个体的能力。这样，学习策略这一概念就在努力和能力这两个分离的领域间架起了重新联系的桥梁。

如麦克纳布（T.McNabb，1987）比较了对小学高年级学生进行归因训练时努力归因和策略归因的效果。她给两组学生呈现一系列数学问题。一组收到了与策略有关的信息（“要解决像这样的问题，你得使用好的方法”）。对另一组则给出了与努力有关的信息（“要解决像这样的问题，你得更努力地尝试”）。虽然两组接受了同样的程序性训练（如如何图解数学题），但只有策略组一致地采用了这些程序，结果在最终的成就测验上表现更好。而且，当出现计算错误时，策略组更可能将这些失误归因于可改正的原因，如不加注意。此外，策略信息极大地提高了这些学生喜爱数学的程度及做数学题的意愿。最后，那些最初表现出最低的数学能力自我知觉的学生，从策略信息训练中受益最大。在对其发现进行解释时，麦克纳布指出，对于将失败归因于能力低的学生而言，引导他们将失败归因于策略，可避免用能力来解释其失败，从而维护了他们对自己能力的较好认识，因而他们会放松地、更努力地投人学习。[5]

二、自我效能理论

自我效能感是班杜拉提出来的概念，指人们对自己完成某件事的能力的主观判断。自我效能不同于自我概念，自我概念指对自己在不同领域的一般看法，自我效能则是对自己在特定领域的能力的具体看法。“我是一个聪明的人”与自我概念有关，而“我相信我能在期末数学考试中得满分”则属于自我效能。自我效能也有别于对行为结果的预期，后者是对采取某种行为后可能带来的结果的判断。如学生相信自己有能力学好数学，这属于自我效能；而学好数学后能受到奖励、有利于考上大学等认识，则是对行为结果的判断。

自我效能理论认为，学习者对自己能力的判断会影响其对学习任务的选择、学习的坚持性等动机的行为表现，因而这一理论也成了一种解释学生动机的理论。首先，自我效能会影响学生对学习任务的选择。一般来说，学生倾向于避开超出自己能力的学习活动，选择自己有能力完成的任务。但班杜拉认为，对自己的能力估计过高，会使自己选择明显力所不及的任务，从而受到挫折和伤害；而对自己的能力估计过低，则会限制自己潜能的发挥而失去许多奖励的机会。于是，班杜拉指出，对自己能力的最佳判断可能是“在任何时候都对自己做出稍微超出能力的评价”。这种评价，既能促使人们去选择具有挑战性的任务，又能为能力的发展提供动力。其次，自我效能影响学生学习的坚持性。研究发现，自我效能感强的儿童，在困难的情境中会投入更多的努力，学习得更好；但在他们认为是容易的情境中，会付出较少的努力，学习得较差。第三，自我效能影响学生的思维方式与情感反应。自我效能感强的人，在遇到困难时不会表现出更多焦虑和痛苦，而会更多考虑外部环境的特点和要求；在遇到失败时，倾向于将其归因于自身努力不够。自我效能感弱的人，在遇到困难时，会表现出较多的焦虑，而且过分关注自身的缺点与不足；在遇到失败时，和能力相当但自我效能感强的人相比，会将原因归结于自己能力上的不足。

班杜拉认为，自我效能是个体对各种效能信息进行综合加工处理后习得的，并指出有四种自我效能信息的来源。一是个体亲历的经验，指个体亲身经历的成功和失败的经验。成功的经验有助于提高个体的自我效能，失败的经验倾向于削弱个体的自我效能。如学生成功解决一元二次方程的经验会有助于提高学生解这类题目的自我效能。二是替代性的经验，指通过观察榜样的行为而获得的经验。如学生观察到班上和自己相仿的同学能成功解决一元二次方程问题，则他自己解决这类题目的效能也倾向于得到提高。三是言语说服，即通过“你能行”、“你有能力”等言语劝说来提高学生的自我效能。四是生理状态，焦虑、头痛、心跳加快等生理状态的变化也会成为个人自我效能的信息来源。如一名登台演讲的学生会将演讲时的出汗、口吃等生理状态解释为自己缺乏演讲技能，从而会降低其自我效能。

三、目标设置与目标定向理论

学习动机的作用在于引发和维持个体的行为，以使其指向一定的目标。目标也因此成为动机理论的关注对象，研究者们围绕目标这一概念发展出了两类目标理论：目标设置理论和目标定向理论。所谓目标设置（goal setting）是指个体设置并尽力追求的具体结果，而目标定向（goal orientations）则是指与成就有关的目标背后的信念模式，包括我们所追求目标背后的原因及用于评价目标达成状况的标准。目标定向不同于目标。如某个学生给自己规定期末考试的分数不能低于90分，这是具体的目标，该生这样规定是想向别人证实自己很聪明、能力很强，这一信念就属于目标定向。

（一）目标设置理论

设置不同的目标对学生的动机有不同影响。动机理论家主要探讨了如下几种目标设置的动机效果。

1. 长期目标与短期目标

长期目标是需要较长时间才能达成的目标，短期目标是指在较短时间内可以达成的目标。研究表明，短期目标有较好的动机效果。如班杜拉和申克（1981）比较了两种目标对儿童自我效能和数学成绩的影响。三年级学生被分成三组。一组是近期目标组，学生被告知他们可以考虑设置一个目标，每个学习时段至少完成6页工作。另一组是远期目标组，告诉学生可以考虑设置一个目标，在7个学习时段结束后完成整个42页的工作。还有一组是无目标组，没有对学生提及目标。结果发现，设置了可实现的子目标（近期目标）的学生进步更快，对数学的掌握更好，而且自我效能感也有所增强。此外，近期目标组还展示了更强的胜任能力以及对解决问题的最大兴趣。[6]

2. 自设目标与外加目标

目标可以是自己为自己设置的，也可以由别人（教师）设置。申克研究了这两种目标的效果。他的被试是学习减法有困难的六年级学生。对一组学生，教师给他们设置目标（今天要努力完成7页作业）；对另一组学生，让他们自己设置目标（自己决定今天能完成几页作业）；第三组没有目标。结果发现，自我设置目标的一组自我效能最高，数学得分也最高。但也有人认为，在提高成绩上，自设目标不一定比他设目标更有效。他设目标中重要的影响因素是学习者对目标的接受情况。一旦学习者卷入目标中，目标本身变得比它如何设置或是不是外加的更为重要。因为在学校之外的工作场景中，目标通常是由别人设置的，让参与者接受外加的目标很重要，而师生共同参与到目标设置的活动中会增加目标被学习者接受的可能性。[7]

3. 目标的难度与挑战性

目标在实现的难易程度上也可以有区别。一些目标难度很大，学习者即使付出努力也不可能实现；另一些目标很容易，学习者可轻易地达成；还有一些目标难度中等，学习者经过努力可以达成。大量研究发现，中等难度的目标有最大的动机激发效应，达成这种目标会使学习者的自我效能得到增强。

4.模糊的目标与清晰的目标

模糊的目标规定的结果不明确，评价目标达成的标准也不明确。清晰的目标对要达成的结果有非常明确的规定，不致引起歧义和误解。如“要把数学学好”就是一个模糊的目标，而“每次数学测验的成绩不能低于90分”则是一个清晰的目标。研究发现，明确具体的目标为学习者的学习提供了具体的指导，如要付出怎样的努力、要用多少时间等，因而这类目标比模糊的目标更能调动学习者学习的动机，有利于提高其成绩。

（二）目标定向理论

目标定向理论强调学习者持有的不同目标定向的动机效果。学生持有的目标定向最初被分为两种：学习目标（learning goals）和表现目标（performance goals），也有人分别称之为掌握目标与表现目标，或任务涉入目标和自我涉入目标。研究发现，持学习目标定向的学生，在进行学习活动时关注活动所发展的知识或技能的获得，他们通过用自己的话解释材料并将其与原有知识联系起来，以尽力建构准确的理解。如果遇到困难，他们更可能去寻求帮助。持表现目标的学生在从事学业活动时，将这些活动作为对其表现能力的测验而不是学习的机会来对待。他们主要关心的是保持其如下的自我知觉和名声：他们是有能力的，他们具有成功完成任务所需的能力。在尽力满足任务要求和避免失败时，他们可能依赖重读、机械记忆及其他表面水平的策略而不是深层次的知识建构策略，而且他们的学习努力会因畏惧失败或其他消极情绪而受到削弱。他们回避挑战性的任务，在遇到挫折时很容易放弃。他们在需要帮助时不是寻求帮助，而是通过将题目空着不做、随机猜测或抄袭来隐瞒其困难。因而布罗菲（J.Brophy）又将这类目标称之为自我保护目标、能力展示目标、形象维护目标。

后来的研究进一步区分了表现目标的两种类型：表现趋向目标和表现回避目标，前者关注获得成功，后者关注回避失败。在学生的学习中，表现回避目标与消极的结果如较高的测验焦虑、逃避考试的愿望、备考时的拖延和无组织、测验时的焦虑感和无准备有联系，表现趋向目标对学生学习的影响要视具体情境和学生的具体特点而定。如哈拉科维茨（J.Harackiewitz）等人1998年发现，在某些情境中，尤其是根据分布曲线对学生的表现进行评分的高竞争性课堂上，以及竞争意识很强的学生，表现趋向目标可以补充学习目标。但他们还指出，即使在中性的以及学习定向的情境中，表现趋向目标也可能对学生的学习产生不利影响。其中的关键是目标与情境的匹配，即面对具体的情境，采用合适的目标定向。米奇利（C.Midgley）等人2001年也发现，表现趋向目标对于有较高能力知觉的学生，对于男生，对于处在竞争性环境中年长的学生而言，有更积极的相关结果；但对于有较低能力知觉的学生，对于女生，对于处在非竞争性环境中年幼的学生而言，则不具有更积极的相关结果。平特里奇2003年对这一领域的研究总结道：学习目标和表现趋向目标可以导致某些积极的结果，而表现回避目标看来不能导致任何积极的结果。

小贴士

研究表明，表现回避目标对学生的学习没有积极的促进作用，表现趋向目标对学生的学习有时有积极作用，有时有消极作用，这要视具体情境而定。

学习目标与表现目标关注的都是成就，但学生的学习所追求的目标并不仅限于成就，他们同时还会追求其他目标。目标理论已确定出了一些这类目标。一种目标是工作回避目标。采用这类目标的学生没有在认知上参与学习活动，他们常以最小的工作投入来满足最低的要求，他们经常逃课、抄袭、向教师或同伴寻求帮助或尽力完成要求不高的任务。持这类目标的学生，不大可能使用深层加工策略来学习，不会带着兴趣去阅读，对班级、学科、学习目标、学习成就、测验分数抱消极态度。二是社会目标。持这类目标的学生关注与他人的关系，如建立友谊、维护自己招人喜欢的形象、帮助他人、取悦教师或同伴、享受社会性的相互作用。三是外部目标。持这类目标的学生关注赢得好的等级和相关的强化物，也可以关注赢得奖学金的机会、能进入好的大学或得到好的工作。学生的学习要同时追求多个目标，这就需要学生在进行学习活动时还要做好目标之间的协调，因为有时一种目标的满足可能会干扰其他目标的达成。

四、自我价值理论

自我价值理论是科文顿（M.V.Covington）提出来的，他认为人有一种建立和维持积极的自我形象或自我价值感的倾向，他称之为自我价值的动力。由于儿童的大量时间是在学校中，而且又经常被评价，因而维持自我价值感的主要方式是保护自己的学业胜任能力感。儿童需要相信，他们在学业上是有胜任能力的，在学校中他们是具有作为一个人而存在的价值的，因而为维护其自我价值，儿童会尽力保护自己的学业胜任能力感，并使这种感受尽可能地强烈。实现这一点的一种方式是做出促进学业胜任能力和控制感的因果归因。科文顿等人1979年调查发现，大学生和年轻人对成功的最常见归因是能力和努力；对失败的常用归因是没有尝试，将失败归因于能力的不足是很多学生尽力避免的，因为能力与其自我价值、自我形象紧密地联系在一起。

但学校的评价、竞争以及社会比较使得许多儿童难以维持他们对自己学业胜任能力的信念。为避免看起来缺乏能力，许多儿童形成了一些应对策略，如拖延、找借口、回避具有挑战性的任务，最重要的是不去尝试。努力虽然为父母和教师所鼓励，而且对成功十分重要，但如果学生付出了努力却失败了，这就很容易得出他们缺乏能力的结论，于是努力又被科文顿等人称之为“双刃剑”。因此，如果失败看来是可能的，一些儿童就不会努力尝试，因为尝试并失败会威胁他们对自己能力的信念。即使高成就的学生也会回避失败，他们不会对富有挑战性的任务付出更多努力，他们会尽力回避这些任务，以便维护自己的能力感以及其别人对他们能力的看法。科文顿提出，减少竞争、社会性比较、评价的频率和重要性，转而关注努力、掌握和改进程度，这会让更多的儿童能维护其自我价值而不必诉诸回避失败的策略。

自我价值理论也受到了一些批评，主要的问题是学业胜任能力的信念是自我价值的最主要决定因素。哈特（S.Harter）证实，关于仪表和社会能力的自我概念要比学业胜任能力的自我概念更能预测自我价值。自我价值的决定因素可能会因人而异，不能将学业胜任能力的信念作为主要的预测因素。

五、内部动机理论

内部动机理论强调学习者的自主性、自发性及对环境的主动掌控，认为学习者参与学习活动是因为他想要（want to）参加而不是迫于外来的压力、诱惑或内在的驱力而必须（have to）参与。内部动机是推动学习者学习的重要动力，得到了大量的研究。

（一）内部动机的概念

内部动机常与外部动机联系在一起。所谓内部动机（intrinsic motivation）是因学习活动本身的意义和价值所引起的动机，动机的满足在活动之内；外部动机（extrinsic motivation）是指因学习活动的外部后果而引起的动机，动机的满足在活动之外。判断学生的学习动机是内部动机还是外部动机，可以通过问如下问题："即使学习活动之后没有奖励或惩罚，学生仍会从事学习活动吗？"如果答案为"是"，则动机类型为内部动机；如果答案为"否"，则动机类型为外部动机。区分内部动机与外部动机的另一种方法是从目的和手段的角度来对学生的行为进行分析。如果学习者将自己参与的某项活动作为达成某个目的的手段，则学习者的动机就是外部动机；如果学习者对某项活动的参与本身就是目的，则其动机就是内部动机。

内部动机和外部动机常被人看成是一个连续体的两个极端，即一个人的内部动机越强，外部动机就越弱。这一看法并不正确。内部动机和外部动机其实是两个独立的连续体，这样，内部动机的强弱与外部动机的强弱之间就没有必然的联系。有可能的是，某个学生的学习动机既有很强的内部动机（对所学习的内容感兴趣），又有很强的外部动机（想得到奖学金）。

内部动机和外部动机还因人、因具体的情境和时间而变。同样的活动对不同的人可能会导致不同的动机，如学生甲对学外语有内部动机，而学生乙学外语的动机可能是外部动机，是为了出国。同一名学生，对不同的活动可能有不同的动机，如学生对物理课有内部动机，但对语文课则是外部动机。此外，随着时间的推移，学生的内部动机和外部动机也会发生改变。如原来对外语学习有内部动机的学生，发现学会外语可以给外国游客当导游而赚大钱时，他学外语的动机就从内部动机（我想学）转变为外部动机（我必须学）了。

（二）内部动机的来源

学习者的内部动机从何而来？对此，莱珀和霍德尔（M.R.Lepper & Hodell）区分了内部动机的四个来源：挑战、好奇心、控制和想象。[8]

1.挑战

有挑战性的活动常常能调动学习者的内部动机。一般而言，中等难度的学习任务对学习者有较好的激励作用。教师可以通过调整学习任务的难度，学习者可通过自己设置有挑战性的目标来维持内部动机。

2.好奇心

给学习者呈现与其当前的知识或信念不一致的信息，使学习者感到惊奇，这会激励学习者去进一步寻求信息，弥补信息上的不一致。一般而言，中等程度的不一致，效果最好。

3.控制

给学习者提供一种自己对学习活动的控制感会促进内部动机，可以让学习者自己选择学习的活动、学习的方式以及自己建立与学习有关的规则与程序。

4.想象

通过模拟、游戏来使学习者展开想象、进行假想，可以促进其内部动机。不过要注意采用的活动与学习任务有关联且不致使学习者受到干扰或分心。

（三）两个典型的内部动机理论

自我决定理论和福乐理论是两个典型的内部动机理论。

1.自我决定理论

自我决定理论是德西和瑞安（E.L.Deci & R.M.Ryan）提出来的。他们认为，当社会环境满足了三种先天的心理需要时，就可以促进内部动机。这三种需要是：自主（自我决定做什么和如何做）、胜任力（发展和练习技能以操纵和控制环境）、相关（通过亲社会关系而依附他人）。换言之，内部动机激发的人感到在社会场景中与他人有联系，在该环境中有效地发挥功能，在这样做时感到一种个人的主动感。在满足这三种需要的课堂上，学生有可能体验到内部动机。当这些需要得不到满足时，学生会感到受控制而不是自我决定，这时他们的动机将主要是外部因素控制的动机。

2.福乐理论

福乐理论是M.Csikszentmihalyi提出来的。该理论是在调查人们全身心地沉浸在自己喜欢的活动中的体验基础上发展起来的，这种体验被称之为福乐体验（flow，也译作沉浸体验）。调查发现，当人们全神贯注地完成有挑战性、创造性的任务时，他们完全投入其中，高度专心，不考虑失败、奖惩和令他们担心的事情，感觉时间过得很快。当出现这种体验时，人们喜爱他们正在做的事情而不想做任何其他事情，因为这种体验本身就是一种奖励。福乐体验一般出现在人们从事业余爱好或休闲活动（如艺术创作、运动、电子游戏等）时，但在课堂学习中也会出现。

进一步的分析发现，福乐体验的出现是有条件的，它要求个人的技能与任务挑战性之间形成独特的结合。当个体具备较高水平的技能而且要面对有高度挑战性的任务时，个体才体验到福乐体验。而个体技能水平高，任务挑战性低，个体会体验到厌倦；个体技能水平低，而任务挑战性高，个体会体验到焦虑；个体技能水平和任务挑战性水平都低，个体会体验到漠然（见表9-2）。

表9-2 技能水平、任务的挑战水平与个体的主观体验间的关系

技能水平 / 挑战水平	低	高
低	漠然	厌倦
高	焦虑	福乐

福乐体验是重要的内部动力。当一种有挑战性的学习任务与学习者的技能水平相匹配时，学习者会投入其中，专心学习。学习的结果导致个体的技能水平得到提高，这时原有的任务就不能带来福乐体验而让学习者生厌了。为重新体验到福乐体验，个体要寻求有更大挑战性的学习任务。如此循环往复，推动学习者不断地去学习更有挑战性的任务，提高自己的技能水平。

（四）外部奖励与内部动机

内部动机强调学习者的自主性。但在现实情境中，奖励常被用做激发学生动机的主要手段。那么，奖励与学习者的内部动机之间是什么关系？在20世纪70年代，莱珀等人做了一个外部奖励对内部动机影响的实验，发现对学习者原本感兴趣的活动进行奖励会削弱学习者的内部动机。莱珀等人的研究引发了对这一现象的不同理论解释以及调查奖励与内部动机关系的一系列研究。

1. 外部奖励对内部动机作用的经典研究

莱珀、格林和尼斯比特（M.Lepper，D.Greene & R.Nisbett）1973年的研究说明了奖励对内部动机的损害效应。他们以自由活动时喜欢画画的学前儿童为被试。实验分三组，第一组叫预期奖励组，研究者告诉儿童，如果他们去画画，就有可能赢得一张优秀作画奖的证书。在这些儿童画完后，研究者告诉他们画得很好并给他们颁发证书。另一组是意外奖励组，事先不告诉儿童画画后有可能得到一张奖励证书，但在他们画完后，实验者给他们同样的反馈并颁发证书。这一条件是为了控制因接受奖励而导致的任何效应。第三组是无奖励组，在他们画画前，不告诉他们有关证书的事情，画完以后也不给他们证书。这一条件意在控制画画所导致的任何效应。两周以后，在儿童自由玩耍期间对他们进行观察，记录他们用于画画的时间比例。结果发现，与实验前相比，预期奖励组的儿童花更少的时间来画画，其他两组在实验前后用于画画的时间无明显差异。与其他组相比，预期奖励组的儿童在实验之后花更少的时间来画画，而且三组儿童在所画图画的数量上没有差别，但预期奖励组的儿童画的质量比其余两组儿童更差。从儿童对活动的选择及活动结果的质量来看，外部奖励削弱了儿童画画的内部动机。[9]莱珀和格林将这一过程称为“把游戏变成工作”。

在莱珀等人的研究之后，还有一些研究以儿童、青少年和成人为被试调查了外部奖励对内部动机的影响，其结果都与莱珀等人的研究类似。从这些研究中，人们很容易形成一种认识，即对人们喜欢的活动进行奖励会削弱他们对这一活动的兴趣或内部动机。但这一认识并不完全正确。正如申克等人指出的，如果对人们喜欢做的事情进行奖励会削弱其兴趣，则我们应会看到，高收入的体育明星会在一年后退役，优秀的学生会很快辍学，收入有大幅度提高的职员会辞职。但这类现象是极少发生的。[10]可见，外部奖励削弱内部动机可能仅仅是奖励与动机关系的一种情况。进一步的研究发现，奖励有时对内部动机没有影响，有时还会促进内部动机（见专栏9-3）。这迫使研究者思考外部奖励在什么条件下会削弱和促进内部动机。

专栏9-3

外部奖励与内部动机：研究的综述

卡梅伦和皮尔斯（J.Cameron & W.D.Pierce）1994年和2002年对奖励与动机关系的研究做了总结和分析，结果发现，当奖励是实物性的（tangible）、预期的（事先允诺的）且与表现水平的高低没有密切联系时，对个体有浓厚兴趣的活动进行奖励会削弱内部动机（这些条件在莱珀等人的经典研究中都具备）。当奖励是未预料到的，或奖励是针对成功的表现而非单纯地对任务的参与而提供时，奖励并不削弱内部动机。[11]

2.外部奖励对内部动机影响效应的理论解释

随着这方面研究的不断深入，研究者们逐渐认识到，学习者对奖励的解释在奖励与内部动机的关系中起关键作用。围绕这一观点，主要有三种理论解释。第一种解释是莱珀等人提出的过分合理化（overjustification）假设。这一假设认为，儿童会对自己的行为和因此得到的外部奖励进行解释或给出合理理由，即儿童表现出了某种行为，他必须对自己的行为做出合理解释。这样，在没有期望得到奖励的情况下表现出某种行为（如在他们的研究中，无奖励组和意外奖励组的儿童的画画行为），儿童会对自己的行为做如下解释：因为他们喜欢做这一行为（画画），所以就表现出来。而在期望得到奖励的情况下表现出某一行为（预期奖励组儿童的画画行为），儿童为自己的行为给出如下理由：之所以表现出这一行为，是为了得到行为之外的某些东西（即奖励）。当不再给予奖励时，儿童表现出这一行为的理由就不充分，行为表现也因此受到削弱。在实际效果上，儿童其实在做如下推理：如果某人付钱让我做一件事，则这件事本身不一定值得做。

还有研究者提出了折扣原理来解释外部奖励对内部动机的削弱效应。这一原理指出，个体对自己的行为有多种解释，如果其中一种解释很突出，则其他的解释就会被“打折扣”。一般而言，对某一活动的外部奖励通常要比内在的兴趣等解释更为突出，这样，虽然个体最初会将从事某一活动的原因用内在兴趣来解释，但如果对该活动提供外部奖励，则内在兴趣的解释就被“打折扣”，外部的奖励一跃而成为活动的原因。当撤去外部奖励时，个体的参与活动随之削弱。

专栏 9-4

折扣原理的运用

折扣原理和奖励对内部动机的削弱作用可用如下案例来说明。

一位老人受附近玩耍的孩子的吵闹声困扰。他将这些孩子叫到一起并告诉他们他聋了，他要求他们大声地喊叫以便他也能享受他们的乐趣。作为回报，老人将给他们每人5元钱。孩子们很高兴。在第一天，老人用他的钱买来了相当大的噪声。第二天，老人告诉孩子们，他只能付给他们2元钱。以后每天支付的钱都在减少，最后孩子们生气了，他们告诉老人，他们不再无偿地为他制造噪声了。

第三种解释区分了奖励的控制功能和信息功能。奖励可以用做控制个体行为的手段，即奖励是根据个体完成某一任务或表现达到一定水平而给予的，如教师表扬学生说：“做得很好，你准确地执行了我要你做的事情。”这种口头上的奖励就起到一种控制学生行为的作用。此外，奖励也可以用来给个体传递其技能或能力水平的信息，即奖励指出了学生做得有多好，或指出学生的进步情况，如教师表扬学生说：“做得很好，你写的文章论证有力，条理清楚。”当个体将外部奖励看做是控制其行为的（即他们相信，他们做出这种行为就是为了得到奖励），则他们会将其行为归因于个人之外的因素（奖励）而感到他们是受控制的而不是自我决定的，这会导致其表现出相应行为的内在兴趣受到削弱。能使学习者感到受控制的其他做法还包括为学习者设置期限、对其进行评价、强加给学习者目标以及通过竞赛来赢得奖励。当个体将外部奖励看做是信息性的，他们便有一种效能感，并体验到了自我决定。由于感到行为是由自己所控制，因而当奖励撤去后，内部动机不仅不会削弱，反而会得到维持。

申克的一项研究证实了这一观点。在他的研究中，有三组儿童，对第一组儿童，根据其解决问题的水平提供奖励（即相依于表现的奖励）。对第二组儿童，只要他们完成任务，就不管其作业的水平而给他们提供奖励（即相依于任务的奖励）。第三组儿童作为控制组，不对其进行奖励。结果发现，相依于表现的奖励组（第一组）的技能、动机及自我效能水平最高，而相依于任务的奖励较之不提供奖励并没有导致儿童有任何提高。[12]

专栏 9-5

奖励的提供

根据有关奖励与内部动机的研究可以知道，奖励可以调动学生的动机，也会削弱学生的动机，因而如何对学生进行奖励就很有讲究。史迪派克（D.Stipek）提出了三条实施奖励的建议，可供教育工作者参考。[13]

（1）只在必要时使用奖励，且要尽可能地少。这一建议莱珀称之为“最少且充分原则”。在学习的早期阶段，常常需要实物性的奖励来让学习者较长时间地专注于学习，但应在绝对需要时采用外部奖励，而且不要过多地依赖。

（2）根据学习的质量或某种表现的标准给予奖励，不要为学生单纯地参与活动给予奖励。这一建议其实是要让奖励成为一种信息而不是控制学生行为的一种手段。通过奖励向学习者传递能力或掌握情况的信息，会促进学习者的内部动机。

（3）尽快撤去外部奖励。这一建议旨在促进外部动机向内部动机的转化或外部奖励的内化。为引发学生参与某项任务，一开始可能要使用外部奖励。如果所学习的任务是有趣的，所学习的技能是有用的，而且学生尝试学习之后能获得成功，就可以尽快撤去外部奖励，把学生的注意转向任务本身的内在价值或使用价值上，促进内部动机的形成。

激发与维持学习动机的环境设计

学习动机的理论指出了学习动机的实质及引发、维持的条件和过程。对学习动机理论的知悉应落实到对学生学习动机的激发、维持上。就目前来看，没有一种理论能够完全解释学习动机的激发与维持，需要我们对多种理论进行综合。此外，由于动机过程贯穿学习始终，因而动机的激发与维持也要贯穿学习和教学的始终。在这些思想指导下，一些心理学家综合各种学习动机理论，从更全面的视角，对学习环境和教学的全过程做出规划和设计，以更好地激发和维持学习者的学习动机。在这方面代表性的研究成果主要是ARCS动机设计模型和TARGET模型。

一、凯勒的ARCS动机设计模型

凯勒（J.M.Keller）在20世纪80年代提出了一个动机设计的模型，该模型将激发学生动机的任务看做是一个系列过程。在进行教学之前，首先要引起学习者的注意；其次，要让学习者相信教学与其个人目标有关而且会满足其具体需要；接下来，要树立学习者学习下去的信心；最后，要让学习者看到学习的回报，获得满足感。这四个过程可简称为引起并维持注意（attention），促进相关性（relevance），树立信心（confidence），产生满足（satisfaction）。凯勒取这四个过程的英文名称的首字母构成了缩略词ARCS，于是这一模型就被称为ARCS动机设计模型。

在动机设计的不同阶段，如何促进学习者的动机？在综合各种动机理论基础上，凯勒提出了一些具体的策略。

（一）引起并维持注意的策略

凯勒指出，引起并维持学习者的注意，可以采用如下方法。一是通过使用新奇的或意想不到的教学方法或注入个人经历和幽默来激发学习者的好奇心。如在讲“阻尼振动”前，可先做一个实验，从教室天花板上用绳悬下一个大铅球，当做单摆。教师拉直摆线，把铅球刚好与自己的鼻子接触，然后释放，当铅球经过一个周期摆回来时，教师站在原地不动。全班学生精神集中地观察，并替老师担心，生怕铅球把老师的鼻子砸坏。观察结果，老师安全无恙。[14]这一新奇的设计能紧紧吸引学生的注意。二是用可以引起神秘感的问题来引发学生的好奇心。如“日界线”的教学，可以从如下问题引入：麦哲伦的水手们绕地球一周回到西班牙时，发现日记本上的日期比当地日期少了一天，这是怎么回事？“光电效应”的教学可以从如下问题引入：有些商店的大门，当人走到门前时，不用动手开门，门就会自动开启，人走过后，又会自动关闭。这是什么道理呢？这些问题让学生感到神秘、困惑，能使其注意集中于接下来的教学上。三是通过变化教学呈现来维持学生的注意。用一种方式（如演讲）来呈现教学，时间稍微一长，学生就会失去兴趣或注意分散，这时可以通过采用其他的教学呈现方式，如小组讨论、阅读相关材料、实验演示等来维持学生的注意。

（二）促进相关性的策略

促进相关性的一种策略是让学生认识到教学对他们达成个人的目的有用。为此，教师可以向学生直接阐明教学的价值和有用性，也可以引导学生自己为自己设置学习目标并评价目标的实现情况。另一种策略是将教学组织的方式与学生的价值观相匹配，来使学生认识到教学的相关性。如一些学生喜欢竞争，另一些学生喜欢在小组中领导其他同伴，教师就可以组织竞赛活动、组织小组合作学习，来迎合这些学生的价值取向。这些学生虽然没有认识到教学的有用性，但感到教学适合自己的特点，因而也愿意投入到学习中。最后一种策略是把教学与学生的原有知识经验联系起来。教学中可以通过一些具体的例子和类比来达到这一目的。学生对教学内容有大量相关的知识基础才能更好地学习、理解。

（三）树立信心的策略

在学习和教学过程中，常有一些学生认为自己缺乏相应能力，不能完成学习任务，或害怕失败而不敢去尝试。为此，凯勒提出了三种应对策略。一是澄清对学生的期望，让学生感到自己达成教师的期望是有可能实现的。学生害怕考试的原因可能是不知道要达到什么标准，或者虽然知道这一标准，但这一标准对学生而言太复杂而让学生生畏。对此，教师可以逐步向学生提要求，一次只提很小的要求，让学生感到这一要求明确具体，可以达到。此外，对于复杂的要求，可以把它加以分解，让学生看到如何逐步完成小的目标而达成最终目标。二是让学生在有挑战性的任务上获得成功。根据班杜拉的自我效能理论，这种亲历的成功经验能极大地促进学习者的自我效能感。为此，教师要保证学习任务的难度对于学习者的能力水平而言是中等程度的，这样才最有挑战性。三是对学生归因进行训练，引导学生认识到学习是其努力和采用有效学习策略的结果。为此，教学中教师要注意对学习者的学习进行反馈，要注重为学生的学习提供信息而不是单纯的好或坏的评价。

（四）产生满足感的策略

产生满足感的策略也有三种。一是给学生提供运用新习得技能与知识的机会。如学生学过了网页的设计与制作技能，就给他们提供实际制作网页的机会，从做成的网页中，学生会体验到极大的满足。二是对学生的学习给予一定奖励。这一策略主要是针对技能的学习要经历较长时间后才能应用的情况，以及学生对所学习内容不感兴趣的情况。如学生初学外语，对音标、单词的学习可能没有多大兴趣，而且学了这些内容又不能马上用来交流，这时可通过口头表扬、实物奖励等手段来让学生从这些学习中获得满足。三是保持评价标准的一致性，并保证学生学习的结果与学习之前的预期相一致。学生的满足感通常是在比较中获得的，这种比较有时涉及最终的结果与学习之前预期结果的比较，如一些培训班为招徕生源，在广告中宣传得很好，但学员学下来得到的结果并不像广告中吹嘘的那样，这很难让学员满足。有时，这种比较是和其他学生的横向比较，如学习者发现，在学习的投入、学习方法的采用方面都不如自己的学生最终也得到了和自己一样好的成绩，这会削弱学习者的满足感。因而，确保学习结果评价标准的一致性及实际学习结果与预期结果的一致性，对于让学习者产生满足十分关键。表 9-3 总结了凯勒的 ARCS 模型所建议的激发与维持动机的教学策略。

表 9-3 ARCS 模型所建议的激发与维持动机的教学策略

动机成分	相应的策略
引起并维持注意	• 通过运用新奇或料想不到的教学方法吸引学生的注意 • 用可唤起神秘感的问题来激发持久的好奇心 • 通过变化教学呈现来维持学生的注意
促进相关	• 通过阐明（或让学生确定）教学如何与个人目标相关以提高对有用性的知觉 • 用自学、领导和合作的场合来提供将学习者的动机和价值观加以匹配的机会 • 通过在学习者原有经验基础上进行教学来增加熟悉感
树立信心	• 通过阐明教学目标和目的创设积极的成功期待。此外，允许学习者设置自己的目标 • 给予学生成功完成挑战性目标的机会。 • 让学习者合理地控制自己的学习
产生满足	• 通过给学习者提供运用新学的技能的机会以引起自然后果 • 在自然后果缺失时，可以运用积极后果策略，如口头表扬、真实的或符号性的奖励 • 通过保持一致的标准并将结果与期待相匹配而确保公平

二、TARGET模型

ARCS动机设计模型着眼于课堂教学全过程中的动机激发与维持。TARGET模型则着眼于课堂乃至学校的文化环境对学生动机（主要是掌握目标定向）的影响。TARGET是六种影响学生动机的课堂环境因素其英文名称首字母的缩略词，这六种因素分别是：任务（Task），权威（Authority），认可（Recognition），分组（Grouping），评价（Evaluation）和时间（Time）。这一模型最初是由爱泼斯坦（J.L.Epstein）1989年提出来的，当时提出这一模型是为了全面刻画影响学生在学校学习动机的家庭环境因素，这六种因素之所以按上述顺序排列，是为了强调家庭环境的这六个方面应成为家长和教师关注的目标（首字母缩略词TARGET的意思是“目标”），以改进家庭对儿童学习动机的影响。[15]后来，艾姆斯（C.Ames）将这六种因素用于刻画促进学生学习动机的课堂环境，而梅尔和米奇利（M.L.Maehr & C.Midgley）则以这一模型为指导来构建促进学生学习动机的学校文化。[16]这里重点介绍艾姆斯就如何设计课堂环境的这六个方面以促进学生学习动机而提出的建议。[17]

（一）任务

课堂环境的任务层面是指学习活动、任务与作业的设计。为促使学生投入到学习活动中，提高其对学习的兴趣及质量，可以采用如下一些策略。

一是使学习活动有趣、富有变化且有一定挑战性。有趣和有挑战属于学生的内部动机的成分，可以调动其内部动机。让学习活动富有变化的一种方式是将单维课堂结构变成多维课堂结构。在单维课堂结构中，所有的学生使用相同的学习材料，完成相同的作业。在这种结构中，学生会把成绩上的差异归因于能力上的差异。而在多维课堂结构中，学生完成不同的任务，有不同的作业，学生不大可能有机会将自己的成绩与别人比较，这有助于减少学生间的社会性比较，促进掌握目标定向的发展。

二是让学生理解进行学习的原因。学生对学习原因的解释会影响其投入学习的质量及对学习策略的选择。研究发现，告知学生学习材料的目的是为了教会另一个人，与告诉学生学习材料的目的是为了参加测验相比，前者会使学习的质量得到提高。强调学习的原因是理解、获得和改善技能，会使学习者认识到学习任务本身很有价值。

三是引导学生设立现实的目标。学生设立了具体的、短期的目标，会认为学校的学习任务是自己可以控制的，愿意付出努力来学习。在他们看到自己朝向目标的进展情况后，还会增加对自己能力的自信。

四是通过教学、示范等方式教会学生如何计划、组织、监控其学习任务，对缺乏这方面技能的学习困难学生，尤其要这样。

（二）权威

权威层面是指学生在其学习中有机会承担领导的角色，形成个人控制感及独立性。这一层面的动机策略要促进学生的主动参与及在学习过程中的主体性。具体的策略是在学习过程中让学生做出自由选择，或给他们自己做决策的机会，或让他们承担领导的角色。很多研究发现，教师在学习中给学生选择、决策的机会，即在学习上让学生有一定自主，这种做法与学生的能力知觉和掌握目标定向有密切联系。而且，在尊重学生自主性的课堂上，学生的自我决定感也有显著提升。不过在给学生提供选择时，要保证学生能把这些选择看做是“平等”的。如要求学生可以选择自己喜欢的任何一本书来写一篇读书笔记，则一些学生会选择很难的书，另一些学生会选择很容易的书，这是因为学生要尽力去回避失败。这时可以让学生在同等难度的学习任务或同样令人喜欢的学习活动或作业中进行选择，这样，学生的选择就完全凭自己的兴趣而不是出于保护“自我价值”才做出的。

（三）认可

认可是指课堂上对奖励、诱因、表扬的正式与非正式运用。奖励的类型、奖励的原因、奖励的分布都对学生学习的兴趣、自我价值感及学习满意感有重要影响。能促进学习动机的认可策略主要有如下三种。一是对学习的努力、成就及改进予以认可。在对学生进行奖励时要发挥奖励的信息功能，将其与学生表现的具体方面联系起来，以免奖励成为“贿赂”而损伤其学习的内在兴趣。二是让所有的学生都有机会得到奖励和认可。这一点与任务这一层面有密切联系，教师要为所有学生安排适合他们的作业、学习任务，让他们有机会取得成功，获得认可。

三是要在私下里以师生一对一的方式给予奖励和认可，避免公开对学生进行奖励。这样做的目的是为了避免学生从“超过他人”的比较中获得满足。

（四）分组

分组关注的是学生在学习任务上与他人一起有效工作的能力，其目的是创设一个个别差异被接受的环境及让所有学生形成归属感，这样学生能力上的差异就不会转换成动机上的差异。在实施策略上，要给学生提供合作学习和同伴间相互作用的机会。课堂的结构有三种安排方式：竞争式、合作式和个别式。竞争性的课堂结构强调学习者之间的竞争，强调社会性比较。在这种课堂结构中的学生关注自己的能力。研究发现，这类课堂结构对学生的学习和动机都有阻碍作用。个别式的课堂结构强调学生自己的学习完成情况及自己的进步，不考虑其他学生的学习情况。在这种课堂结构中，学生易于将成功归因于自己的努力，不大会注重与同伴的比较。合作性的课堂结构强调学生结成小组，共同达成小组的目标。在这种结构中，个体的能力不是注意的焦点，教师对个别学生的不同对待也不明显。学生能力和成绩上的差异不会引发学生间的排斥和对立。在这种结构中，要强调小组中每个个体对达成小组目标的贡献，而不能指望小组中个别成员负责小组目标的达成。此外，在小组的构成上，要强调异质分组，即小组要由不同能力水平的学生组成。研究发现，这类课堂结构能提高学生的学习兴趣，让学生注意到共同努力的价值。

（五）评价

评价层面是指用于测量和监控学生学习的一些方法。评价是课堂环境中最突出的一个方面，评价的方式方法很容易对学生的动机产生影响。为促进学生的学习动机，艾姆斯就评价的类型、形式、目的等方面提出了三条建议：评价学生个体的进步、提高和掌握情况；给学生提高其成绩的机会；变换评价方法并使评价私密化。课堂上的评价通常是常模参照评价，强调学生间的比较，而且这种评价又是公开的评价，与能力密切联系着。这种评价系统易使学生形成一种表现目标定向，使学生关注对其能力的评价，这样，学生的自我价值就与能力联系在一起，为保护其自我价值，学生会表现出一些科文顿所讲的回避失败的行为。研究也发现，这种评价体系会削弱学生的能力知觉，降低其学习的兴趣。而根据个体进步情况，根据其完成个人目标的进展情况，根据其参与和努力的情况，对学生做出评价则容易使学生形成掌握目标定向。而且，评价后若学生想提高自己的成绩和等级，则给他们这种机会可使学生认识到错误是学习过程的一部分，而不是学习失败的指标，也不是个人能力的指标。此外，在评价学生时，要注重评价方法的多样化。如有人比较了针对具体学习任务的评论、表扬、给予等级三种评价方式的效果，发现针对具体学习任务的评论对学生的学习兴趣和对学习投入有更为积极的影响。而且，评价方法的多样化也降低了学生进行社会性比较的机会，使学生对自己的能力知觉更可变，这十分有利于掌握目标定向的形成。

（六）时间

时间层面是指工作负荷的合适性、教学的进度及完成学习活动和作业的时间分配。这一层面与学习环境的其他方面有密切联系。当要求学生在一定时间内完成一定量的学习任务时，就与任务这一层面有联系；当允许学生自己安排学习的日程、顺序及所用时间时，就与权威这一层面有联系；当对测验设置时间限制时，就与评价这一层面联系起来。这一层面的设计策略主要有两种。一是对于难以完成学习的学生，调整任务及时间要求。这是因为学生在其技能水平、学习动机、学习速度上存在差异，因而针对学生的日程安排、作业优先性及时间分配必须灵活以适应学生的差异。如测验时给学生设置严格的时间限制会对有测验焦虑的学生产生不利影响。为此，对测验的时间限制要较为宽松，给学生提供测验难度的信息以及调整测验的频率和长度，这些做法都可减少测验对动机的不利影响。但对学生的作业设定时间限制，要求学生在给定时间内按一定质量完成作业，有时也会促进学生主动付出努力。可见，这一策略要视学生的具体情况而定。二是给学生提供安排其学习日程及以最佳速度进步的机会。这一策略其实与“权威”这一层面联系了起来，让学生对自己的学习活动有自我选择、自我决定的权力，从而增强内部学习动机。

在提出了TARGET模型后，艾姆斯还检验了它的效果。他在许多课堂中选取了一些学习和动机都较差的学生，对其中的36个班级，按TARGET的模式加以设计，对另外30个班级则不加干预。相比之下发现，在TARGET班级中的这些学生将其课堂知觉为学习定向的，而且维持了他们对自己的能力知觉和对班级的态度，也维持了较强的内部动机及良好学习策略的使用。而在传统班级中的这类学生则将其课堂知觉为表现定向的，而且在对自己的能力知觉、对班级的态度、内部动机及学习策略的使用上都有不良表现。[18] 还有其他一些研究也证实TARGET模型的运用能有效树立学生的掌握目标定向。

本章小结

学习动机是学习者发现学习活动有意义、有价值并尽力从中得到预期学习收益的倾向。学习者的这一倾向可以通过对学习任务的选择、学习成绩、对任务的坚持性、对学习的行为上和认知上投入程度等行为指标而推测出来。学习动机与学习效果之间存在双向的互惠关系，与学习效率之间的关系可用叶克斯—多德森定律来描绘。

学习动机的理论解释有多种。归因理论认为个体对成败原因的认识会影响其后续行为，并区分出了能力、努力、任务难度、运气四种因素和可控性、内外维度、稳定性等三个描述四种归因因素的维度。学习者做出的不同维度的归因影响他们的情绪、期待和行为。对学生不良的归因要进行训练，要引导学生将失败归因到努力和策略因素上。自我效能理论认为个体对自己完成特定任务的能力判断会影响其动机，学习者一般从亲身的经验、替代性经验、说服、生理状态等方面获取自身效能的信息，而后经过对这些信息的整合而形成自我效能。目标理论强调学习者的具体目标和目标背后的原因、信念会成为学生的学习动机。目标理论可以区分出目标设置理论和目标定向理论。近年研究较多的是目标定向理论，这一理论主要区分了学习者持有的表现目标定向和学习目标定向，学习目标定向应是学校教育着力培养的目标定向类型。

内部动机理论强调学习者学习动机的源发性。内部动机是因学习者对学习任务本身感兴趣而引发的动机。内部动机与外部动机不是一个连续体的对立两极，而是两个独立的连续体。挑战、好奇心、控制、想象是内部动机的四种来源。有代表性的内部动机理论是自我决定理论和福乐理论。外部奖励对学习者内部动机的影响性质要视学习者对奖励的解释而定。当学习者认为奖励是对自己行为的一种控制而不是为自己的表现提供信息时，奖励会削弱内部动机。自我价值理论则关注学校环境对学生的自我价值或自我形象有威胁的一面。在学校情境中，学生的自我价值体现在学生对自己能力的知觉上，而学校中的竞争、奖励会威胁学生对自我价值的判断，因而他们会采用一些回避失败、争取成功的策略来维护自我价值，这些策略如拖延、作弊等，会对学生动机和学习带来不良影响。

ARCS 动机设计模型和 TARGET 模型是在综合考虑了多种动机理论基础上提出的动机设计模型。ARCS模型主张在教学过程的始终从注意、相关、自信心、满足四方面来考虑激发与维持学生动机的策略。TARGET模型则着眼于课堂与学校环境，主张从任务、权威、认可、分组、评价、时间六个方面来设计有助于掌握目标定向的学习环境。

重要术语

学习动机	内部动机	外部动机	认知的内驱力
附属的内驱力	叶克斯—多德森定律		自我提高的内驱力
归因理论	归因训练	自我效能	目标设置
目标定向	掌握目标定向	表现目标定向	过分合理化
折扣原理	自我价值	ARCS 模型	TARGET 模型

思 考 题

1. 试从学习动机的角度对下列成语做出解释：天道酬勤；欲速则不达；移情别恋；明知山有虎，偏向虎山行。
2. 在家庭教育中，经常可见到家长向孩子做如下许诺：考 100 分，奖励 100 元；考85分以上，奖励50元；考试及格，奖励10元；考试不及格，什么也不奖励。请从学习动机的角度对家长的这一做法进行分析并提出若干建议。
3. 试比较学习动机设计的 ARCS 模型和 TARGET 模型的异同。
4. 就如何激发学生动机这一问题，向教师提出若干明确可行的建议。
5. 为什么说学习动机设计的ARCS模型和TARGET模型综合考虑了多种动机理论？

第十章

问题解决

学习目标

- 陈述问题与问题解决的心理学定义
- 陈述问题解决的过程
- 能用自己的话举例说明常用的问题解决策略
- 陈述专家问题解决的特点
- 能为问题解决能力的培养提出若干建议

解决问题不仅是我们生活的一部分，也是重要的教育目标，当今世界教育改革的潮流之一是重视学生的问题解决能力的培养。解决问题涉及多种学习结果的综合运用，前几章介绍的各类知识、技能、策略、态度、动机等因素，在问题解决活动中相互作用，共同影响问题的解决。问题解决很早就成为心理学的研究课题，并在这方面积累了丰富的研究成果。本章侧重介绍当代心理学家尤其是认知心理学家对问题解决的有关研究。

问题与问题解决

一、问题及其类型

（一）问题的含义

“问题”是我们的日常用语之一，其含义好像是不言自明，但要对“问题”进行科学研究，就需要对它下一个明确的定义。为界定“问题”这一概念，心理学家针对某一情境，区分了其如下的方面：该情境的初始状态，想要达到的目标状态，阻止从初始状态转化为目标状态的障碍。据此将“问题”界定为：在事物的初始状态和想要达到的目标状态之间存在障碍的情境。如一条河流，其当前的状况（初始状态）是受到严重污染，河水发黑发臭，寸草不生，鱼虾绝迹。我们想让它达到的目标状态是河水清澈，水草丰美，鱼游其中，但要达到这一目标，我们又不知道该如何做，如河流的污染源在哪里，采用什么样的措施来治理等。这时我们面对的这一情境对我们而言就构成了问题。

小贴士

事物的初始状态与目标状态之间的障碍是因人而异的，对某个人来说是障碍，对另一个人来说可能根本不是障碍。如孩子发烧、呕吐、腹泻，对家长来说可能是一个大问题，但对于经验丰富的儿科医生来说，可能算不上问题。

（二）问题的类型

在对问题的长期研究中，心理学家逐渐区分出了不同类型的问题。以下两种分类是较为常见和常用的类型。

1.清晰的问题与模糊的问题

清晰的问题又叫界定良好的问题，是指问题的初始状态、目标状态及用于转换状态的方法均已清楚规定的问题。例如，对于大多数的成人而言，解方程$x+2=4$（$x-2$）就是一个清晰的问题，因为成人可以很清楚地确定问题的起始状态（即给出的方程）、目标状态（即$x=?$）以及正确的运算（即在方程两边加上同一个数，在方程两边都加上未知数等）。模糊的问题又叫界定不良的问题，是对问题的初始状态、目标状态及转换状态的方法中的一项或几项缺乏明确的界定。如写一篇关于学生学习的文章就是一个模糊的问题，这里，目标状态（具体写什么问题，写多少字，从什么角度写等）和用于状态转换的方法都不明确。

2.一般领域的问题与专门领域的问题

一般领域的问题又叫语义贫乏问题，是问题解决者不具有与问题相关的专业知识的问题。专门领域的问题又叫语义丰富的问题，是指问题解决者具有与问题有关的专业知识的问题。如要把坏了的电视机修好，对于不懂修理知识的人来说就属于一般领域的问题，而对于电器维修人员来讲，则是专门领域的问题。

二、问题解决及其过程

（一）问题解决的含义

如果说情境的目标状态和初始状态之间存在障碍就构成了问题，则问题解决就是运用一系列认知操作扫除障碍，将初始状态转化为目标状态的过程。要将初始状态转化为目标状态，中间必须经过各种不同的状态，这些状态（包括初始状态、中间状态、目标状态）总称为“问题空间”。这样，问题解决也可看做是从初始状态开始，经过一步步的中间状态，最后达到目标状态的过程。在问题解决中，从一种状态转化为另一种状态，需要采用一定的认知操作或一定的方法，这些操作或方法叫算子（operator），解决问题也可看做是通过搜索，选择并运用算子来改变问题状态，最后达到目标状态的过程。

安德森（J.R.Anderson）指出，问题解决具有三个基本特征。一是目的指向性，即问题解决最后要达到一定的目标或终点状态。二是操作序列，即问题解决必须包括心理过程的序列。有的活动虽然也具有明确目的性，如回忆朋友的电话号码，但是这种活动只需要简单的记忆提取，不属于问题解决。三是认知操作，即问题解决活动必须由认知操作来进行。不涉及认知操作的活动（如打领带、分扑克牌等），不属于问题解决。[1]在安德森看来，问题解决可以定义为有目的指向性的一系列认知操作。

加涅则将问题解决与先前习得的原理、规则的运用区分开来。他认为，当学习者处于一定的问题情境中时，会回忆出先前已掌握的一些规则来试图解决问题。

如果仅运用先前习得的规则就可解决问题，则这种活动不是问题解决，而是规则的运用。当运用先前的规则不能解决问题时，学习者必须将若干规则联合起来才能解决问题，这时学习者不仅解决了当前的问题，而且也学会了某些新的东西。这些东西一方面是由若干先前习得的规则联合而成的“高级规则”，它能使学习者解决相似类型的其他问题；另一方面则是解决问题的一般方法即认知策略。[2]如学生学会了计算圆面积的规则，他运用这一规则去计算1元硬币的面积就不属于问题解决。但在求环形的面积时，如果学生能将求圆面积的规则$S=\pi r^2$与“大面积－小面积＝相差的面积”这两个规则联合起来而形成$S=\pi(R^2-r^2)$的“高级规则”时，学生就是在解决问题，因为他不仅求出了环形的面积，还学会了一个可用于解决相似问题的高级规则。按加涅的这种观点，问题解决总涉及新的高级规则的创建，因而他又认为，对个体而言，解决问题的活动也是创造，不过创造的是新的高级规则。这样，加涅是将问题解决与创造等同看待的。可以看出，加涅的这一观点是对问题解决的更严格的界定。

（二）问题解决的过程

早在20世纪初，杜威、波利亚、华莱士等心理学家和教育家就将问题解决看做是一个过程。现代认知心理学则更明确地将问题解决分为五个阶段，布兰斯福特和斯坦（J.Bransford & B.Stein）取这五个阶段英文名称的首字母组成了缩略词IDEAL，因而这一问题解决的阶段又称IDEAL模型。这五个阶段分别是：①发现问题与机会（identify problems and opportunities）；②界定目标与表征问题（define goals and represent the problem）；③探索可能的问题解决策略（explore possible strategies）；④预期结果并实施策略（anticipate outcomes and act）；⑤回顾与学习（look back and learn）。[3]

吉克（M.L.Gick）1986年也提出了一个问题解决过程的模型[4]，见图10-1。

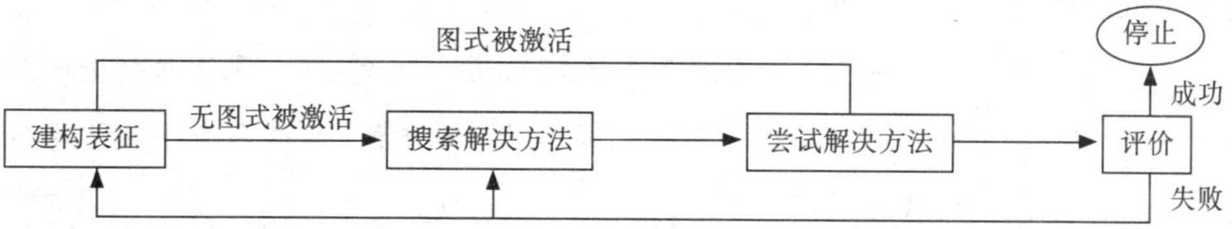

图10-1 吉克的问题解决过程模型

该模型突出了问题解决过程的两大特点。一是问题解决过程不是线性的，对问题解决的评价并不一定意味着问题解决的停止；相反，经评价若认为问题未得到解决，有可能会导致新的问题解决。二是问题解决方法的形成有两条途径。第一条途径是在建构了问题的表征、激活了正确的图式后，解决问题的方法变得很明显，不必再去探索尝试多种方法了。第二条途径是问题解决者没有可以利用的图式，因而必须通过对各种方法的搜索检验才能找到合适的解决方法。

小贴士

吉克的问题解决模型中指出了图式在问题解决中的作用。

这两个模型本质上是一样的，不过各有特点，分别突出了问题解决的不同方面。下面我们主要按照问题解决的IDEAL模型来介绍问题解决的过程。

1.发现问题

问题解决的一系列过程始于发现问题。问题的发现不仅引发了后续的一系列问题解决活动，而且其本身也蕴涵有机遇，如牛顿就从人们习以为常的苹果落地现象中发现了万有引力定律，所以爱因斯坦说，发现问题比解决问题更重要。但在现实生活中，许多人并没有养成发现问题的习惯。导致这种状况的原因一方面是人们对现状的满足，不去追求现状之外更高的目标状态；另一方面是因为人们缺乏相关的专业知识，因而对一些问题熟视无睹。

2.表征问题

表征问题是在心里将问题中的各相关要素整合成连贯一致的结构，又叫问题理解。问题表征与问题解决的关系十分密切。如果我们对某个问题形成了适当的表征，则问题可能变得很容易解决；如果表征不适当，很可能就解决不了问题。请看下面的问题：

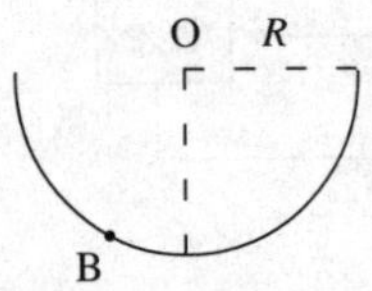

如图，一个半圆形光滑轨道，半径为R，现让两个小球同时分别从圆心点O和轨道上的点B施放，问这两个小球谁先达到轨道最底点。

很多学过物理的人拿到这个题目往往不知道该怎么做，这是因为他们没有形成对这一问题的正确表征。如果把从圆心下落的小球看做是做自由落体运动，将从B点施放的小球看做是一个摆长为R的单摆运动，则运用相关的公式就不难求出两只小球到达轨道最底点的时间。在这一例子中，问题解决者要把与问题解决相关的因素选择出来，即半径R，轨道为半圆形，从B点施放的小球往返运动等，而后再将其整合成一致的结构，即将半径R看做是单摆的摆长，从B点施放的小球看做是摆锤，则小球的运动就是做单摆运动。

对问题的表征涉及语言性知识、事实性知识、概念性知识的综合运用。请考虑如下的问题：

A、B两个火车站相距100公里。两列火车分别从两站同时相向开出。一只鸟在A站的火车出发的同时飞向从B站开出的火车，在遇到B站开出的火车后，再折返飞向从A站开出的火车。如此反复，直到两车相遇。如果两列火车的速度都是每小时25千米，小鸟的飞行速度为每小时100千米，问两车相遇时，小鸟共飞行了多少公里？

要在心里对这一问题形成表征，学习者需要具备一些语言知识来理解题目的意义，如要知道“相向”、“折返”的意思是什么，还要具有一些事实性知识，如“公里”又叫“千米”。尤其重要的是，学习者还要具备相关的概念性知识，即将小鸟的飞行用距离、速度、时间的关系来理解，即“距离=速度×时间”，而时间正是两列火车相遇的时间。概念性知识当中的概念、原理、图式在问题表征中起关键作用，也可以说，问题的表征就是用相关的概念、原理、图式来理解问题。

3.探索解题策略

在这一阶段，学习者尝试各种方法来寻求解决问题的方法。一般而言，在这一阶段，有两类方法可供学习者选择。一类方法叫算法（algorithm），它明确具体地指出了解决问题的具体步骤，照这一步骤执行下去，可以保证问题得到解决。如解简单的一元一次方程，按照“移项—合并同类项—方程两边同除以未知数的系数”这样的步骤，就可以得到方程的解。算法通常具有专门领域性，即它针对的是特定领域中的特定问题，如解方程的算法、求平均数的算法等。另一类方法叫启发式（heuristic），这是一种一般的策略，可适用于多种领域，运用它可以促进问题的解决，但并不能保证问题一定得到解决，它起的作用好比是对我们的问题解决进行“启发”而不是具体详细的指导。

早期的问题解决研究关注的主要是一般领域的问题，这些问题的解决不需要高深的专业知识，因而适用于一般领域的策略就在这类问题解决中起重要作用。研究者们识别出了如下几种常用的启发式策略。

一是手段—目的分析（means-ends analysis），是纽厄尔和西蒙（A.Newell & H.A.Simon）在1972年提出来的。这一方法的基本思想是通过运用算子来缩小问题的当前状态与目标状态之间的差异。运用算子一次就将初始状态转化为目标状态的情况很少见，因而这一方法一般需要将目标状态分解为若干子目标，通过运用不同的算子逐一达成一系列的子目标而最终达成总的目标。而子目标的分解、确定则是在找到算子后比较算子的应用条件与当前状态的差别，找到差别后再确立一个新的子目标以消除差别。纽厄尔和西蒙曾举了一个例子来加以说明：我要送我的孩子去幼儿园（目标状态）。我现在的状况和我所要求的状况之间的差别是什么呢？主要是两者之间的距离（当前状态与目标状态之间的差别）。用什么来改变距离呢？我的汽车（算子）。我的汽车不能开动了，要什么才能使它开动呢（子目标）？蓄电池（算子）。什么地方有新的蓄电池（子目标）？汽车修理铺（算子）。我要修理铺给我换蓄电池（子目标），但修理铺不知道（当前状态）。这里的困难是什么？通知他们。用什么才能通知他们呢？电话（算子）……手段—目的分析是一种有效的问题解决策略，它的缺点是在解决复杂问题时，由于子目标过多而使问题解决者的工作记忆负担过重，这会导致子目标的遗忘而难以解决问题。

二是爬山法。这是指问题解决者从初始状态出发，对它做一些改变，以期待它与要达到的目标状态更接近。这好比是在黑暗中爬山一样，只要在往上走，就离山顶更近了。申克（D.H.Schunk）举了一个爬山法的例子：实验室的容器里盛有不同的物质，学生的任务是要将这些物质鉴别出来并贴上标签。于是学生就先鉴别出某个容器中的物质，然后贴上标签。每鉴别出一种物质并贴上标签，他们就离最终的目标更近了一些。[5]

三是逆向法（working backword strategy），是从目标状态开始，逐步递推至初始状态。当从初始状态出发有几条可能的路径可走，但只有一条能达到目标

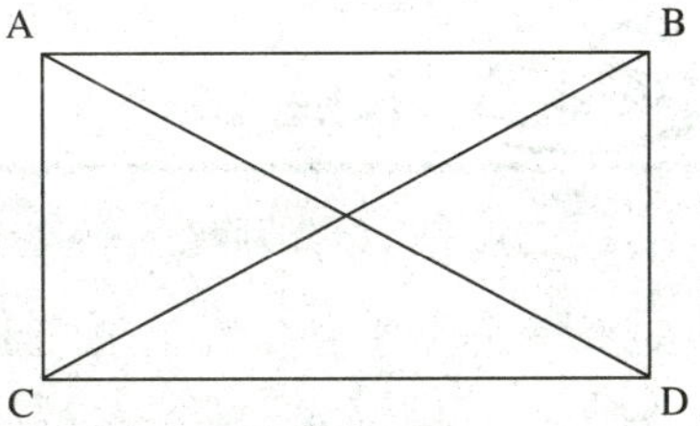

状态时，宜采用逆向法。几何证明题中经常用到这一方法。如已知矩形ABDC，求证：AD = CB。在证明时，可以从目标状态开始：要证明AD = CB，得先证明△ACD ≌ △BCD；要证明△ACD ≌ △BCD，就需要证明AC = BD，CD = CD，∠ACD = ∠BDC。这些条件都在问题的条件（初始状态）中给出了，于是得证。

四是类比法。这是指遇到新问题时，通过将它与我们以前解决过的熟悉问题联系起来而找到解决的方法。成功地运用类比取决于问题解决者发现新的问题与旧有问题在结构上而不是表面特征上存在类似。历史上有很多运用类比法解决问题的逸闻，如化学家凯库勒一次做梦梦见一条蛇咬着自己的尾巴旋转，他醒后以这一梦境做类比，提出了苯的结构就是一个碳原子环。又如阿基米德进浴盆洗澡时发现水溢了出来，由此想到了用浮力检验皇冠是否掺假的问题。

五是头脑风暴法。这一方法是由奥斯本（A.Osborn）提出的，其基本步骤如下：①定义问题；②产生尽可能多的解决办法，不管它们多么离奇，都不要做出评论；③确定从中选择合适方法的标准；④运用这些标准，从中选择最好的方法。

现在假定教师遇到一个不敢在课堂上当众发言的学生，教师运用头脑风暴法来尝试解决这一问题。他首先产生了一系列可能的解决办法，比如：①告诉学生放松；②请学校的心理咨询老师来帮助；③每天训练该生大声说话；④给他服用镇静剂；⑤运用系统脱敏疗法；⑥让自信的学生给该生做放松态度的示范；⑦不让他在课堂上发言。

有了这些可能的解决办法后，教师便确立了选择的标准。这些标准一要达到学生课堂发言放松的目标，二要可行，三要合乎法律。根据这些标准，方法①、②、⑦不可能实现目标，如果学校的心理咨询老师比较忙的话，方法②也不可行，方法④不合乎法律，于是符合标准的就只有方法⑤和⑥了。

小贴士

在这一阶段，问题解决者所持有的有关问题解决的一些信念会影响他们对解题策略的选择。如一些学生认为，凡是题目中给出的条件在解题过程中都是有用的；一道题目如果在开头的几分钟内解决不了，则花再多的时间也白搭；每道题都有一种正确的解法，而且只有一种正确的解法。这些认识会阻碍学生对问题的解决。相反，有些学生认为，如果花了很多时间仍解决不了问题，可以先把它放一放，过一段时间再来解决就容易了。这一信念已被心理学的研究所证实。

4.执行问题解决策略

经过对问题解决策略的尝试而构建出问题解决的方案后，接下来就要执行这一策略来实际解决问题。在上一阶段，需要问题解决者具备的知识主要是策略性知识，而这一阶段需要问题解决者具备良好的程序性知识，如上文提及的飞鸟问题，就需要学生具备一些数学计算（加法、乘法、除法）的技能。

5.对问题解决的回顾与总结

执行过问题解决策略，得到一定的结果，并不意味着问题解决过程的结束。接下来的一个重要阶段是对问题解决的回顾与总结，这种回顾的工作主要涉及两方面。一是对执行问题解决策略所得到的结果是否达成了目标进行评价。如这样一道题目：五年级共有学生94人要去春游，租借的巴士每辆车能坐42人，请问要几辆巴士？一些学生很快做出解答：$94 \div 42 \approx 2.24$（辆），并就此停止。这些学生就对问题解决的结果是否达成目标缺乏评价，他们没有意识到“2.24辆车”在现实生活中是不可能的。不参照目标对问题解决的结果进行评价，经常会得出一些可笑的结果。二是对整个问题解决过程的回顾。问题解决也是一种学习。通过对问题解决整个过程的回顾，可使我们从中得到一些新的结果，如加涅讲的高级规则和认知策略，这对于提高我们以后的问题解决能力十分关键。一些人虽然解决了很多问题，但缺乏对问题解决过程的回顾与反思，其问题解决能力也得不到明显提高。

专栏 10-1

问题解决过程的循环性

对问题解决的回顾有时并不是问题解决过程的终点，而可能是新的问题解决的开端，正如吉克的问题解决模型指出的，在对问题解决结果的评价失败后，要么重新建构对问题的表征，要么搜索其他的解决方法再进行尝试。如中学生解决如下的物理题：一辆汽车以 v=10 米 / 秒的速度在水平路面上直线前进。司机发现前方有障碍物后开始刹车，以加速度 a= – 0.2 米 / 秒 ^{2} 做匀减速运动。问刹车后 1 分钟内汽车前进了多少米？学生的解答如下：根据 $s=v_0t+$（1/2）at^2，把 v_0=10 米 / 秒，t=60 秒，a= – 0.2 米 / 秒 ^{2} 代人上式，得到 10 × 60 – 1/2 × 0.2 × 60^2=240（米）。解出答案后，如果学生能做如下的反思，就会发现这样的解法是有问题的：若把题目改为问“刹车 1 天汽车开出多远？”这时直接将 24 × 3600 秒代人公式就很不合情理。这时学生要重新对问题进行表征，发现汽车刹车后到速度为 0 是需要一定时间的，题目中给出的 60 秒不一定就是这一时间。在这一表征指导下，学生又根据 $v=v_0+at$ 来求 v=0 时汽车运动的时间，计算结果为 50 秒，于是正确的解法应为：10 × 50 – 1/2 × 0.2 × 50^2=250（米）。

专家的问题解决

一、研究专家的问题解决的新方法——专家与新手比较研究

心理学对问题解决的研究最初关注知识含量低的问题（如字谜、河内塔问题、野人和传教士问题等）如何解决。对这类问题，解决者凭自己的生活经验再加上一般的问题解决策略的运用就可解决（如逆向法、手段—目的分析等）。自 20 世纪 60 年代起，心理学家开始研究知识含量高的专门领域的问题解决，研究的基本方法是将专家的问题解决与新手的问题解决进行比较，由此形成了一种新的研究方法——专家与新手比较研究。

这一方法一般由三步构成。首先根据一定标准选出某一领域的专家和新手。

选择的标准主要是专业知识的多少。在具体操作时，有的研究以工作年限来判断专家，一般将有10年以上专业工作经验的人作为专家；有的研究是以业绩表现和同行评价来判断的。其次是给专家和新手呈现专门领域的问题要其解决，而后研究者观察并收集专家与新手解决问题的资料。有的研究要求专家和新手在解决问题时出声思考，研究者将其语言录制下来以便分析；有的研究是让专家和新手解决完问题后进行回溯性反思，思考自己是如何解决问题的，并将思考的结果报告给研究者；还有的研究采用录象等手段将专家与新手解决问题的过程录制下来以便分析。最后，在收集了专家和新手的问题解决资料以后，研究者对这些资料进行分析，找出专家在问题解决的不同方面与新手的差异。

这方面的经典研究是荷兰心理学家迪格鲁特（A.D.de Groot）1965年对象棋大师与新手的研究。[6]迪格鲁特给被试呈现一些真实的棋局，每次呈现5秒钟，而后要求被试在一张空的棋盘上将刚才看到的棋局复现出来。结果，象棋大师能正确摆放20个左右的棋子，而新手只能正确摆放4～5个棋子。由于在走一步棋之前，大师和新手所考虑的步子的数目是一样的，因而大师与新手的区别就在于他们知觉到的棋盘上棋子的布局类型不一样。

小贴士

从对专家与新手比较研究的介绍中可以看出，这一研究是描述性的研究，指出了专家不同于新手的地方，但没有指出新手如何变成专家。

二、专家的问题解决特征

20世纪60年代以后，心理学家采用专家与新手比较研究的方法研究了国际象棋、物理、医学诊断、计算机编程、代数、社会学科、教学等专门领域中专家的问题解决。结果发现，虽然专家从事的专业领域不尽相同，但和新手相比，他们在问题解决上却具有一些共同之处。格拉泽和齐（R.Glaser & M.T.H.Chi）1989年综合了不同领域专家问题解决的研究后，将专家的问题解决概括为如下七个特征[7]：

（一）专家受领域所限

与新手相比，专家解决自己专业领域内的问题时较为出色，但在不熟悉的领域，专家通常并不比新手好。如有人让化学家去解决政治科学中的问题，结果发现，这些化学家对问题的解决很像新手，他们非常具体地描述问题的原因，而不是像专家那样更深入地看问题。[8]

（二）专家以较大的意义单元加工信息

研究发现，专家比新手能更有效地组织信息。如蔡斯和西蒙（W.G.Chase & H.A.Simon）发现，象棋大师与新手的工作记忆容量没有显著差异，但在信息的分类能力上有差异。象棋大师看一眼复杂的棋盘（约5秒钟），就能相当准确地在一个空棋盘上将其复现出来；新手只能复现极少的棋子。但是，当棋子随机摆放构不成有意义的棋局时，象棋大师与新手之间就不存在区别。专家之所以能知觉到有意义的模式，并不是因为他们有高超的知觉能力，而是因为他们的知识已围绕某些意义单位而组织了起来。如专业的计算机程序员能以有意义的群集回忆出主要的编程语言词汇，而且还能识别和回忆出熟悉的子程序。

（三）专家比新手快

专家在执行其领域内基本技能时比新手快，而且他们能快速准确地解决问题。专家之所以有这样出色的表现，一方面是因为对于简单的任务他们已经过大量练习，对任务的执行达到了自动化程度，专家有更多记忆容量用于完成任务的其他方面。如熟练的打字员手指移动的速度很快，而且有很多动作是同时进行的，这使他们有更多资源或容量来注意和识别出错误的单词。另一方面，专家经大量练习已形成了直接的条件—行动规则，即在特定的情境模式与特定的一系列行动间建立起了直接的联系，这样他们就不必去做大量的搜索来找到解决办法。如出租车司机能很快识别出到达目的地的最短路径，而不必去做大量的分析比较。

（四）专家的短时与长时记忆容量比新手大

蔡斯等人研究了一个数字回忆方面的专家。这个人过去是一名短跑运动员，他能非常准确地回忆一些随机呈现的数字。他的方法是运用他所知道的短跑成绩的数字来对所要记忆的数字进行组织，这样，他可以记住80个新近听到的数字。此外，在间隔一周后，他仍能准确识别80%～90%的随机数字组，反映出他较好的工作记忆与长时记忆容量。专家的这一特点与前两个特点紧密联系。由于专家以较大的意义单元来加工信息，而且他们的许多技能的执行达到了自动化程度，这就使他们有更大记忆空间来储存信息。

（五）专家比新手在更深水平上表征问题

专家在原理水平上表征问题，新手则在表面特征上表征问题。研究专家与新手问题表征深度的方法是要求他们对问题进行分类，并指出是根据问题的什么特征而将其归为一类的。很多研究表明，在对物理问题进行分类时，物理学家是根据力学原理（如牛顿第二运动定律）进行分类的，新手则根据问题中提及的物体（如斜面）来进行分类。又如，编程专家在对编程问题进行分类时是根据解决问题的算法来进行的，而新手则根据应用领域（如程序是要创建一个雇员薪水的列表，还是要保存一个当前用户身份的文件）来分类的。这些研究结果表明，专家和新手都具有一些概念类别，不过专家的类别是基于原理或语义的，而新手的类别则基于表面特征。

（六）专家比新手花更多时间来表征问题

在开始解决问题时，专家通常尽力去理解问题，即形成一个有关问题的心理表征，并从这一表征中推断出可以描述、界定问题情境的关系以及为问题的解决添加限制。而新手则直接应用公式去解决。如沃斯和波斯特（J.E.Voss & T.A.Post）给苏联问题专家和新手提出如下的问题：苏联的农业产量连续几年都很低，应如何增加苏联的农业产量？在专家问题解决的原始记录中，24%的内容涉及对问题初始状态的考虑，新手只有1%。通过对问题初始状态的分析，专家识别出了限制这一问题解决的一些因素，如苏联的意识形态及耕地的数量。增加限制条件可以减少搜索空间。如考虑到耕地数量的限制，就排除了增加耕作这一解决办法；考虑到苏联意识形态的限制，就排除了促进个人竞争这一资本主义式的解决办法。

（七）专家比新手具有更好的自我监控技能

专家对问题解决有良好的监控，他们比新手更能意识到自己何时犯了错误，何时需要检查他们的解决方法。如物理学家在执行数学运算前就能觉察出错误的解决办法并予以放弃，而且在判断物理问题的难度上，专家比新手更准确。国际象棋大师比新手能更准确地预测自己要看几次棋局才能将其正确地复现出来。医学专家在诊断X射线片子时，会不断检验和调整其假设性的诊断意见，直到X片上所有的特点都得到解释为止。新手则更少地监控和检验自己的结论，而且通常还不知道自己犯的错误。[9] 又如，当专家遇到本领域的新颖问题或在他们不熟悉的领域遇到问题时，通常会采用一般的问题解决策略来解决问题，如通过将问题与熟悉的情境加以类比，通过考虑问题关键特征的极端情况，将问题分解成有结构的一套子问题等。[10] 对熟悉的专业问题采用专业知识来加以解

专栏 10-2

专家的专业知识对问题解决的消极作用

专家丰富的专业知识虽有助于问题的解决，但有时这种专业知识会干扰专家以新的方式看待问题，从而使专家满足于旧的解决方式而墨守成规，对此专家要予以警惕。弗伦奇和斯腾伯格（P.A.French & R.J.Sternberg）研究了桥牌专家和新手与计算机打桥牌的表现。[11] 当按照常规方式打牌时，专家比新手打得好。但研究者对打桥牌的方式做了两种修改。一种修改只改变纸牌的名称，即不再用梅花、方块、红桃、黑桃这样的名称，而代之以新的名称，但不改变打牌的规则。一开始，专家和新手的表现因这一修改而受到影响，但很快恢复正常。第二种修改改变的是打牌的规则。常规的打法是让一轮中赢的一方开始下一轮，但修改后的打法是让一轮中得分低的人先开始。结果发现，专家因此修改受到的干扰比新手要大。这是因为专家已形成了打牌的基本策略，而新手却没有形成相应的策略，因而不大容易受干扰。

决，对于不熟悉的新问题则诉诸一般的解决策略，这反映出专家对不同问题的解决有良好的监控。

专业知识的获得与问题解决能力的培养

一、专业知识的获得

专家在问题解决上之所以有出色表现，是因为他们习得了丰富的专业知识。专家与新手比较研究只描述了专家与新手的区别，没有指出新手是如何变成专家的。那么，新手是如何发展成专家的？对此，埃里克森（K.A.Ericsson）经过大量的调查研究后认为，习得专门领域的知识需要进行有意练习（deliberate practice）。有意练习不只是习得专业知识的必要条件，也是一个充分条件，换言之，在正常情况下，进行足够的有意练习就可以造就专家。

到底什么是有意练习呢？有意练习并不是单纯的重复或经验，而是指旨在提高成绩的结构化活动。根据埃里克森等人的描述，能促进专家技能发展的有意练习至少有如下一些特点。一是练习者在练习过程中有明确的目标，并仔细监控练习的结果以判断目标是否达到；二是练习者在练习过程中要有人予以指导并能从中获得自己练习的反馈；三是练习者要有提高自身表现水平的动机，在练习过程中不断为自己设置新的、更大的挑战；四是这种练习可使练习者形成一种对所练习技能的心理表征，这种表征能使练习者产生灵活而有适应性的表现。[12]埃里克森对德国一所音乐学院的小提琴家的研究发现，不同专业水平的学生间的主要差异是他们所进行的有意练习的量。顶级的小提琴手到18岁时有意练习的平均时间几乎是7500小时，而好的小提琴手平均只有5300小时。[13]

但并不是所有学者都同意埃里克森的主张。有学者认为，有意练习对专业知识的发展只是一个必要条件而非充分条件，换言之，要成为专家，仅有有意练习是不够的。为此，反对者也提出了一些反驳的意见。一条意见认为，有意练习没有考虑到遗传和天赋在专业知识发展中的作用。天赋和有意练习对于成为专家可能都很重要，而且可能只有天赋高的人才会持续投入到有意练习中，因为他们的天赋激励他们更努力地去尝试，这样就有了更多的有意练习时间。很多人都学过音乐，但大部分人中途放弃了学习，或许是因为他们发现自己缺乏成为音乐家的天赋，因而就不花时间来进行练习。这样看来，有意练习和专业知识发展之间的关系可能还受到天赋水平的影响。二是仅有有意练习并不一定能成为专家。如反驳者质疑说，我们能相信任何人只要肯花时间就能成为莫扎特吗？或者任何人只要足够努力地练习就能达到乔丹的篮球技能水平吗？或者，成为爱因斯坦只是有意练习的问题吗？这些质疑虽缺乏研究的支持，但要驳斥它并不是一件简单的事情。三是有意练习的研究缺乏控制组，即只关注了经有意练习而成为专家的人，而没有关注那些花了和专家一样的有意练习时间却没有成为专家的人，这就使得得出的结论有商榷的余地。

虽然学者们还有争议，但争议的只是有意练习是不是专业知识发展的充分条件，有意练习作为专业知识发展的必要条件得到了研究的支持和广泛的认同。因此，至少在目前看来，有意练习在专业知识发展中起着巨大的作用，而且如果充分地投入，有可能保证专业知识的获得。

二、问题解决能力的培养

我国教育部2001年颁布的《基础教育课程改革纲要（试行）》指出，基础教育课程改革的目标之一是培养学生的分析问题和解决问题的能力。问题解决是心理学研究的重要课题，但长期以来，心理学有关问题解决的研究集中在问题解决的过程及影响问题解决的因素上，对如何培养学生的问题解决能力研究不多。教育心理学梅耶根据现有的问题解决能力培养的研究，提出了问题解决能力培养中的若干根本问题及相关建议[14]。这些问题可归结为两个重要的问题：教什么——问题解决能力的实质是什么；如何教——采用什么样的教学方法，在什么情境中教。

（一）教什么

这一问题涉及问题解决能力的实质。问题解决能力是一种单一的能力还是由许多认知技能组成的复合能力？当代心理学家的研究倾向于支持后者。问题解决能力由一些具体的技能、策略组成，如表征问题的策略有将当前问题与先前解决过的问题联系起来，重新表述问题，画图表示问题等。搜索问题解决的策略包括逆向法、手段—目的分析等。在本章第二节曾提及专家在解决专业问题时利用其有组织的专业知识，而在解决专业领域中的新问题或专业领域之外的问题时，会采用一般的问题解决策略。可见，专家的问题解决能力是由专门领域的知识与技能以及一般领域的策略构成的。

有证据表明，问题解决的这些策略、方法是可以教会学生而提高其问题解决能力的。舍恩菲尔德（A.H.Schoenfeld）1979年训练大学生使用解数学题的策略。研究分训练组和控制组。对训练组，先让他们完成由5个问题构成的前测，而后训练他们如何解决20道例题，最后是由5个问题构成的后测。在训练解题时，让训练组学生学习一些解决问题的启发式策略，如尽可能地将问题图示，考虑有更少变量的类似问题，尽力设立解决问题的子目标等。接着，在每个阶段，所有问题都可用同一种策略解决，而且还明确告诉被试哪个策略适用于问题。控制组和训练组接受同样的前测、20个例题及后测，但没有给他们呈现启发式策略，而且每一阶段的问题不是用同一个策略就可解决的。结果表明，训练组在前测上的正确率平均为20%，后测上的正确率达65%。而控制组在前后测上的正确率都在25%左右。[15]这说明，针对问题解决的子过程进行有意识的教学有助于提高学生整体的问题解决水平。

（二）如何教

这一问题涉及三个小问题。一是问题解决能力的培养应在单独设计的一般性课程中进行，还是应结合具体的学科教学进行？二是问题解决能力的培养应关注得出问题的最终答案，还是问题解决的过程？三是如何处理问题解决能力中的高级思维技能（如手段—目的分析）与基本技能（如乘法运算和除法运算）的关系？

第一个问题其实已在专家问题解决的研究中得到了回答。本章第二节指出，专家解决问题的出色表现仅限于其专业领域，在专业领域之外的问题解决和新手基本上没有差异。这说明，专家的问题解决能力往往是与具体领域联系在一起的，不同领域、不同学科的问题解决能力是各不相同的，通过训练一种一般的、可适用于所有领域的问题解决能力是不现实的。历史上许多研究都曾寻求一种课程以提高学生一般的问题解决能力，但结果都以失败告终。如美国在20世纪60年代开展的“创造性思维计划”由15个卡通小册子构成，每个小册子讲的都是两名孩子破案的侦探故事。故事的主人公示范了基本的思维技能，如生成与检验假设等。

然后小册子再给读者提供练习的机会。这一计划旨在教给学生一般的问题解决方法，并希望以此能改善学生解决各学科问题的能力。但计划实施的结果却发现，受训的学生只在解决与小册子中类似的侦探问题上的成绩优于控制组，一旦要求解决的问题与训练时的问题不一样，这种训练的效应就不复存在。此外，富恩斯坦（R. Feuerstein）的工具丰富教程，委内瑞拉在20世纪80年代开展的智力项目研究，都得到了类似的结果。[16]这些研究证实，问题解决能力的教学应当结合具体内容、具体学科进行，不应当追求通过设置专门的课程来培养学生的一般问题解决能力。

对第二个问题，相关的研究表明，应关注问题解决的过程。由于问题解决的过程有很大的内隐性，于是现代心理学发展了一种参与性示范的方法来教这类内隐的思维过程。所谓参与性示范是指专家和新手都参与到对完成某些认知任务过程的示范中，即专家和新手都出声说出自己在完成认知任务时心里想的是什么，然后新手将自己说出的思维过程与专家的进行比较。具体到问题解决教学中，是指教师首先描述自己解决问题的过程，然后让学生也描述自己的解决过程。接下来，引导学生将自己的描述与教师的描述加以比较对照，或者通过教师的点评，找出差距和有待改进的地方。这里的示范不单单是教师做学生看，而是教师和学生都参与示范，都参与到对所做示范的评论中。这种方法将问题解决的内在过程通过教师和学生的言语而外化出来，并通过评论的方式为学生的思维提供反馈和纠正，使学生的问题解决过程在示范和评论中逐渐接近教师的问题解决过程。

布卢姆等人1950年的研究对这一方法的实际训练效果作了检验。他们要求优等生和需要补课的学生在解决同一个问题时，以出声思维的方式描述自己的思维过程。接下来，还要求需要补课的学生将自己如何解决问题的过程与优等生的解决过程进行比较，找出其中的差异。经过10～12次的训练后，需要补课的学生其问题解决的成绩和自信心都有了大幅度提高。[17]

对第三个问题，有两种观点。一种观点主张应在基本技能掌握之后再教高级思维技能。这样，技能自动化以后，执行时就可占据较少的心理资源，从而能将更多的资源用于高级思维技能的学习。另一种观点认为，在基本技能掌握的同时就可以进行高级技能的教学，不必等到基本技能熟练后再学习高级技能。后一种观点也得到了研究证据的支持，这些证据主要来自认知学徒制的研究。在认知学徒制中，初学者与有经验的实践者一道完成真实的任务，实践者（教师）通过排除学习者对基本技能执行的需要而让学习者将精力用在高级技能的学习上。具体的方法是让教师来执行基本技能，从而为学生高级思维技能的学习提供基础。如要学生学习高级的阅读理解策略，但学生又不完全认识课文中的生字，这时没有必要先让学生学习识字，可由教师为学生朗读课文，学生凭借教师朗读的课文来理解课文内容，进而学习高级的阅读技能。

本章小结

问题是初始状态和目标状态之间存在障碍的刺激情境。问题常被分为一般领域的问题和专门领域的问题，清晰的问题和模糊的问题。问题解决是将初始状态转化为目标状态而采取的一系列认知操作。

问题解决过程涉及发现问题、表征问题、探索问题解决方法、执行问题解决方法、对问题解决的回顾与评价等过程。表征问题是在心里形成对问题的连贯而一致的理解，对问题的解决起关键作用。问题解决方法可分为算法和启发式。常用的问题解决启发式有手段—目的分析、爬山法、逆向法、类比法、头脑风暴法等。

对专家问题解决的研究始于20世纪60年代，采用的研究方法是专家与新手比较研究。大量研究发现，专家解决问题的特征主要有：专家只在自己的专业领域中表现出色；专家能知觉到较大的有意义的模式；专家执行专业技能的速度比较快，而且能快速无误地解决问题；专家的短时和长时记忆容量大；专家倾向于在更深的、更具有原理性的水平上表征专业问题；专家花大量时间从质的方面对问题进行分析；专家有更强的自我监控技能。

有意练习是专家专业知识发展的必要条件，如果充分地投入其中，有可能保证专业知识的获得。问题解决能力的培养现已成为世界各国的教育目标之一。心理学研究认为，培养问题解决能力首先要了解问题解决的实质。问题解决涉及专门领域的知识技能、一般领域的策略，此外还涉及问题解决者的动机、信念等因素。问题解决能力的培养应结合具体的学科教学进行，不宜单独设科；教学可通过参与性示范等方式教会学生问题解决的过程，也可采用认知学徒的方式在问题解决者未掌握基本技能前而进行问题解决的高级技能的教学。

重要术语

问题	问题解决	问题表征	算子
算法	启发式	手段—目的分析	爬山法
逆向法	头脑风暴法	类比法	有意练习
专家与新手比较研究		参与性示范	

思考题

1. 试阐述当前课程改革倡导的“研究性学习”与问题解决的关系。
2. 试述有关专家问题解决的研究结果对专门人才培养的启示。
3. 以某一学科（如数学、物理）为例，说明问题解决的主要过程。
4. 试比较手段—目的分析、爬山法、逆向法的异同。

第十一章

学习的迁移

学习目标

- 举例说明什么是迁移以及迁移的各个类型
- 陈述形式训练说、相同要素说、概括说、关系转换说、认知结构说、产生式理论、高路与低路迁移理论等迁移理论的主要内容
- 陈述当代心理学在迁移机制上的观点
- 能为教师提供促进迁移的教学建议

学校教育的一个重要目标是学生能灵活地将所学习的知识技能应用于学校之外的生活与工作情境中。但在现实的教育中，学校的这一目标完成得并不好。研究发现，学生在学校中学到的很多知识是“惰性的”，只会用于应付考试而不会灵活运用。这一问题在学习心理学中涉及的是学习的迁移问题，了解学习迁移的机制，对于我们实现“为迁移而教”的目的十分重要。本章首先对学习迁移的概念做一解释，而后考察历史上提出的解释迁移的理论，最后对这些理论进行综合，以形成对迁移机制的明确认识。

迁移与迁移理论

一、迁移的含义与分类

迁移这一概念与学习和问题解决密切联系着，因而很多心理学家倾向于将迁移定义为：先前的学习或问题解决对当前学习或问题解决的影响。根据这种影响的性质，常将迁移分为正迁移、负迁移和零迁移。正迁移是指先前的学习促进了当前的学习或问题解决，如学会加法有助于乘法的学习，学会了水蒸汽遇冷凝结成水的原理，有助于学生解释冬天室内玻璃窗上出现水珠的现象。负迁移是指先前的学习干扰了当前的学习或问题解决，如学习了数学中正比例、反比例的知识后，会干扰学生对诸如“密度＝质量/体积”的学习，学生会认为密度与质量成正比，与体积成反比。零迁移是指先前的学习对当前的学习或问题解决没有影响，如学习义和团运动的历史，对学生学习解二元一次方程没有什么影响。

小贴士

问题解决中的功能固着现象、定势现象也涉及迁移。请查找这方面的内容并对其迁移类型做出分析。

另一种迁移的分类是近迁移和远迁移。这一分类的依据是先前学习的情境与当前学习或问题解决情境的类似程度。近迁移是指先前学习的情境与当前学习或问题解决的情境非常类似的情况下发生的迁移。如学生在课堂上模拟银行的活动中学会了如何存款、取款、转账等技能，而后到实际的银行中去存取款，这时在课堂上的学习会促进学生在现实生活中的问题解决。由于课堂上模拟的银行情境与真实的银行情境很类似，因而这时出现的迁移就是近迁移。远迁移则是指先前学习的情境与当前学习或问题解决的情境有明显差异情况下发生的迁移。如学生在生物课上学习了动物、植物的进化，以后当他学习人类社会发展的历程时，会将人类社会的发展也看做是一个进化的过程而对之有更深刻的理解和认识。由于动植物与人类社会之间存在很明显的差异，因而这种迁移就是远迁移。学校教育所强调的对知识的灵活运用，指的主要是远迁移。

二、迁移的测量

学生能否将所习得的知识技能加以迁移，会在其作业上体现出来，通过对学生作业水平的测量，就可以知道迁移是否发生以及迁移量的多少。为此，需要进行迁移实验设计和测量。迁移实验一般可按如下步骤设计：①建立等组。一般设实验组和控制组，通过前测使两组在智力和知识基础方面尽可能相等。②进行教学处理。让实验组学生先学习任务A，让控制组学生休息或从事其他无关活动，然后让实验组和控制组都学习任务B。这里，完成任务B需要运用在A中习得的知识与技能。③测量与比较两组学习的结果。对两组被试，均测量其完成B的情况，然后对测量得到的结果进行比较，并做出统计检验。④得出结论，说明迁移是否发生及迁移的量。迁移实验的具体安排见表11-1。

表 11-1　迁移实验的模式

分组	先学	后学	测量
实验组	A	B	B
控制组	—	B	B

三、迁移的理论解释

迁移这一现象很早就引起了心理学家的关注，他们提出了多种解释迁移如何发生的理论。

（一）形式训练说

最早的一种迁移理论叫形式训练（formal discipline）说，也有人称之为心理训练（mental discipline）说。这一学说的理论基础是官能心理学。官能心理学认为，人的心智是由“记忆”、“推理”、“思维”等官能组成的，每种官能负责相应的活动，如记忆官能负责记忆，推理官能负责推理等。各种官能可以像肌肉一样经过练习而增强力量，官能力量增强以后，可以在各个方面发挥其作用。如练习记忆古诗可以增强记忆官能，记忆官能增强以后，可以记住更多的内容，如电话号码、事实、人名、理论等。

在官能心理学基础上，迁移的形式训练说认为，迁移是通过官能的改进而实现，换言之，通过某项学习，相应的官能得到改进，改进后的官能就可用来促进更多内容的学习。形式训练说进一步认为，学习一些形式学科，如拉丁语、算术、语法、几何、古典文学、逻辑等，较之学习其他学科能更好地改进心理官能，因而形式训练说积极主张学生学习拉丁语、数学、逻辑等学科，虽然其中一些学科非常难学，但由于其具有良好的训练"官能"的效果，学习者应接受这一"痛苦"的学习任务。

小贴士

"中国人常读四书五经，因而记忆力强"，这一观点认为学习四书五经可以训练人的记忆，这也是形式训练说的反映。

形式训练说的观点是否正确呢？在20世纪20年代，在智力测验的帮助下，桑代克对形式训练说的观点进行了科学检验。他比较了相匹配的不同组别的中学生在学习不同学科一年之后IQ分数的变化。如有这样三组学生，一年内学习的学科分别如下。

A组：拉丁语、公民、戏剧、化学、簿记

B组：法语、公民、戏剧、化学、簿记

C组：拉丁语、公民、戏剧、化学、几何

桑代克最初研究了8564名中学生，后来又增加了5000名。他认为，通过比较不同组别的学生一年前后IQ分数的变化就可以确定不同学科的一般迁移效果。如通过比较A组和B组学生智力测验分数的变化，就可以确定拉丁语和法语的迁移效果；通过比较A组和C组学生智力测验分数的变化，就可以确定簿记和几何的迁移效果。研究结果表明，修习不同学科的学生在一年之内的IQ分数变化都很小，与修习哪些学科基本上没有关系。[1]换言之，没有哪一门学科对心智的改进（用IQ分数的变化来衡量）有很大的迁移效果。

小贴士

桑代克用科学证据否定了形式训练说，对此，伍尔福克感叹道：多亏了桑代克，学生不必在中学学习拉丁语了。[2]

20世纪后半叶，随着计算机的发展与普及，计算机编程成了学生学习的一门重要学科。这时形式训练说的思想又开始抬头。很多人认为，计算机编程要求系统、严谨的思维，这种思维在任何领域都是需要的，因而对计算机语言的学习可以改进学生的思维，使其思维更严谨。这一观点看上去好像很有道理，但本质上仍是形式训练说的翻版，不同的是将训练“官能”的学科换成了计算机编程。当时，也有一些研究者对这一观点做了检验，大多数的研究结果都不支持这一论断。

总之，形式训练说的理论基础官能心理学是不科学的，经验研究的证据也不支持其观点，因而这一学说是错误的，但它毕竟是最早的迁移理论，在教育界的影响很大，至今还有很多人或有意或无意地认同这一学说。此外，它提出的一般迁移的思想也成了当代心理学的研究热点之一。

（二）相同要素说

这一学说主要是由桑代克提出来的。桑代克在用实验证据否定了形式训练说之后，提出了他自己的迁移理论。他认为，两种学习之所以能产生迁移，是因为这两种学习都涉及相同的要素[identical elements，后被伍德沃斯（R. S. Woodworth）改为共同成分（common components）说]，这里的要素是指桑代克的刺激—反应的联结。换言之，如果两种学习都涉及相同的刺激—反应联结，则这两种学习间就会有迁移发生。如计算14+42，其中包括4+2=6，1+4=5两个刺激—反应的联结。而计算21 × 27，则其中也涉及上述两个联结，由于这两种学习涉及相同的刺激—反应联结，因而学习计算14+42会促进对21 × 27的计算。

桑代克的这一学说对于否定形式训练说有积极意义，但这一迁移理论也有不足。一是将迁移的内容具体化为特定的刺激—反应联结，这会使迁移的范围大大缩小。另外，这一理论也没有注意到学习者的作用，即使两项学习涉及相同的刺激一反应联结，但如果学生注意不到的话，也不会产生迁移。

（三）概括说

这一学说是由贾德（C.H.Judd）提出来的，又叫共同原理说，认为先前的学习之所以能影响后继的学习，是因为学习者掌握了这两项学习中涉及的共同原理。1908年，贾德做的经典的“水下打靶”实验就很好地说明了他的这一观点。

他以五年级和六年级学生为被试，分成两组，让他们练习用镖枪投掷水下的靶子。给一组学生充分解释水的折射原理；不给另一组学生说明水的折射原理，致使他们只能从尝试中获得一些经验。在开始投掷练习时，靶子置于水下12英寸处，结果教过和未教过折射原理的学生成绩相同，也就是说，在开始的测验中，理论对于练习似乎没有起作用，因为所有的学生必须学会运用镖枪，理论的说明不能代替练习。接着改变条件，把水下12英寸处的靶子移到水下4英寸处，这时两组的差异便明显表现出来。没有给予折射原理的学生表现出极大的混乱，他们投掷水下12英寸靶时的练习，不能帮助改进投掷水下4英寸靶的练习，错误持续发生。而学过折射原理的学生，迅速适应了水下4英寸的条件。

（四）关系转换说

关系转换说是由格式塔心理学家提出来的。这一学说认为，两项学习发生迁移是因为学习者突然发现这两项学习之间存在关系，换言之，是学习者顿悟出或理解了两项学习之间的关系。显然，这一学说突出了学习者在迁移中的主动作用。

格式塔心理学家沃特海姆1959年做了一个研究，说明了格式塔学派的迁移观点。研究比较了理解和死记硬背两种方法学习平行四边形面积公式后的迁移效果。理解法鼓励学生了解平行四边形的结构关系。如通过把一个三角形从一边移到另一边，平行四边形可以重新组合成长方形。由于学生知道如何求长方形的面积，因而一旦他们发现适合的结构关系，求平行四边形的面积便变得轻而易举。死记法是教学生划一条垂直的辅助线，然后让学生应用所记的解决问题的公式。在迁移阶段，要求两组学生求出以下图形的面积或区分出能解决和不能解决的问题。结果发现，理解组的学生都能成功解决问题，而死记硬背的学生则对新问题的反应是“我们还没有学过”。[3]

求以下图形的面积（区分能解决和不能解决的问题）

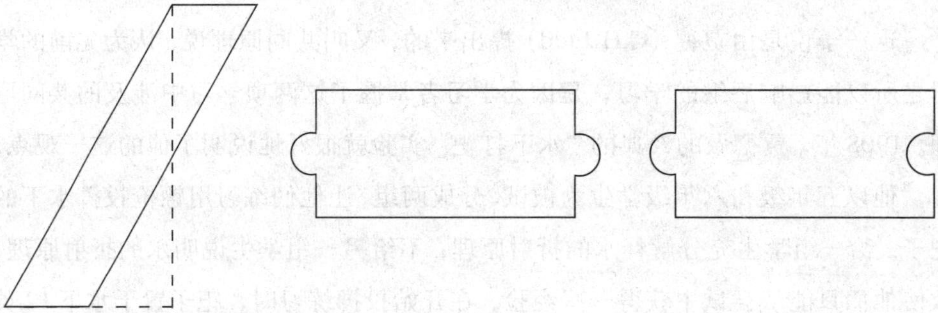

（五）认知结构迁移理论

认知结构迁移理论主要是由奥苏伯尔提出来的。这里的认知结构是指学习者在某一学科领域内的全部知识的重要实质特征和组织特征，即学习者在某一学科领域获得的清晰、稳定、有组织的知识体系。奥苏伯尔认为，认知结构既可以看做是先前学习的因变量，也可以看做是影响后继学习的自变量。这样，先前的学习就通过认知结构而影响了后继的学习，即对后继学习产生迁移。

奥苏伯尔进一步指出，认知结构有三个方面或三个变量对后继学习有重要影响，而且，先前的学习主要是通过改变这三个变量而对后继学习产生迁移的，这三个变量分别是可利用性、可辨别性、稳定性和清晰性。可利用性是指学习者认知结构中具有与新学习相关的原有知识。这一原有知识与要学习的新知识间可以构成上下位的关系，也可以构成并列的关系。有了这些原有知识，新的知识才可以被纳入到学习者的认知结构中。如学生通过以前的阅读学习，形成了如下的观念：封建社会摧残人民幸福，扼杀人民的自由。在学习《祥林嫂》这篇课文时，这一观念就会对学生理解课文的中心、对学生更深刻地认识封建社会对人的摧残起到积极的迁移作用。可辨别性是指要学习的新知识与同化它的原有观念之间可以相互区分的程度。只有这两者可以相互区分，新的知识才能从原有观念中分离出来而不会被其所替代，这样新知识可被提取出来并被长久保持。如学生头脑中原有的观念是“偶数”，新学习的观念则是“合数”，只有“合数”与“偶数”二者的区别被学习者认识到了，才不会出现把合数当成偶数，把偶数当成合数的混淆情况。稳定性和清晰性是指认知结构中起固定作用的观念的巩固程度。认知结构中起固定作用的观念也是先前学习的结果，当学习者经过过度学习而对这一观念有较好的掌握程度时，会促进后继观念的学习。如奥苏伯尔等人让被试学习有关佛教的知识。学生认知结构中起固定作用的观念是有关基督教的知识。在学习之前，通过测验将被试有关基督教的知识分成中上和中下水平（即区分出不同巩固程度的原有观念）。学习结束后在第三天和第十天进行保持测验。结果发现，原先基督教知识掌握得较牢固的被试，在第三天和第十天对佛教知识的保持效果均优于基督教知识掌握不牢固的被试。[4]

（六）产生式迁移理论

这一理论是由认知心理学家安德森和辛格利（M.K.Singley）提出来的，旨在解释程序性知识或技能的迁移。现代认知心理学认为，程序性知识在我们头脑中是以“条件—行动”规则这样的产生式及产生式系统表征的。先后两项技能学习之间产生迁移的原因是这两项技能之间产生式的重叠。重叠量越多，迁移量越大。辛格利和安德森认为，这一理论是桑代克的相同要素说的现代化，即用现代认知心理学的产生式来取代“刺激—反应联结”。

辛格利和安德森1985年的研究说明了他们的观点。他们研究了学秘书的学生如何学习三种不同的文本编辑器。一种编辑器是全屏编辑器，允许用户在屏幕上一次编辑一个文档。另两种编辑器是行编辑器，分别称之为ED和EDT，这两种编辑器允许用户一次只能编辑文本中的一行。辛格利和安德森事先从产生式的角度分析了三种编辑器的使用程序，发现两种行编辑器的产生式基本上相同，而全屏编辑器的产生式则与两种行编辑器的产生式完全不同。换言之，两种行编辑器的产生式有相当大的重叠，而行编辑器与全屏编辑器的产生式却很少重叠。

不同的被试对三种编辑器的学习情况表明，先学习一种行编辑器，再学习另一种行编辑器的学生在第二种行编辑器的学习上更快，说明两种学习间存在相当大的迁移；而先学习一种行编辑器，再来学习全屏编辑器的学生，较之不学行编辑器而直接学习全屏编辑器的学生，在学习全屏编辑器上所用的时间相同，说明对行编辑器的学习没有对全屏编辑器的学习产生迁移。[5]可见，两项技能间产生式的重叠可以预测两项技能间的迁移。

（七）高路与低路迁移理论

这一理论是由帕金斯和所罗门（D.N.Perkins & G.S.Salomon）提出来的。他们区分了迁移的两种机制：低路迁移（low road transfer）和高路迁移（high road transfer）。[6]低路迁移是指在与最初的学习情境存在相当大知觉上类似的情境中自动激活已得到良好练习的常规性技能。低路迁移是自动进行的，其发生有两个关键条件。一是所迁移的技能要达到熟练或自动化的程度。二是技能学习的情境与迁移的情境要在知觉特征上存在类似。如在语文课上，学生学会了阅读的技能，并经练习达到了熟练阅读的程度。而后处在新的情境中（如要阅读小说、报纸等），由于新情境与学习情境都涉及共同的知觉特征——文字，因而阅读的技能就被自动激活而产生迁移。

小贴士

外语教学中倡导的“任务型教学”就是通过创设低路迁移的条件来促进外语的学习。任务型教学一般先给学生创设类似于现实情境的任务情境（如在商场购物、在邮局邮寄物品的情境），而后在这种情境中让学生练习基本的会话技能，并达到自动化的程度。这样，情境的类似和技能的自动化两项条件都得到满足，学生就能将在课堂上学到的会话技能应用到实际的交流情境中。

高路迁移是指有意识地将知识或技能从一种情境中抽象出来以便应用于另一种情境。这两种情境可以在知觉特征上完全不同。高路迁移不是自动进行的，而是需要学习者付出有意识的努力。高路迁移有两种情况。一是向前的高路迁移，指学习者习得了一些知识技能后思考其如何运用到其他情境中。如学生在数学课上学习了三角形相似性定理后，就考虑该定理如何在测量树木、建筑物高度上的运用。二是向后的高路迁移，指学习者遇到问题时，先从问题情境中抽取出关键特征，然后到自己的知识经验中寻找与之相匹配的特点。如学习者在生活中遇到了因经常使用而摇晃的板凳，他对问题进行思考，认为关键是要找到让板凳稳定的形状，而后就从自己学习过的“三角形的稳定性”中找到解决办法。

迁移的机制

上一节介绍了几种主要的迁移理论，这些理论从不同视角对迁移现象做出了不同解释。但由于针对的是同一种现象，因而不同的理论解释还是有一些共同之处的。本节在上述理论及当代心理学有关迁移的进一步研究基础上，尝试进行一定的综合，以便勾勒出迁移机制的大致画面，以此来指导教学实践。

一、迁移的是什么

两种学习之间发生了迁移，那么，在这两种学习间迁移的是什么？这一问题是了解迁移机制的首要问题，而且，对这一问题的回答对教学内容的确定也有重要指导价值。从迁移的理论发展来看，迁移的内容主要涉及基本技能和较抽象、概括的概念原理。安德森的产生式迁移理论和帕金斯、所罗门的低路迁移理论都强调基本技能的迁移，而且，基本技能达到自动化，迁移可自动进行。

另一项可迁移的内容是概念原理，或者说是概念性知识。贾德的概括说、格式塔学派的关系转换说都强调这一点。布鲁纳也认为，领会基本的原理和观念，看来是通向适当训练迁移的大道。[7]泰勒（R.W.Tyler）1934年测量了一群大学生学习一门动物学课程之前、学习结束之后以及学习结束一年之后各种知识技能的保持状况。结果发现，在整个课程学习过程中，对动物各部分的正确命名分数持续增长，但一年之后，这方面的知识丢失了77%，识别专业术语的能力丧失了26%，但学生运用原理的能力以及解释新的实验事实的能力，不仅没有丧失，甚至还有所增加。[8]这说明，基本的原理在后来的学习中有较好的保持和迁移效果。辛格利也发现，强调抽象概念原理的教学会导致成功的迁移。他教被试解决涉及混合物的代数题。对一些被试，用混合物的图片进行教学，对另一些被试，则用抽象的表格突出内在的数学关系。结果，抽象训练组的被试能更好地将数学关系迁移到涉及类似数学关系的其他类型的问题上。比德曼和希夫拉（I.Biederman & M.Shiffrar）1987年训练被试学会鉴别出生才几天的小鸡的性别（这是一项很难的任务，一般人做学徒也要花几年的时间才能学会）。他们发现，采用抽象的教学，只需20分钟的时间就可将新手提高到需要几年练习才能达到的专家水平。[9]

可以说，能够迁移的内容相当于我国教育界多年来一直强调的“双基”——基础知识和基本技能，不过这里的基础知识要理解成有一定抽象概括性的概念原理。但国内也有人认为，只强调知识技能会导致忽视对学生的态度、品德、情感等方面的培养，学生可能变成“书橱”而不是“全人”。这一批评当然很中肯，但不能否定“双基”的作用，只能说单纯强调“双基”是不够的。还有人认为，学会了一些基本的概念原理，并不能促进学生的迁移。这确实是一个问题，其中的原因很复杂，下文会述及，不过其中一项原因是我们教给学生的概念原理，可能并不是学生在生活、工作和问题解决中要用到的概念原理。如训练电机维修人员时，要从欧姆定律及其他一些电传导的基本原理开始教。虽然教的内容是基本的概念原理，但却不是电器维修人员在修理电器时要用到的概念原理，他们使用的概念原理是关于所修理的电器系统本身的构件及元素功能的理解，因而要促进迁移，应把这方面的概念原理而不是欧姆定律教给他们。[10]总之，要促进迁移，就要重视“双基”的教学，需要教育者进一步明确的是，对学生未来的学习和工作而言，这些“双基”具体是什么。

二、迁移的方式

梅耶回顾了迁移研究的历史后指出，100多年来心理学家先后提出了三类迁移如何进行的观点。第一种观点是一般迁移，即通过一般性地改善心智而促进迁移。迁移的形式训练说即主张这一观点。但一般迁移的证据并不充分。第二种观点是特殊迁移，即原有的学习和新的学习涉及相同的行为时，原有的学习才会促进新的学习。桑代克的相同要素说和产生式迁移理论即属于这一类。梅耶指出了这一观点逻辑上的错误之处：如果特殊迁移成立，则促进迁移的唯一方式是事先知道学生遇到的问题是什么，并将解决这些问题的技能教给学生。如果所有的迁移都是特殊的，则让学生去解决完全新颖的问题是不可能的。[11]但梅耶并未完全否定这种迁移方式，他只是指出这一迁移方式是不完整的，需要其他方式的补充。这一补充的方式就是第三种迁移方式——一般知识的特殊迁移，即学习者将一条一般性的原理或观念应用于要求同一原理或观念的新任务上。梅耶认为，这一方式看来是迁移的正确方式。贾德的概括说和格式塔的迁移理论即与此观点相一致。[12]

这样看来，目前得到研究支持的迁移的方式主要是特殊迁移和一般知识（或原理）的特殊迁移。特殊迁移太刻板，只能解释有限的迁移现象，而一般知识的特殊迁移则是迁移的主要方式。这两种迁移方式其实与所罗门、帕金斯提出的低路迁移和高路迁移的理论相对应，也与上文提及的迁移的内容（基本技能与概念原理）相对应。可见，这些迁移方式与迁移的理论、迁移的内容之间有某种内在的联系。

小贴士

两种迁移方式的区分也体现了本书第一章论及的学习分类思想。正如没有一种普遍适用的学习理论一样，也不可能存在一种普遍适用的迁移机制。为促进迁移而设计教学时，设计者要铭记这一点，要有明确的分类思想，首先要确定迁移的是基本技能还是较为概括的概念性知识，而后再确定针对特殊迁移还是一般知识的特殊迁移来设计教学。

三、情境在迁移中的作用

对情境在迁移中作用的思考与争论源自有关情境学习或情境认知的研究。主张情境学习的人认为，所有的知识都是情境化的，即与学习知识时的情境紧密结合在一起。而且，学校的情境与现实世界的情境（如工作场景）是不同的，在学校中学到的许多内容与学校情境紧密结合在一起而不能应用到现实情境中。显然，在迁移的问题上，情境学习持悲观的立场。经常被引用来说明其观点的有两个著名的例子，一个例子是家庭主妇在超市做出最佳购买的计算上做得很好，但对于以类似于学校中纸笔方式呈现的同样的数学问题却做得很差。另一个例子是儿童在街上卖东西时能很好地进行数学计算，但不能回答在学校情境中呈现的类似问题。[13]

情境认知的观点虽有一定针对性并引人深思，但并未得到广泛认同。安德森等人指出了如下几方面的反对证据。一是所引用的两个经典案例说明的是在现实生活情境中练习的特定技能不能泛化到学校教育情境中，这并不能说明学校教育情境中习得的技能不能迁移到现实生活情境中。二是有大量的研究证实，在学校的成绩和未来的工作表现之间存在中等到较大程度的相关，而且，这还是在剔除了一般能力测量的效应之后得到的。三是知识与情境不可分离是因教学所致。当在单一情境中教知识时，知识更容易受情境制约。[14]如情境认知十分看重基于问题的学习，即在学习者试图解决复杂的现实问题情境中呈现并学习知识。在一项研究中，让五、六年级学生解决一个乘船旅行的问题，在解决这一问题中学习“距离、速度、时间”等数学概念。结果发现，只在这种情境中学习，学生无法把学到的知识灵活地迁移到新情境中。[15]还有人质疑，说明情境认知案例中的人的行为是创造性的问题解决还是“出于无知的绝望行为”？[16]

虽然情境认知理论受到了一些批评，但它提出了一个迁移中的重要问题，即学习的情境在迁移中的作用。对于低路迁移而言，学习的情境和迁移的情境尽可能一致，这会促进学习的迁移，反映出情境在迁移中的积极作用。但大多数的迁移关注的是概念原理在不同情境中的迁移，这时知识的情境化就成了要克服的问题。解决这一问题的目标是提高知识的灵活性或使知识“去情境化(decontextualization)”，即从学习的情境中抽象概括出一般的、能应用于多种情境的知识来。解决这一问题的方式是让学生在不同情境中学习同一种知识。这里涉及的关键问题是应用知识的具体例证和抽象概括的原理之间的关系，有关迁移的研究认为，单纯强调某一方面都不利于迁移，迁移的关键是在具体例子和一般原理之间找到平衡。[17]

尼奇（K.E.Nitsch）的研究说明了这一观点。在实验中，首先向学生呈现概念的定义，然后呈现例证来说明这一概念。所不同的是，给一组出示的例子来自同一情境，给另一组出示的例子来自不同情境。结果发现，接受了来自同一情境的概念例证的学生，能识别出该情境中的其他例证，但将概念用于新的情境中则不大成功；而接受了不同情境中概念例证的学生，在学习概念初期都遇到了一定的困难，但是在他们习得概念后，都能将其成功地运用于新的情境中。[18]

四、学习者在迁移中的作用

学习者在迁移中起什么作用？关于这一问题，可从吉克与霍力约克（M.L.Gick & K.J.Holyoak）的经典研究谈起。吉克等人给大学生被试呈现如下的肿瘤问题：

假设你是一名医生，遇到了一名病人，他的胃部长有一个肿瘤，而且不能手术。你有一种射线可用来消除肿瘤，用足够强度的射线可以杀死肿瘤细胞，但同时也会伤及正常的肌体组织。你的问题是，如何用这些射线来杀死肿瘤细胞而又不伤及健康的组织。

在呈现这一问题前，被试先阅读一个军事问题及其解决办法。在这一故事中，一名将军想抓住躲在城堡中的敌人。城堡四周放射状地有几条路，每条路上都被敌人埋上了地雷，这使将军不能进行大规模的直接攻击。将军便计划把部队分成小队，让小股部队沿每条路前进，并在城堡下会师攻打。在阅读这一故事后，只有30%的被试能解决肿瘤问题（即用少量射线从不同角度照射肿瘤，使得照到肿瘤上的射线足够强，而照到健康组织上的射线又不会强到伤及组织的程度）。后来，吉克等人又提示被试，要他们尽量利用将军攻打城堡的故事来解决问题。结果90%的被试都能解决。[19]这说明，给学习者以提示，使他们能注意到相关的线索，可以大大促进迁移。

在提示下进行迁移并不是我们的目标，我们的目标是在没有外来提示和帮助的情况下学习者自己能主动地进行迁移。研究发现，学习者本人在这种迁移中起关键作用。学习者的作用主要就是充分意识到自己的学习者角色，或进行有意识的抽象（mindful abstraction），即高路迁移中学习者的活动。这一活动的本质是学习者对自己学习活动的认识和控制，即元认知。许多研究发现，学习者的元认知活动是影响迁移的一个重要因素。如有研究发现，一些持双语的学生，如果其在母语文本的阅读上成绩较好，则在外语文本的阅读上也较好。他们能将一些阅读理解的策略如提问、重读、评价等，从一种语言的阅读迁移到另一种语言的阅读。之所以有这种能力，是因为这些学生知道，在一种语言中习得的信息和策略可以用于理解另一种语言的文本，这体现了学习者对阅读策略在什么条件下适用的认识（元认知）。相反，如果缺乏元认知能力，则知识技能就难以迁移。如上文为情境认知理论家经常用来说明其观点的在街头贩卖商品的儿童不能将计算技能迁移到学校的任务上，也与元认知能力缺乏有关。当数字与他们所贩卖的商品联系在一起时，这些儿童能在头脑内部对这些数字进行加、减、乘等数学运算；当数字与他们未曾卖过的商品联系在一起时，他们对这些数字进行同样数学运算的表现就不大好了；当数字不与任何具体的商品相联系时，他们的表现最差。这些儿童虽然知道如何进行基本的数学运算，但不知道什么时候去执行这些运算。[20]正是由于缺乏这种元认知的意识才导致他们不能迁移。

本章小结

迁移是指先前学习对当前学习和问题解决的影响。根据这种影响的性质，可以将迁移分为正迁移、负迁移和零迁移；根据先前学习情境与当前学习情境类似的程度，可以区分出近迁移和远迁移。

对迁移现象，心理学家提出了各种理论解释。形式训练说认为，通过学习一些如拉丁语、几何、逻辑之类的形式学科可以改进相应的心理官能而自动地促进迁移。这一学说虽被桑代克证实是错误的，但它对教育实践仍有一定影响。桑代克提出的相同要素说认为，两项活动涉及相同的刺激—反应联结就可发生迁移。贾德的概括说认为学习者掌握了两项活动涉及的共同原理才会产生迁移。格式塔学派的关系转换说认为，学习者理解了两项学习之间的关系才会产生迁移。奥苏伯尔的认知结构迁移理论指出，先前学习通过改变认知结构的可利用性、可辨别性、稳定性这三个变量而影响后继学习。安德森等人的产生式迁移理论认为，两项技能间产生式的重叠决定着技能间的迁移。所罗门和帕金斯的高路和低路迁移理论区分了两种迁移的方式。一种方式是技能的学习达到自动化程度，学习和应用的情境相似，技能可自动迁移。另一种方式需要学习者有意识地抽象才能迁移。

“为迁移而教”是教育的一个重要目标。要达到这一目标，要教给学生基本的技能和有概括性的基础知识。要用分类的思想来看待迁移，根据不同类型的知识安排相应的迁移条件。情境对迁移既有促进作用，也有限制作用，通过创设与学习情境相似的应用情境，可促进低路迁移；而在变化的情境中呈现同一个概念原理，有助于促进对概念原理的高路迁移。此外，学习者的元认知活动也影响着迁移。

重要术语

迁移　　正迁移　　负迁移　　形式训练说
相同要素说　　概括说　　关系转换说　　认知结构变量
产生式迁移理论　　低路迁移　　高路迁移　　双基

思考题

1. 请分析学生不能将其学到的知识加以迁移应用的原因。
2. 在运用讲授的方法和发现的方法时，应如何促进学习的迁移？
3. 试从学习迁移的角度评论如下观点：所谓教育就是学生把学过的内容都忘记以后得到的东西。
4. 迁移理论是学习理论的反映。请运用本章与第二章的内容说明这一观点。

第十二章

自我调节学习

学习目标

- 陈述自我调节学习的定义
- 结合自己的学习经验，说明描述自我调节学习的六个维度
- 陈述自我调节学习涉及的主要成分
- 陈述自我调节学习的过程
- 能就如何培养学生的自我调节能力提出若干教学建议

教育家们很早就认识到，要教会学生学习，让学生成为学习的主人，应倡导学生的自主学习。这一教育目标或教育理想很诱人，激励着很多理论和实践工作者去实现和实践这一目标。但在如何达成或实现这一目标上，长期以来缺乏有力而明确的指导。近几十年来，在心理学领域逐渐形成和发展了一块叫自我调节学习（self-regualted learning）的研究领域。在吸收心理科学最新发展成就的基础上，学者们从新的视角，在更细致的水平上阐明了教育家们提出的"教会学生学习"这一理想，为我们在新世纪培养有自主学习能力的学习者提供了有力的理论和实践上的指导。本章介绍心理学在这方面的主要研究成果。

自我调节学习的含义

一、自我调节学习的研究背景

自我调节学习近年来成为学习心理学的研究热点之一，这是社会和教育发展的客观要求，而学习心理学的理论发展又为这一要求的实现提供了有力的理论和研究基础。

现代的社会发展很快，就个人所从事的工作而言，自始至终地从事一项工作的情况很少见，随着形势的变化，人们要经常变换工作。工作的改变需要我们重新学习相关的知识与技能，这时的学习不可能像学校教育情境中的学习那样是有指导、有控制的学习，而更多地要学习者自己引发、自我指导。另一方面，就社会知识的发展而言，知识更新的速度也很快，在学校教育期间习得的知识技能，在我们走上工作岗位若干年后，很可能会过时，重新学习新的知识技能不可避免。活到老，学到老，这不仅是一条人生信条，更是人一生的真实写照。学习在人的一生中是非常普遍的现象，而大部分的学习是要在学校教育情境之外，由学习者自己引发的。时代和社会的发展客观上要求社会成员具有这种终身自主学习的能力。

即使在有教师指导的学校教育情境中，也呼唤这种学习者自我引发和指导的学习。学校中常有一些学习成绩低下的学生，他们的学习成绩为什么低下？教育工作者一开始从课程方面寻找原因，着力改进课程的设计及教学的方法，但效果很有限。后来，研究者发现，学生个人也应为其学习成绩低下承担责任。如美国1990年的教育发展评价报告指出，71%的12年级学生每天学习不超过1小时，25%的学生根本不学习。但在美国的学校中，也有一些学习成绩优秀的学生，这些学生大都是移民的后代，他们的父母没有受过高等教育，他们的家庭面临着经济困难、种族歧视、语言障碍等困难，虽然有这些不利条件，但这些学生在学习上自信而有毅力，会管理自己的时间，有良好的学习习惯和方法。[1]两相比较之下可以发现，学生要在学校教育中取得好的成绩，仅有学校方面的努力是不够的，也需要学生自己为其学习负责。

社会和教育的发展都呼唤能为自己学习负责、能自我引发和管理学习的学习者，而学习心理学理论上的发展为满足这一要求准备了扎实的基础。首先，班杜拉的社会认知论强调个人、环境、行为的三方相互决定、相互影响的关系。教师的教学与学生的学习成绩分别属于环境和行为因素，学习者个人并不是受这两种因素的单向决定，而是会对这两种因素施加积极影响。在这三种因素的积极互动中，个人、行为与环境都有可能得到改善和提高。这就是说，学习者在其个人及其行为的改善上也发挥着重要的主动作用。其次，信息加工心理学强调学习者对其内部的信息加工过程有一种认识和调节作用（元认知），学习者的这种元认知活动将其置于学习的中心地位，在某种程度上，学习者也可以像教师影响和控制学生学习那样来对自己的学习施加影响和控制。发展学生的元认知能力，有可能造就出能够自我学习的学习者。此外，维果茨基及其合作者在研究高级心理机能的内化时，强调学习者的内部言语的作用，内部言语的作用不是用于社会交流，而是对内调节思维。当学习者能用内部言语调节自己的思维和行为时，就没有必要再利用其他社会成员（教师、成人）的言语指导了，因而内部言语的发展对学习者成为自主的学习者十分关键。总之，理论上的发展已为实现社会和教育对学习者提出的要求准备了相关的基础。

二、自我调节学习的定义

什么是自我调节学习？对此，国际上研究自我调节学习的权威申克和齐默尔曼（B.J.Zimmerman）以及平特里奇分别下了一个定义。申克和齐默尔曼将自我调节学习界定为：学习者系统地引导自己的思维、情感和行为而使它们指向目标实现的一种过程。[2] 平特里奇将自我调节学习界定为：一种主动的、建构性的学习过程，在这个学习过程中，学生首先为自己确定学习目标，然后监督、调节、控制由目标和情境特征引导和约束的认知、动机和行为。[3]

这两个定义是目前较为流行的对自我调节学习的界定，二者有很多共同之处，列出这些共同之处也有助于我们更深入地认识自我调节学习。首先，这两个定义都强调自我调节学习是一种过程；其次，都强调学习者自己确定的学习目标对学习过程的引导作用；第三，都强调要达成学习目标，学习者要对自己的认知、情感、动机进行调节与控制。可以看出，在自我调节学习中，学习者是积极主动地实现学习目标，他们不是被动地接受知识，而是主动地建构知识。

申克指出，自我调节学习的最重要特征是学习者可以拥有多种选择。[4]这就是说，学习者可以在学习的诸多方面或问题上进行选择。齐默尔曼则列出了学习的六个方面或维度，在这六个方面，学习者都可以在一定范围内自主选择（见表12-1）。[5]

表12-1 自我调节学习的概念框架

学习议题	学习维度	学习者条件	自我调节属性	自我调节的子过程
为什么	动机	选择参与	自我激励的	自我效能和自我目标
怎么样	方法	选择方法	有计划的或自动化的	策略运用或习惯化的操作
什么时候	时间	选择时限	及时而有效的	时间管理
是什么	行为	选择结果行为	操作的自我觉察	自我观察、自我判断和自我反应
什么地方	物理环境	选择环境	对物理环境的敏感和资源的充分利用	环境的建构
与什么人	社会	选择伙伴、榜样或教师	对社会环境的敏感和资源的充分利用	选择性的求助

表中第一列指出了学习中涉及的重要问题，如“为什么”涉及我为什么应该学习的问题，“怎么样”涉及应当用什么方法来学习的问题，等等。第二列则指出了这些问题的实质或自我调节涉及的个人与环境特征，如“为什么”问题的实质是学习动机问题，“怎么样”问题的实质是学习方法的问题，“什么地方”问题的实质是学习的物理环境问题等。第三列指出了学习者可以获得的潜在选择，如学习者可以选择自己偏好的学习方法，可以选择适合自己的学习环境等。第四列指出了能进行自我调节学习的学习者在这六个方面的重要特征。如能进行自我学习的学习，有强烈的内部学习动机，能对自己的行为结果进行自我觉察，等等。最后一列指出了为提高学生的自我调节学习能力而采取的教学干预，如可以通过培养学生的自我效能和自我设置目标来激发其学习的动机。

表中虽然列出了学习者可以进行自主选择的学习的六个方面，但这并不意味着在现实的学习情境中学习者在这六个方面都能进行自由选择。有时学习者可能只在其中的几个方面上有选择余地，其余方面则都由教师规定好了。如教师要求学生在一节自习课上，在教室里独立完成老师布置的作业，在这种情况下，学习的时间、行为、物理环境与社会环境都由教师规定好了，学生选择的余地很小，因而其自我调节的程度就很低。当学习的这六个方面完全由教师控制或规定时，学生完全没有选择的余地，他们的学习就是他人控制的而不是自我调节的。当学习的这六个方面完全由学生自己选择确定时，他们的学习就完全是自我调节的。这样看来，自我调节并不是一个是或否的问题，而是一个程度的问题，即学习者在学习的这六个方面自我选择、自我决定的程度。

小贴士

这里要注意区分自我调节学习、他控学习与学习这三个概念的关系。自我调节学习、他控学习只是学习的两种极端形式，学生通过自我调节学习可以学有所得，通过他控学习也同样可以学有所得，有时甚至比自我调节学习学到的更多[6]。不要错误地认为自我调节学习是我们应提倡的，因而与之对立的他控学习就是我们要否定的。

专栏 12–1

作家的自我调节学习

优秀的作家同时也是出色的自我调节学习者。在写作过程中，他们会对自己的学习进行选择，体现出对其学习的自我调节。齐默尔曼根据自我调节学习的六个维度，分别描述了作家们的自我调节学习的情况。[7]

1. 自主选择榜样、教师或书。这是指自主寻求知识与技能的社会来源。在富兰克林的自传中，他选择经典文学著作来改进其写作的技能。他先对一段写得很好的文章做笔记，然后根据笔记再把这段文章写出来，最后把自己写的与原文对照，找出他需要改进的地方。虽然他在写作上受训练极少，但他成了当时最受欢迎的作家。
2. 自定目标。爱迪生辍学后，他决定读遍当地图书馆中的每一本书，并为自己制定了每周的阅读目标。有研究表明，有自我调节能力的学生通常为自己设置具体的、短期的、有挑战性的目标。

3. 计划与时间管理。很多作家都会仔细安排他们的写作时间，如早晨写作，下午安排其他活动。巴尔扎克通过仔细计划和管理他的时间，每天能保证有12小时以上的写作时间。

4. 环境安排。作家们很会选择、组织和创设有效的工作环境。有的作家写作时喜欢开窗看风景，有的则喜欢关上窗户写作。有研究发现，在写作时开着收音机并能调适声音水平的中学生写出的作文质量较高。

5. 自我监控。这是对其作业表现的一种监督。高产的作家海明威，每天要保持能写出一页的书稿来。

6. 自我强化。海明威如果写出一段高水平的文章，他会出去钓鱼，若超前一天完成写作计划，他会给自己放一天假。

三、自我调节学习涉及的心理学概念

从心理学的角度看，学习者的自我调节学习都涉及哪些关键成分或概念？学习动机对自我调节学习而言肯定是必不可少的，但认知的因素对成功的自我调节学习也很重要，因而更完整地讲，自我调节学习涉及学习者认知方面的因素与动机方面因素的整合。

（一）认知因素

认知方面的因素主要涉及知识和策略。这里的知识是学习者具有的元认知知识，这些知识既包括有关学习者自身学习特点的知识，也包括学习者对学习任务的认识和理解。如自我调节的学习者知道他们所偏好的学习方式；哪些内容对他们而言较难，哪些内容较容易；如何去学习较难的内容；他们自己的兴趣和擅长是什么；如何发挥他们的优势；对一门学科，他们知道得越多，学起来就越容易。此外，这些学习者还知道对不同的学习任务要用不同的方法来学习。如简单的记忆任务可以运用记忆术来帮助记忆，而复杂的理解任务可能要借助于列出要点之间的关系图。这些学习者还知道，学习通常是一件困难的事情，知识很少是绝对的，看待问题有不同方式，问题也有不同的解决办法等。[8]

自我调节学习的学习者不仅知道有关自身学习的一些知识，还会执行或应用一些学习策略来调控其学习。这些策略就是在本书第六章提及的复述策略、精加工策略、组织策略、元认知策略、情感策略。

小贴士

> 这里学习者具有的知识其实相当于学习者有关知识与学习的个体认识论。

（二）动机因素

仅仅具有调节学习过程的认知策略并不能使学习者成为自我调节的学习者，动机因素对于成功的自我调节学习也必不可少。这里的动机因素涉及自我效能、任务价值、目标定向以及意志等概念。

平特里奇研究发现，自我效能与自我调节学习有正相关。相信自己能学习，对其技能有信心的学生更可能报告使用自我调节策略。任务价值信念也与自我调节学习有正相关。相信自己学习的教程是有趣的、重要的及有用的学生，更可能报告使用自我调节策略。此外，对学校的生活更感兴趣和更看重的学生不大可能被无关思想所干扰，并更有可能激活相关的原有知识。相关原有知识的激活释放出更多的工作记忆容量来监督和调节自我调节学习中涉及的过程。目标定向中的掌握目标定向最适合于自我调节学习。如果学生将其目标定为自我改进和学习，他就更可能继续参与各种认知和元认知活动以便改善其学习和理解。当只为得到好的等级的外部目标驱动时，学生可能会达到这一目标但没有深入的认知或自我调节。相比之下，超越他人的相对能力目标（即表现定向的目标），如果激发了学生更深水平的参与，对自我调节可有积极效应，但目前对其作用机制尚需要研究。这样看来，学生的掌握目标定向最有利于自我调节学习。[9]

意志（volition）也是自我调节学习的一个重要成分。意志与动机有密切联系，但很多研究者强调区分意志和动机。如科诺（L.Corno）就认为，动机意味着投入，而意志意味着坚持到底。[10]在自我调节学习中，学习者会面对来自自身或环境的一些干扰，这时要维持其注意和努力，就需要意志而不是动机了。如学习者在其手受伤的情况下仍坚持用笔把作文写完，或者在其他同学嘲笑的情况下执着地去完成自己的科学实验，这些情况都需要抗拒干扰，都需要意志的努力才能使自我调节学习顺利进行下去。

自我调节学习的过程与自我调节能力的习得

一、自我调节学习的过程

上一节有关自我调节学习的两个定义都指出，自我调节学习是一种过程。那么，这一过程的细节到底如何？对此，许多学者提出了自我调节学习的过程模型。这些模型中都描述了学习者如何从用于学习的技能中进行选择，如何管理影响学习的因素。这里我们重点介绍两个有代表性的模型，分别是齐默尔曼提出的模型以及温内、哈德温（P.H.Winne & A.Hadwin）提出的模型。

（一）齐默尔曼的自我调节学习过程模型

齐默尔曼在2000年将自我调节学习的过程分为三个循环往复的阶段，分别是计划阶段、行为表现或意志控制阶段和自我反思阶段（见图12-1）[11]。

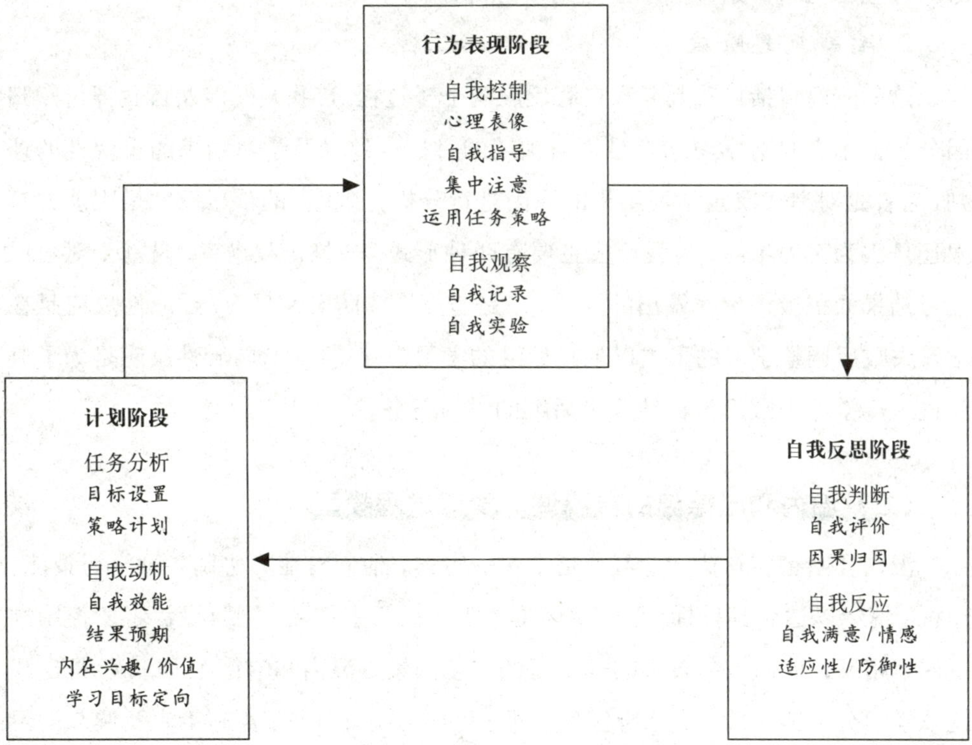

图12-1 齐默尔曼的自我调节学习过程模型

1. 计划阶段

这一阶段主要涉及任务分析和自我动机两种过程。任务分析过程又包含目标设置和策略计划两个子过程，前者是指确定具体的、预期性的学习结果，后者是指为完成学习目标而选择合适的学习策略。自我动机来源于对学习的信念，如关于自己有能力学习的自我效能感和个人对学习结果的预期等，此外还来自于内在的兴趣和学习目标定向等成分。内部兴趣是学生看重完成任务所需要技能的价值，学习目标定向是个体看重掌握知识技能本身的价值。

2. 行为表现阶段

这一阶段包括自我控制和自我观察两个子过程。自我控制过程帮助学习者把精力集中在学习任务上，可以使用自我指导、心理表象、集中注意、运用任务策略等方法。自我观察是对学习行为的某些具体方面、条件和进展的跟踪。准确、及时、全面的自我记录是学习者常用的自我观察手段。当自我观察不能对学习方向的偏离提供确切的说明时，学习者还要启动自我实验过程，即通过系统变换学习的过程、策略、条件等以求达到学习目标。

3. 自我反思阶段

这一阶段包括自我判断和自我反应两个子过程。自我判断涉及自我评价和归因分析，前者是对学习结果是否与预期的目标一致以及学习结果的重要性的评判；后者是对造成既定学习结果的原因进行分析，如较差的学习成绩是因能力有限还是因为努力不够。自我反应主要有两种形式，一是自我满意，是基于对自己学习结果的积极评价而做出的反应；二是适应性或防御性反应，适应性反应是在学习失败后调整学习的形式以期在后继的学习中获得成功，防御性反应是为了避免进一步学习失败而消极地应付后继的学习任务。

（二）温内和哈德温的自我调节学习过程模型

温内和哈德温认为，学习者是学习的主体，他们有能力协调各种学习技能、动机、情绪以达到其目标。学习者不是教师、教科书作者、网页设计者所控制的玩偶，相反，他们控制着影响其学习的许多因素。温内和哈德温1998年将自我调节学习分为四个阶段：分析任务、设置目标与制订计划、实施策略及调节学习（见图12-2）。

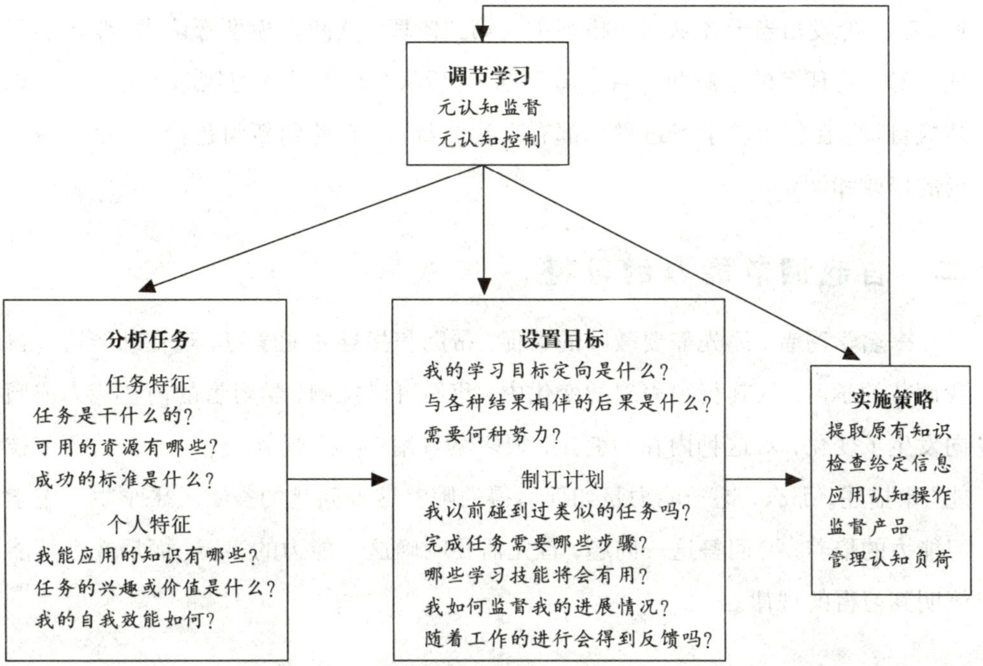

图 12-2 温内和哈德温的自我调节学习过程模型

在分析学习任务阶段,学习者要考虑两方面的问题。一是自己要完成的任务具体是什么,二是考虑自己完成任务的条件。在设置目标和制订计划阶段,学习者根据对学习任务的分析形成自己的学习目标,而所确立的目标又会影响学习者学习计划的制订。在实施策略阶段,学习者要十分关注计划的执行情况,不断地检查目标是否达到。在调节学习阶段,学习者要确定是否对前三个阶段的执行情况做些改变或调整。当需要对某个阶段做出调整时,则调整后又开始了新一轮的自我调节过程。显然,这四个阶段并不是直线进行的,而是循环往复的。

(三)两个模型的比较

相比之下,两个模型大同小异。这两个模型都认为自我调节学习由若干个独立的过程或阶段构成,但这些阶段并不是按线性方式进行的,而是构成一个环路,在对学习的不断监督、修改、重新执行中,学习者达成了自己的学习目标,获得了相应的知识技能。从划分的阶段上看,温内和哈德温模型中的前两个阶段相当于齐默尔曼模型中的第一阶段,第三阶段相当于齐默尔曼模型中的第二阶段，第四阶段相当于齐默尔曼模型中的第三阶段。这两个模型都认为，学习者是通过对学习任务的了解而设置学习目标，而后从其已有的学习策略中进行选择以达成目标。在整个的学习过程中都有自我监督，并在遇到新问题、新挑战时做必要的修改和调整。

二、自我调节能力的习得

一名学习者，原先需要教师的督促、帮助和指导才能学习，现在却能进行自我调节的学习。从其行为表现的变化中，我们可以推测，学习者的内在能力或倾向发生了变化，对这种内在的变化，很多学者用“自我调节能力”、“自我调节技能”来描述。那么，这一能力是如何习得的呢？这一问题的答案关乎学生自主学习能力的培养。要回答这一问题，首先需要明确这一能力的实质，而后才有可能阐明其习得的规律。

（一）自我调节能力的实质

自我调节学习的一个突出特征是学习者对其学习活动有一定选择性。正如齐默尔曼指出的，当学习者在学习的六个方面都可以自由进行选择时，他就获得了充分的自我调节，这时也可以说学习者对影响其学习的多种因素进行了有意识的、自主的管理、调节和控制。这一特点与加涅讲的认知策略很相似，都体现了对内调控的作用。所不同的是，认知策略主要是对学习中认知过程（如注意、记忆、思维）的调控，而这里学习者除了对认知过程进行调控外，还要对其动机、学习的物理和社会环境等因素进行调控，学习者用来调控的程序与方法很难用认知策略来概括，于是许多学者提出用“学习策略”来概括。由于“学习”的范畴比“认知”的范畴要广，因而这一概括是比较合适的。这样，我们就可以把学习者的自我调节能力用“学习策略”来描述了。

从维果茨基的理论观点来看，自我调节能力还是一种“高级心理机能”。高级心理机能的突出特点是对心理过程的有意识认识、抽象及控制，而学习者的自我调节能力也涉及学生有意识地管理、控制其学习过程，因而可以将自我调节能力纳入到“高级心理机能”的范畴中，从而深化了对自我调节能力的认识。

（二）自我调节能力习得的过程

由于自我调节能力属于高级的心理机能，而高级心理机能又是通过“内化”过程而习得和发展起来的，因而可以用“内化”过程来描述自我调节能力的发展，即自我调节能力起源于社会，最初体现在人际之间的相互作用中，随着学习者对语言这一文化工具的掌握和运用而逐渐将其内化为个人的能力。

申克和齐默尔曼1997年对这一内化过程做了细致的描绘。他们认为，自我调节能力最初是从社会来源中发展起来，而后经历一系列的不同水平或阶段而转向自我来源[12]（见表12-2）。

表12-2 自我调节能力发展的不同水平

发展水平	社会性影响	自我影响
观察水平	榜样示范，言语描述	—
模仿水平	社会性指导和反馈	—
自我控制水平	—	内部标准，自我强化
自我调节水平	—	自我调节过程，自我效能信念

从表中可见，自我调节能力的发展分为四个水平或阶段，分别是观察水平、模仿水平、自我控制水平和自我调节水平，其中前两个水平受社会因素的影响，后两个水平受学习者自身因素的影响。

1. 观察水平

由于构成自我调节能力的学习策略作用的对象是学习者的学习过程，因而它具有一定的内隐性，学习者要习得这些策略，就需要从社会来源中寻求有关这些策略的知识。榜样示范可以很好地给学习者传递这种知识。在这一阶段，学习者从对榜样的观察中归纳出学习策略的主要特点。榜样可以是教师、父母，也可以是其他学习者。此外，学习者还要对策略做一些尝试和练习，这时，榜样的指导、反馈、矫正性示范以及鼓励对学习者的练习很关键。

2. 模仿水平

在榜样的示范、指导和帮助下，学习者对学习策略进行了练习。当他们的学习表现接近于榜样表现的一般形式时，就进入到了模仿水平。在这一水平，学习者不是原封不动地复制榜样的表现，而是模仿其一般的形式与风格，如他们会模仿榜样提出的问题类型，但不会模仿榜样的原话。

3．自我控制水平

经过社会性的示范和模仿的过程，学习者对学习策略的学习现在达到了自我控制水平，即能够独立地使用学习策略。这时，社会性的支持已没有必要，学习者对学习策略的运用受其对榜样示范所形成的内部表象及言语表征所指导，他们能对自己运用策略的情况进行观察，并将观察到的结果与自己头脑中储存的榜样使用策略的表象和自己对榜样所示范策略的言语描述进行比较，进而自我监督和自我评价学习策略运用的效果。由于此时学习者对策略的运用不再依赖外部的社会性示范而依赖其内部的表征，所以可以说此时的学习策略已经内化而主要受学习者自身因素的影响。

4．自我调节水平

在这一水平，学习者能在不需要榜样指导的情况下独立地使学习策略系统适应于个人和情境条件的变化。这时他们知道什么时候使用学习策略以及如何对其进行改变以适应情境的变化。他们运用策略的动机来源于对策略达成一定结果的有效性的知觉，而不是来源于他们对先前观察到的榜样的能力所形成的信念。只有达到这一水平，才可以说学习者的自我调节能力形成了。

专栏 12-2

自我调节能力的培养案例

培养学生的自我调节能力要根据自我调节能力习得和发展的规律进行。尼凯斯和格廷格（M.A.Nicaise & M.B.Gettinger，1994）的研究[13]就很好地说明了这一点。他们研究的对象是4名阅读理解有困难的学生。一名教师负责将以下四种阅读策略依次教给他们：(1) 预测课文中接下来可能会讲什么；(2) 澄清阅读期间遇到的困难（如遇到不理解的地方就停下来以便找到答案）；(3) 总结；(4) 在阅读前设置阅读目标（如找到某场战争的具体原因）。教师按如下六个步骤来教每个策略：(1) 描述该策略；(2) 解释该策略为什么有效的道理；(3) 教师为学生示范策略，学生模仿；(4) 学生利用有控制的材料练习独立使用策略；(5) 用3篇文章测验学生，看其是否掌握了策略；(6) 当学生达到90%的掌握程度时，让学生将策略应用于自选的阅读材料中以测验策略的迁移。

这一策略教学的方法从教师的示范和解释开始，而后是伴有教师反馈的模仿练习，接下来是在有控制的条件下进行自我指导的练习（自我控制水平），最后，达到掌握以后，在自然的、有变化的条件下进行练习（自我调节水平）。训练的效果是很明显的。和训练前相比，4名学生在策略的使用上都有了明显提高，在有控制的和迁移阅读任务上都达到了90%的掌握程度，其成绩达到或超过了当地正常学生的水平，而且，他们对自己阅读理解技能的效能知觉也得到了提高，随后还与其同学持平。

（三）自我调节能力习得的环境

自我调节能力要在学习活动中习得和发展。在这些学习活动中，学习者有很多选择的机会，可以对其学习进行自主的调控。伍尔福克主张，教师可通过设计复杂的学习任务来为学生的学习创造选择的机会。这里复杂的任务并不是指学习任务的难度，而是指任务的设计。复杂的任务一般指涉及多种目标，有较大的主题或意义，通常要在较长时间内完成，在完成过程中，学习者要投入多种认知与元认知的活动，而且允许有多种最终的产品。[14]在设计复杂的学习任务时，要防止学生做出不好的学习选择，如让学生在做5道较难的题和5道容易的题之间进行选择，学生会选择较为容易的题目，或者教师设计的任务最终让学生无可选择，只能听任教师代为选择和安排。要避免这些问题，需要教师在设计任务时事先对学生的原有知识技能水平进行分析，而后根据他们的实际水平设计学习任务，让学生能从自己掌握的知识技能中进行自由选择。齐默尔曼则十分看重家庭作业这种学习任务在自我调节能力形成中的作用，因为家庭作业的完成需要学生在学习的许多方面都自己做出选择与决定，而且很多教师也习惯于采用这一任务形式。

本章小结

自我调节学习是一个主动建构的过程，在这一过程中，学习者为自己确定学习目标，然后监督、调节、控制由目标和情境特征引导和约束的认知、动机和行为。自我调节学习最重要的特征是学习者可以在学习的诸多方面或问题上进行选择，齐默尔曼则指出学习者可以在学习的动机、方法、时间、结果、物理环境与社会环境方面进行选择。

自我调节学习涉及认知与动机因素在学习者学习中的整合。认知因素主要指学习者有关自身和学习任务性质的元认知知识以及用于调控学习的认知策略，包括复述策略、精加工策略、组织策略、元认知策略、情感策略等。动机方面的因素则主要涉及学习者的自我效能感、任务价值、目标定向、归因和意志等。

自我调节学习的过程可用若干阶段来描述，这些阶段不是直线式的，而是构成一个环路。比较有影响的自我调节学习过程模型有齐默尔曼提出的模型以及温内和哈德温提出的模型。齐默尔曼将自我调节学习分为计划、行为表现或意志控制、自我反思三个阶段；温内和哈德温的模型则分为四个阶段——分析任务、设置目标与制订计划、实施策略和调节学习。这两个模型实质上并无明显区别。

自我调节能力的本质是学习策略或高级心理机能，其习得可用内化过程来描绘。申克和齐默尔曼将这一过程分为观察水平、模仿水平、自我控制水平和自我调节水平。学习者可以在复杂的学习任务和家庭作业中练习和发展自我调节能力。

重要术语

自我调节学习　　自我调节学习的六个维度　　学习策略
齐默尔曼的自我调节学习过程模型
温内和哈德温的自我调节学习过程模型

思考题

1. 基础教育课程改革倡导自主学习，请为教师如何贯彻这一理念提出若干建议。
2. 有人说，在自我调节学习中，知识和技能是手段而不是目的，谈谈你对这一观点的看法。
3. 试用社会认知论的框架分析齐默尔曼的自我调节学习过程。
4. 试述自我调节学习与有意练习的关系。

后记

教育为的是促进学生的发展，学生的发展要通过其自身的学习来实现，因而任何教育政策、教育措施、教学材料、教学方法都要落实到促进学生学习这一中心任务上。要完成这一任务，就离不开对学生学习规律的知悉。学生学习的规律可以从不同角度、不同层次来揭示，学习心理学就是从心理学角度揭示学生学习的规律。本书作为一本学习心理学著作，是以学生在学校教育中要习得的各类学习结果为主线来阐明学生学习的规律。由于这些学习结果基本上可以涵盖中小学各学科的教学目标，所以按这种方式组织的学习心理学十分有利于指导教学实践、指导中小学的各科教学。基于这一认识，本书在学习规律的阐述上，除了尽力吸收当代学习心理学的研究成果外，还尽力结合中小学的学科教学实践，以彰显学习心理学的应用和指导价值。

本书的主体内容以我多年执教的学习心理学课程讲义为基础，同时也吸收了我从事“学习分类与目标导向教学”研究的经验和成果。在写作过程中，皮连生教授、胡谊副教授、庞维国副教授给予了很多指导和帮助，王英豪、汪利兵、童巧平、王斐斐、汪亚利为收集整理资料和录入书稿做了大量工作，高小菁老师为本书的写作提供了相关资料，给予了很多鼓励、支持和建议，并对书稿做了细致的编辑工作。没有他们的关心、指导和努力，本书是不可能与读者见面的。

由于作者水平有限，书中错误疏漏之处在所难免，敬请广大读者指正。

王小明

2008年11月于华东师范大学

参考文献

第一章 学习

[1] 申克著，韦小满等译.学习理论：教育的视角（第三版）[M]. 南京：江苏教育出版社，2003: 2.

[2] 鲍尔，希尔加德著，邵瑞珍等译.学习论——学习活动的规律探索[M]. 上海：上海教育出版社，1987:22.

[3] MAYER，R.E.Learning and Instruction.(2nd. ed.) [M].New Jersey:Merrill Prentice Hall. 2008:7-8.

[4] MAYER，R.E.Learning and Instruction.(2nd. ed.) [M].New Jersey:Merrill Prentice Hall. 2008:14-15.

[5] 安德森等著，皮连生等译.学习、教学和评估的分类学——布卢姆教育目标分类学修订版[M]. 上海：华东师范大学出版社，2008:56.

[6] SNELBECKER，G.E.Learning Theory:Instructional Theory and Psychoeducational Designe[M].New York:McGraw-Hill Book Company.1974:477.

[7] 加涅著，皮连生等译.学习的条件和教学论[M]. 上海：华东师范大学出版社，1999:代中译本序，11.

[8] 安德森等著，皮连生等译.学习、教学和评估的分类学——布卢姆教育目标分类学修订版[M]. 上海：华东师范大学出版社，2008:第4-5章.

[9] 冯忠良等.教育心理学[M]. 北京：人民教育出版社，2000:194.

[10] 奥苏伯尔等著，佘星南等译．教育心理学——认知观点[M]．北京：人民教育出版社，1994:26.

[11] 加涅等著，王小明等译．教学设计原理（第五版）[M]．上海：华东师范大学出版社，2007:9.

[12] KAHNEY，H.Problem Solving:current issues.(2nd.ed.) [M].Buckingham:Open University Press. 1993:43.

[13] 加涅等著，王小明等译．教学设计原理（第五版）[M]．上海：华东师范大学出版社，2007:9.

[14] MAYER，R.E.Multimedia Learning[M]. Cambridge University Press.2001:44.

[15] MAYER，R.E.Learning and Instruction.(2nd. ed.) [M].New Jersey:Merrill Prentice Hall. 2008:18-19.

[16] MAYER，R.E.Learning and instruction.(2nd. ed.) [M].New Jersey:Merrill Prentice Hall. 2008:17.

[17] MAYER，R.E.Multimedia Learning[M]. Cambridge University Press.2001:49.

[18] 加涅等著，王小明等译．教学设计原理（第五版）[M]．上海：华东师范大学出版社，2007:8.

[19] MAYER，R.E.Multimedia Learning[M]. Cambridge University Press.2001:ch.4.

[20] 奥苏伯尔等著，佘星南等译．教育心理学——认知观点[M]．北京：人民教育出版社，1994:扉页．

[21] 德里斯科尔著，王小明等译．学习心理学（第三版）[M]．上海：华东师范大学出版社，2007:236.

[22] LEAHEY,T.H. & HARRIS,R.J.Learning and cognition[M].New Jersey:Prentice Hall. 2001:375-376.

[23] 德里斯科尔著，王小明等译．学习心理学（第三版）[M]．上海：华东师范大学出版社，2007:249.

[24] BRANDFORD,J.D. , BROWN,A.L., COCKING,R.R. (ed.)How people learn:brain, mind, experience, and school[M].Washington, D.C.:National Academy Press.1999:108.

[25] GREDLER，M.E..学习与教学（影印版）（第五版）[M]．北京：中国轻工业出版社，2004:94.

[26] LEAHEY，T.H. & HARRIS，R.J.Learning and Cognition[M].New Jersey:Prentice Hall. 2001:358.

[27] 德里斯科尔著，王小明等译．学习心理学（第三版）[M]．上海：华东师范大学出版社，2007:245.

[28] EGGEN，P.D. & KAUCHAK，D.P..教育心理学（影印版）（第六版）[M]．西安：陕西师范大学出版社，2005:4.

第二章 学习心理学概述

[1] 德里斯科尔著，王小明等译 . 学习心理学（第三版）[M]. 上海: 华东师范大学出版社，2007:11.

[2] 欣茨曼著，韩进之等译 . 学习与记忆心理学[M]. 沈阳: 辽宁科学技术出版社，1986: 第 1 章 .

[3] 申克著，韦小满等译 . 学习理论: 教育的视角（第三版）[M]. 南京: 江苏教育出版社，2003: 39.

[4] 张卿 . 学与教的历史轨迹[M]. 济南: 山东教育出版社，1995: 160.

[5] 高觉敷，叶浩生主编 . 西方教育心理学发展史[M]. 福州: 福建教育出版社，1996: 164.

[6] 张卿 . 学与教的历史轨迹[M]. 济南: 山东教育出版社，1995: 146-147.

[7] VYGOTSKY, L.S.Mind in society[M].Cambridge:Harvard University Press.1978: 57.

[8] GREDLER，M.E. 学习与教学（影印版）（第五版）[M]. 北京: 中国轻工业出版社，2004:310.

[9] SNOW，R.E. & SWANSON，J.Instructional psychology，Annual Review of Psychology[J]. 1992(43): 584.

[10] BRANDFORD, J.D. , BROWN, A.L., COCKING, R.R. (ed.)How people learn:brain, mind, experience, and school[M].Washington, D.C.:National Academy Press.1999:11.

[11] SAWYER, R.K.(ed.)The cambridge handbook of the learning sciences[M].Cambridge University Press.2006:xi.

[12] 周谦主编 . 学习心理学[M]. 北京: 科学出版社，1992.

[13] 施良方 . 学习论[M]. 北京: 人民教育出版社，2000.

第三章 事实性知识的学习

[1] 安德森等著，皮连生等译 . 学习、教学和评估的分类学——布卢姆教育目标分类学修订版[M]. 上海: 华东师范大学出版社，2008:43.

[2] GUNTER，M.A. et al.Instruction:A model approcach.(3rd.ed.) [M].Boston:Allyn and Bacon. 1999:43.

[3] 加涅等著，王小明等译 . 教学设计原理（第五版）[M]. 上海: 华东师范大学出版社，2007:80-82.

[4] 安德森等著，皮连生等译 . 学习、教学和评估的分类学——布卢姆教育目标分类学（修订版）[M]. 上海: 华东师范大学出版社，2008:42.

[5] 加涅等著，王小明等译 . 教学设计原理（第五版）[M]. 上海: 华东师范大学出版社，2007:82.

[6] 加涅等著，王小明等译 . 教学设计原理（第五版）[M]. 上海: 华东师范大学出版社，2007:6.

[7] TERRY，W.S.Learning and memory [M].Boston:Allyn and Bacon.2000:274.

[8] LEAHEY, T.H. & HARRIS, R.J.Learning and cognition[M].New Jersey:Prentice Hall.

2001:176.

[9] The Cognition and Technology Group at Vanderbilt.Anchored instruction and its relationships to situated cogintion.// SMITH, P.K. & PELLEGRINI, A.D.(ed.)Psychology of education.(Vol.II).London:Routledge Falmer. 2000: 233.

[10] 德里斯科尔著，王小明等译.学习心理学（第三版）[M]. 上海: 华东师范大学出版社，2007:85.

[11] TERRY，W.S.Learning and memory [M].Boston:Allyn and Bacon. 2000:167-170.

[12] MAYER，R.E.Learning and instruction.(2nd. ed.) [M].New Jersey:Merrill Prentice Hall. 2008:394.

[13] MAYER，R.E.Learning and instruction.(2nd. ed.) [M].New Jersey:Merrill Prentice Hall. 2008:394.

[14] TERRY，W.S.Learning and memory [M].Boston:Allyn and Bacon. 2000:162.

[15] BRUNING，R.H.，SCHRAW，G.J. & RONNING，R.R.Cognitive psychology and instruction.(2nd.ed.) [M].New Jersey:Merrill Prentice Hall. 1995:87.

[16] BRUNING，R.H.，SCHRAW，G.J. & RONNING，R.R.Cognitive psychology and instruction.(2nd.ed.) [M].New Jersey:Merrill Prentice Hall. 1995:87.

[17] TERRY，W.S.Learning and memory [M].Boston:Allyn and Bacon. 2000:171-172.

[18] TERRY，W.S.Learning and memory [M].Boston:Allyn and Bacon. 2000:172.

[19] TERRY，W.S.Learning and memory [M].Boston:Allyn and Bacon. 2000:174.

[20] 丁丙炎.中学历史教学的思想教育与能力培养.//苏寿桐主编.中国著名特级教师教学思想录（中学历史卷)[M]. 南京: 江苏教育出版社，1997:75.

[21] BRUNING，R.H.，SCHRAW，G.J. & RONNING，R.R.Cognitive psychology and instruction.(2nd.ed.) [M].New Jersey:Merrill Prentice Hall. 1995:89.

[22] 李伯棠.小学语文教学艺术[M]. 合肥: 安徽教育出版社，1992:27.

[23] BRUNING，R.H.，SCHRAW，G.J. & RONNING，R.R.Cognitive psychology and instruction.(2nd.ed.) [M].New Jersey:Merrill Prentice Hall. 1995:89.

[24] EYSENK,M.W.(ed.) The blackwell dictionary of cognitive psychology[M].Cambridge MA:Basil Blackwell. 1990:50.

[25] HALL，J.F. Learning and memory.(2nd. ed.) [M].Boston:Allyn and Bacon. 1989:612-613.

第四章　概念与原理的学习

[1] Jacobsen,D.A. et al.,Methods for teaching.(6 th.ed.) [M].New Jersey:Merrill Prentice Hall. 2002:40.

[2] 瞿葆奎主编: 教育学文集 · 教学（下册)[M]. 北京: 人民教育出版社，1990:700.

[3] 杜继红: 历史教学与研究的思考[M]. // 苏寿桐主编.中国著名特级教师教学思想录（中学历史卷)，南京: 江苏教育出版社，1997:238.

[4] Jacobsen,D.A. et al.,Methods for teaching.(6 th.ed.) [M].New Jersey:Merrill Prentice

Hall. 2002:51.

[5] 安德森等著，皮连生等译.学习、教学和评估的分类学——布卢姆教育目标分类学(修订版)[M]. 上海: 华东师范大学出版社，2008:62-67.

[6] Eggen，P.D. & Kauchak，D.P.，Strategies for teachers.(4th.ed.) [M].Boston:Allyn & Bacon. 2001:168.

[7] Eggen，P.D. & Kauchak，D.P.，Strategies for teachers.(4th.ed.) [M].Boston:Allyn & Bacon. 2001:118.

[8] MAYER，R.E.Learning and Instruction.(2nd. ed.) [M].New Jersey:Merrill Prentice Hall. 2008:343-344.

[9] MAYER，R.E.Learning and Instruction.(2nd. ed.) [M].New Jersey:Merrill Prentice Hall. 2008:338-340.

[10] 皮连生 . 智育心理学[M]. 北京: 人民教育出版社，1996:208-209.

[11] 加涅著，皮连生等译 . 学习的条件和教学论[M]. 上海: 华东师范大学出版社，1999:132.

[12] Jacobsen, D.A. et al., Methods for teaching.(6 th.ed.) [M].New Jersey:Merrill Prentice Hall. 2002:266.

[13] Nakamura, G.V. et al. Categorization by humans and machines[M].//The psychology of learning and motivation，San Diego:Academic Press，INC.，1993:29.

[14] Stevenson，R.J. Language，thought and representation[M].Chichester:John wiley & Sons. 1993:202.

[15] Medin，D.L. & Smith，E.E. Concept and concept formation[J].Annual Review of Psychology. 1984(35):121.

[16] 梅耶著，姚梅林等译 . 教育心理学的生机[M]，南京: 江苏教育出版社，2005: 169.

[17] Bruning，R.H.，Schraw，G.J. & Ronning，R.R.，Cognitive psychology and instruction.(2nd.ed.) [M].New Jersey:Merrill Prentice Hall. 1995:346-347.

[18] Markman，A.B.，Knowledge representation[M].New Jersey:Lawrence Erlbaum Associates，Publishers. 1999:265-266.

[19] 梅耶著，姚梅林等译 . 教育心理学的生机[M]，南京: 江苏教育出版社，2005: 170-171.

[20] 梅耶著，姚梅林等译 . 教育心理学的生机[M]，南京: 江苏教育出版社，2005: 172.

[21] Linn.M.C., Science[M].//R.F.Dillon &. R.J.Sternberg (ed.), Cognition and instruction, Orlando:Academic Press.1986:170.

[22] Ormrod, J.E., Educational psychology[M].Pearson Education, International. 2006:236.

[23] Bruer，J.T.，Schools for thought[M].Cambridge，M.A.:The MIT Press，1993:387.

[24] Bruning，R.H.，Schraw，G.J. & Ronning，R.R.，Cognitive psychology and instruction.(2nd.ed.) [M].New Jersey:Merrill Prentice Hall. 1995:349.

[25] MAYER，R.E.Learning and Instruction.(2nd. ed.) [M].New Jersey:Merrill Prentice Hall. 2008:219.

26 MAYER，R.E.Learning and Instruction.(2nd. ed.) [M].New Jersey:Merrill Prentice Hall. 2008:233.

第五章 图式与心理模型的学习

1 巴特莱特著，黎炜译. 记忆：一个实验的与社会的心理学研究[M]. 杭州：浙江教育出版社，1998: 262-265.
2 RUMELHART, D.E. & ORTONY, A.:The representation of knowledge in memory[M].// R.C.ANDERSON，R.J.SPIRO，& W.E.MONTAGUE (ed.)Schooling and the acquistion of knowledge.New Jersey:Lawrence Erlbaum Associates, Publishers.1977:99-135.
3 MAYER，R.E.Learning and instruction.(2nd. ed.) [M].New Jersey:Merrill Prentice Hall. 2008:79.
4 BOWER, G.H.(eds.)The psycholog of learning and motivation[M].New York:Academic Press.1982:61.
5 EYSENCK, M.W.A handbook of cognitive psychology[M].London:Lawrence Erlbaum Associates，Publishers. 1984:324.
6 德里斯科尔著，王小明等译. 学习心理学（第三版）[M]. 上海：华东师范大学出版社，2007:107.
7 STERNBERG，R.J. & BEN-ZEEV，T.Complex cognition:the psychology of human thought[M].Oxford: Oxford University Press.2001:67-68.
8 STERNBERG, R.J. & SMITH, E.E.The psychology of human thought[M].Cambridge: Cambridge University Press.1988:249-250.
9 刘忠连. 在数学应用题教学中发展学生的智力.//沈阳师范学院学报编辑部编. 特级教师笔记[M]. 沈阳：辽宁人民出版社，1981: 259-263.
10 陈尔寿主编. 中国著名特级教师教学思想录（中学地理卷）[M]. 南京：江苏教育出版社，1997:187.
11 GAGNÉ，E.D.，YEKOVICH，C.W. & YEKOVICH，F.R.The cognitive psychology of school learning.(2nd. ed.) [M].New York:Harper Collins College Publishers.1993: 151.
12 ATKINSON，R.K.，DERRY，S.J.，RENKL，A.，WORTHAM，D. Learning from examples: instructional principles from the worked examples research. Review of Educational Research(J)，2000（72）（2）: 181-214.
13 张志公. 张志公语文教育论集[M]. 北京：人民教育出版社，1994:552.
14 孙春福. "至于"造句指导一得. 小学语文教师(J)，1992(4).
15 JOHNSON-LAIRD, P.N.Mental models[M].Cambridge, MA:Harvard University Press. 1983:2-3.
16 JOHNSON-LAIRD, P.N.Mental models[M].Cambridge, MA:Harvard University Press. 1983:104-105.

[17] STERNBERG, R.J. & BEN-ZEEV, T.Complex cognition:the psychology of human thought[M].Oxford: Oxford University Press.2001:370.

[18] STERNBERG, R.J. & BEN-ZEEV, T.Complex cognition:the psychology of human thought[M].Oxford: Oxford University Press.2001:237.

[19] HALFORD,G.S. Children's understanding:the development of mental models [M].New Jersey:Lawrence Erlbaum Associates, Publishers.1993: 22.

[20] HALFORD,G.S. Children's understanding:the development of mental models [M].New Jersey:Lawrence Erlbaum Associates, Publishers.1993: 23.

[21] MAYER,R.E.Learning and instruction. [M].New Jersey:Merrill Prentice Hall. 2003:332.

[22] MAYER,R.E.Learning and instruction. [M].New Jersey:Merrill Prentice Hall. 2003:332.

[23] 生物课程标准（实验稿）[M]. 北京：北京师范大学出版社，2001:16.

[24] 物理课程标准（实验稿）[M]. 北京：北京师范大学出版社，2001:20.

[25] ANDERSON, L. W. et al., (ed.) A taxonomy for learning, teaching and assessing: a revision of bloom's taxonomy of educational objectives[M].New York: Longman.2001:52, 76.

[26] MARKMAN, A.B. & GENTNER, D.Thinking.Annual Review of Psychology[J].2001(52):230.

[27] MARKMAN, A.B. & GENTNER, D.Thinking.Annual Review of Psychology[J].2001(52):231.

[28] ANDERSON, L. W. et al., (ed.) A taxonomy for learning, teaching and assessing: a revision of bloom's taxonomy of educational objectives[M].New York: Longman, 2001:76.

[29] MAYER, R.E.:Multimedia learning[M].// B.H.ROSS(ed.)The psychology of learning and motivation.Boston:Academic Press.2002(41):125-128.

[30] MAYER,R.E.Learning and instruction. [M].New Jersey:Merrill Prentice Hall. 2003:355.

第六章　认知技能的学习

[1] Eysenck, M.W. The blachwell dictionary of cognitive psycholoyg[M].Cambridge, MA:Basil Blackwell. 1990:93.

[2] Phye, G.D. Practice and skilled classroom performance[M].//G.D.Phye & T.Andre ed. Cognitive classroom learning.Orlando:Academic Press, INC. 1986:144.

[3] Proctor, R.W. & Dutta, A. Skill acquisition and human performance[M]. California:SAGE Publications. 1995:18.

[4] 加涅等著，王小明等译．教学设计原理（第五版）[M]. 上海：华东师范大学出版社，2007:69.

[5] 加涅等著，王小明等译．教学设计原理（第五版）[M]. 上海：华东师范大学出版社，2007:67-68.

[6] 加涅等著，王小明等译．教学设计原理（第五版）[M]. 上海：华东师范大学出版社，

2007:12.

[7] Anderson, J.R. Acquisition of cognitive skill[J].Psychological Review. 1982(89)(4):369-406.

[8] Mayer, R.E. Learning and instruction (M). New Jersey: Merrill Prentice Hall. 2003:308-313.

[9] Atkinson, R.K., Derry, S.J., Renkl, A., Wortham, D. Learning from examples: instructional principles from the worked examples research(J). Review of Educational Research. 2000(72)(2):181-214.

[10] Phye, G.D. & Andre, T. ed. Cognitive classroom learning[M].Orlando:Academic Press, INC. 1986:148-152.

[11] Anderson, J.R. Acquisition of cognitive skill[J].Psychological Review. 1982(89)(4):377.

[12] Stevenson, R.J. Language, thought and representation[M].Chichester:John wiley & Sons. 1993:248.

[13] 吴正宪．吴正宪与小学数学[M]. 北京: 北京师范大学出版社，2006: 95-96.

[14] 安德森等著，皮连生等译.学习、教学和评估的分类学——布卢姆教育目标分类学（修订版）[M]. 上海: 华东师范大学出版社，2008:68.

[15] Byrnes, J.P. Cognitive development and learning in instructional contexts.(2nd.ed.) [M].Boston: Allyn and Bacon. 2001:Preface, xiii.

[16] Bruer, J.T. Schools for thought[M].Cambridge:The MIT Press. 1993:62-63.

[17] Phye, G.D. Practice and skilled classroom performance[M].//G.D.Phye & T.Andre ed. Cognitive classroom learning.Orlando:Academic Press, INC. 1986:162.

[18] Ormrod, J.E., Educational psychology[M].Pearson Education, International.2006:266.

第七章　动作技能的学习

[1] HALL, J.F. Learning and memory.(2nd. ed.) [M].Boston:Allyn and Bacon. 1989:421-422.

[2] 黄希庭主编．心理学[M]. 上海: 上海教育出版社，1997:223.

[3] 德里斯科尔著，王小明等译．学习心理学（第三版）[M]. 上海: 华东师范大学出版社，2007:56.

[4] 马吉尔著，张忠秋等译．运动技能学习与控制（第七版）[M]. 中国轻工业出版社，2006:12，引用时有改动．

[5] 皮连生主编．学与教的心理学（修订本）[M]. 上海: 华东师范大学出版社，1997:158.

[6] 加涅著，皮连生等译．学习的条件和教学论[M]. 上海: 华东师范大学出版社，1999:231.

[7] HALL, J.F. Learning and memory.(2nd. ed.) [M].Boston:Allyn and Bacon. 1989:405.

[8] 郭德俊，雷雳．教育心理学概论[M]. 北京: 警官教育出版社，1998:140.

[9] 马吉尔著，张忠秋等译．运动技能学习与控制（第七版）[M]. 中国轻工业出版社，2006:247.

[10] 马吉尔著，张忠秋等译．运动技能学习与控制（第七版）[M]．中国轻工业出版社，2006:247.

[11] SCHMIDT，R.A.，LEE，T.D.Motor control and learning: a behavioral emphasis.(3rd.ed.) [M].Human Kinetics. 1999: 292.

[12] 马吉尔著，张忠秋等译．运动技能学习与控制（第七版）[M]．中国轻工业出版社，2006:247.

[13] 马吉尔著，张忠秋等译．运动技能学习与控制（第七版）[M]．中国轻工业出版社，2006:256.

[14] SCHMIDT，R.A.，LEE，T.D.Motor control and learning: a behavioral emphasis.(3rd.ed.) [M]. Human Kinetics. 1999: 288.

[15] MAYER，R.E.Learning and instruction.(2nd. ed.) [M].New Jersey:Merrill Prentice Hall. 2008:285.

[16] SCHMIDT，R.A.，LEE，T.D.Motor control and learning: a behavioral emphasis.(3rd.ed.) [M]. Human Kinetics. 1999: 293.

[17] HALL，J.F. Learning and memory.(2nd. ed.) [M].Boston:Allyn and Bacon. 1989:415.

[18] SCHMIDT，R.A.，LEE，T.D.Motor control and learning: a behavioral emphasis.(3rd.ed.) [M]. Human Kinetics. 1999: 297.

[19] PROCTOR，R.W. & DUTTA，A.Skill acquisition and human performance.California:SAGE Publications.1995:127.

[20] SCHMIDT，R.A.，LEE，T.D.Motor control and learning: a behavioral emphasis.(3rd.ed.) [M]. Human Kinetics. 1999: 314.

[21] SCHMIDT，R.A.，LEE，T.D.Motor control and learning: a behavioral emphasis.(3rd.ed.) [M]. Human Kinetics. 1999: 314-315.

[22] SCHMIDT，R.A.，LEE，T.D.Motor control and learning: a behavioral emphasis.(3rd.ed.) [M]. Human Kinetics. 1999: 311-312.

[23] 加涅著，皮连生等译.学习的条件和教学论[M]. 上海: 华东师范大学出版社，1999:235.

[24] SCHMIDT，R.A.，LEE，T.D.Motor control and learning: a behavioral emphasis.(3rd.ed.) [M].Human Kinetics. 1999: 298-299.

[25] SCHMIDT，R.A.，LEE，T.D.Motor control and learning: a behavioral emphasis.(3rd.ed.) [M].Human Kinetics. 1999: 272-274.

[26] Magill，R. A.，张忠秋等译．运动技能学习与控制（第七版）[M]. 中国轻工业出版社，2006:304.

[27] SCHMIDT，R.A.，LEE，T.D.Motor control and learning: a behavioral emphasis.(3rd.ed.) [M]. Human Kinetics. 1999: 306.

[28] SCHMIDT，R.A.，LEE，T.D.Motor control and learning: a behavioral emphasis.(3rd.ed.) [M]. Human Kinetics，1999: 307.

[29] 马吉尔著，张忠秋等译．运动技能学习与控制（第七版）[M]．中国轻工业出版社，2006:313-314.

[30] HALL, J.F. Learning and memory.(2nd. ed.) [M].Boston:Allyn and Bacon. 1989:425.

[31] SCHMIDT, R.A., LEE, T.D.Motor control and learning: a behavioral emphasis.(3rd.ed.) [M]. Human Kinetics. 1999: 327.

[32] HALL, J.F. Learning and memory.(2nd. ed.) [M].Boston:Allyn and Bacon. 1989:427-428.

[33] SCHMIDT, R.A., LEE, T.D.Motor control and learning: a behavioral emphasis.(3rd.ed.) [M].Human Kinetics. 1999: 350.

[34] 马吉尔著，张忠秋等译.运动技能学习与控制（第七版)[M]. 中国轻工业出版社，2006:287.

[35] MAYER, R.E.Learning and instruction.(2nd. ed.) [M].New Jersey:Merrill Prentice Hall. 2008:279.

[36] SCHMIDT, R.A., LEE, T.D.Motor control and learning: a behavioral emphasis.(3rd.ed.) [M]. Human Kinetics. 1999: 336.

[37] 马吉尔著，张忠秋等译.运动技能学习与控制（第七版)[M]. 中国轻工业出版社，2006:214.

[38] HALL, J.F. Learning and memory.(2nd. ed.) [M].Boston:Allyn and Bacon. 1989:423-424.

[39] SCHMIDT, R.A., LEE, T.D.Motor control and learning: a behavioral emphasis.(3rd.ed.) [M]. Human Kinetics. 1999: 337.

[40] 马吉尔著，张忠秋等译.运动技能学习与控制（第七版)[M]. 中国轻工业出版社，2006:291.

[41] SCHMIDT, R.A., LEE, T.D.Motor control and learning: a behavioral emphasis.(3rd.ed.) [M]. Human Kinetics. 1999: 343-344.

第八章　态度的学习

[1] Eysenck, M.W. The blackwell dictionary of cogntive psychology[M]. Cambridge, MA: Basil Blackwell. 1990:30.

[2] 加涅著，皮连生等译.学习的条件和教学论[M]. 上海：华东师范大学出版社，1999:275.

[3] 加涅等著，王小明等译.教学设计原理（第五版)[M].上海：华东师范大学出版社，2007:85.

[4] Eysenck, M.W. The blackwell dictionary of cogntive psychology[M]. Cambridge, MA: Basil Blackwell. 1990:32.

[5] 班杜拉著，林颖等译.思想和行动的社会基础——社会认知论[M].上海：华东师范大学出版社，2001:17.

[6] 德里斯科尔著，王小明等译.学习心理学（第三版)[M]. 上海：华东师范大学出版社，2007:17.

[7] 加涅著，皮连生等译.学习的条件和教学论[M]. 上海：华东师范大学出版社，

1999:263-264.

[8] 加涅著，皮连生等译．学习的条件和教学论[M]．上海：华东师范大学出版社，1999:264.

[9] 加涅等著，王小明等译．教学设计原理（第五版）[M]．上海：华东师范大学出版社，2007:86.

[10] 加涅著，皮连生等译．学习的条件和教学论[M]．上海：华东师范大学出版社，1999:272.

[11] 加涅著，皮连生等译．学习的条件和教学论[M]．上海：华东师范大学出版社，1999:274.

[12] 小学生的失望扣问社会良知[N]．报刊文摘，2008 － 5 － 14.

[13] 崔峦，陈先云．斯霞、霍懋征、袁瑢语文教育思想与实践[M]．北京：人民教育出版社，2002: 381.

[14] Gagné，R.M. The conditions of learning and theory of instruction.(4th. ed.)[M].New York:Holt，Rinehart and Winston. 1985:235.

[15] Gagné，R.M. The conditions of learning and theory of instruction.(4th. ed.)[M].New York:Holt，Rinehart and Winston. 1985:235-236.

[16] 班杜拉著，林颖等译．思想和行动的社会基础——社会认知论[M]．上海：华东师范大学出版社，2001:222-227.

第九章 学习动机

[1] Covington，M.V.，Goal theory，motivation，and school achievement.Annual Review of Psychology[J]. 2000(51):171.

[2] Pintrich，P.R.:Motivation and classroom learning[M].//W.M.Reynolds，G.E.Miller (ed.)Handbook of psychology:Vol.7, educational psychology.John Wiley & Sons, Inc. 2003:104-105.

[3] 钱梦龙．语文导读法探索[M]．昆明：云南人民出版社，1985: 47-48.

[4] Covington，M.V.，The will to learn[M].Cambridge:Cambridge University Press. 1998:70.

[5] Covington，M.V.，The will to learn[M].Cambridge:Cambridge University Press. 1998:182-183.

[6] Alderman，M.K.，Motivation for achievement:possibilities for teaching and learning.(2nd.ed.).[M].New Jersey:Lawrence Erlbaum Associates, Publishers.2004:110.

[7] Alderman，M.K.，Motivation for achievement:possibilities for teaching and learning.(2nd.ed.).[M].New Jersey:Lawrence Erlbaum Associates, Publishers. 2004:116-117.

[8] Schunk，D.H.，Pintrich，P.R.，& Meece，J.L.，Motivation in education.(3rd. ed.).[M].New Jersey:Merrill Prentice Hall.2008:264-266.

[9] Schunk，D.H.，Pintrich，P.R.，& Meece，J.L.，Motivation in education.(3rd.

ed.).[M].New Jersey:Merrill Prentice Hall.2008:259.

[10] Schunk, D.H., Pintrich, P.R., & Meece, J.L., Motivation in education.(3rd. ed.).[M].New Jersey:Merrill Prentice Hall.2008:260.

[11] MAYER, R.E.Learning and instruction.(2nd. ed.) [M].New Jersey:Merrill Prentice Hall. 2008:276.

[12] Schunk, D.H., Pintrich, P.R., & Meece, J.L., Motivation in education.(3rd. ed.).[M].New Jersey:Merrill Prentice Hall.2008:261.

[13] Stipek, D., Motivation to learn:from theory to practice.(3rd.ed.).[M].Boston:Allyn and Bacon.1998:175-176

[14] 王至正，等.中学物理教学文选（第一册)[M]. 济南: 山东教育出版社，1986: 139.

[15] Epstein, J.L., Family structures and student motivation:a developmental perspective[M].//C.Ames & R.Ames(ed.).Research on motivation in education:Vol.3:goals and cognitions.San Diego:Academic Press, INC.1989:261.

[16] Brophy,J.,Motivating students to learn.(2nd. ed.) [M].New Jersey:Lawrence Erlbaum Associates, Publishers. 2004:106.

[17] Schunk, D.H. & Meece, J.L., Student perceptions in the classroom.[M].New Jersey:Lawrence Erlbaum Associates, Publishers.1992:332-343.

[18] Brophy,J.,Motivating students to learn.(2nd. ed.) [M].New Jersey:Lawrence Erlbaum Associates, Publishers. 2004:103.

第十章　问题解决

[1] 王甦，汪安圣.认知心理学[M]. 北京: 北京大学出版社，1992:208.

[2] 加涅著，皮连生等译.学习的条件和教学论[M]. 上海: 华东师范大学出版社，1999:202.

[3] Woolfolk, A.著.教育心理学（影印版）（第十版)[M]. 北京: 中国轻工业出版社，2007:295.

[4] Woolfolk, A.著.教育心理学（影印版）（第十版)[M]. 北京: 中国轻工业出版社，2007:299.

[5] 申克著，韦小满等译.学习理论: 教育的视角（第三版)[M]. 南京: 江苏教育出版社，2003:194.

[6] Gagné, E.D.等著，岳修平译.教学心理学——学习的认知基础[M]. 台北: 远流出版事业股份有限公司，1998:291.

[7] Chi.M.T.H., Glaser, R., Farr, M.J. (ed.) The nature of expertise[M]. New Jersey: Lawrence Erlbaum Associates, Publishers. 1988:xvii-xx.

[8] Chi.M.T.H., Glaser, R., Farr, M.J. (ed.) The nature of expertise[M]. New Jersey: Lawrence Erlbaum Associates, Publishers. 1988:xvii.

[9] Gredler, M.E..学习与教学（影印版）（第五版)[M]. 北京: 中国轻工业出版社，2004:250.

[10] Eysenck, M.W. The blackwell dictionary of conitive psychology[M].Massachusetts:Basil Blachwell. 1990:141.

[11] STERNBERG, R.J. & BEN-ZEEV, T.Complex cognition:the psychology of human thought[M].Oxford: Oxford University Press.2001:293.

[12] Lehmann, A.C. & Ericsson, K.A. Research on expert performance and deliberate practice[M].// P.K.Smith & A.D. Pellegrini (ed.) Psychology of education:major themes.Vol.III.London:Rautledge Falmer, 2000:406-410.

[13] STERNBERG, R.J. & BEN-ZEEV, T.Complex cognition:the psychology of human thought[M].Oxford: Oxford University Press.2001:301.

[14] Mayer, R.E. Learning and instruction.(2nd. ed.) [M].New Jersey:Merrill Prentice Hall. 2008:432-442.

[15] Mayer, R.E. Learning and instruction[M]. New Jersey: Merrill Prentice Hall. 2003:404-406.

[16] Mayer, R.E. Incorporating Problem Solving into Secondary School Curricula[M]. In G.D.Phye (ed.) Handbook of academic learning: construction of knowledge. San Diego: Academic Press. 1997:485.

[17] Mayer, R.E. Learning and instruction[M]. New Jersey: Merrill Prentice Hall. 2003:408-410.

第十一章 学习的迁移

[1] Gage, N.L. & Berliner, D.C., Educational psychology.(4th. ed.).[M].Boston: Houghton Mifflin Company.1988:312-313.

[2] Woolfolk, A., 教育心理学（第十版）（影印版）[M]. 北京: 中国轻工业出版社，2007:319.

[3] BRANDFORD, J.D. , BROWN, A.L., COCKING, R.R. (ed.)How people learn:brain, mind, experience, and school[M].Washington, D.C.:National Academy Press.1999:45.

[4] 皮连生主编 . 教育心理学（第三版）[M]. 上海: 上海教育出版社，2004: 280.

[5] Bruer, J.T., Schools for thought:a science of learning in the classroom[M].Cambridge, MA.:The MIT Press. 1993:55-56.

[6] Perkins, D.N. & Salomon, G., Teaching for transfer[J].Educational Leadership. 1988:46(1):25-27.

[7] 皮连生主编 . 教育心理学（第三版）[M]. 上海: 上海教育出版社，2004: 282.

[8] 皮连生，王小明，王映学 . 现代认知学习心理学[M]. 北京: 警官教育出版社，1998: 232.

[9] Anderson, J.R., Reder, L.M. & Simon, H.A., Situated learning and education. Educational Researcher[J]. 1996, 25(4):4.

[10] Gagné, E.D., Yekovich, C.W., & Yekovich, F.R., 岳修平译 . 教学心理学: 学习的认知基础[M]. 台北: 远流出版公司，1998: 328.

[11] MAYER, R.E.Learning and instruction.(2nd. ed.) [M].New Jersey:Merrill Prentice Hall. 2008:28.

[12] Mayer, R.E., Teaching of subject matter[J].Annual Review of Psychology.2004(55):717-718.

[13] BRANDFORD, J.D. , BROWN, A.L., COCKING, R.R. (ed.)How people learn:brain, mind, experience, and school[M].Washington, D.C.:National Academy Press.1999:50, 65.

[14] Anderson, J.R., Reder, L.M. & Simon, H.A., Situated learning and education. Educational Researcher[J]. 1996, 25(4):2.

[15] BRANDFORD, J.D. , BROWN, A.L., COCKING, R.R. (ed.)How people learn:brain, mind, experience, and school[M].Washington, D.C.:National Academy Press.1999: 66.

[16] 德里斯科尔著，王小明等译 . 学习心理学（第三版）[M]. 上海：华东师范大学出版社，2007:130.

[17] BRANDFORD, J.D. , BROWN, A.L., COCKING, R.R. (ed.)How people learn:brain, mind, experience, and school[M].Washington, D.C.:National Academy Press.1999: 78.

[18] 皮连生，王小明，王映学 . 现代认知学习心理学[M]. 北京：警官教育出版社，1998: 181-182.

[19] Anderson, J.R., Reder, L.M. & Simon, H.A., Situated learning and education[J]. Educational Researcher. 1996, 25(4):3.

[20] Hacker, D.J. ed. Metacognition in educational theory and practice[M].New Jersey:Lawrence Erlbaum Associates, Publishers.1998, 204, 57.

第十二章 自我调节学习

[1] Zimmerman, B.J. Acquisition of self-regulatory skill:from theory to academic practice[M].//Bernhardt, R. et al. ed.Curriculum leadership:rethingking schools for the 21st century.New Jersey:Hampton Press. 1998:135.

[2] 申克著，韦小满等译 . 学习理论：教育的视角（第三版）[M]. 南京：江苏教育出版社，2003: 342.

[3] 庞维国 . 自主学习[M]，上海：华东师范大学出版社，2003: 4.

[4] 申克著，韦小满等译 . 学习理论：教育的视角（第三版）[M]. 南京：江苏教育出版社，2003: 343.

[5] 申克著，韦小满等译 . 学习理论：教育的视角（第三版）[M]. 南京：江苏教育出版社，2003: 344.

[6] 申克著，韦小满等译 . 学习理论：教育的视角（第三版）[M]. 南京：江苏教育出版社，2003: 345.

[7] Zimmerman, B.J. Acquisition of self-regulatory skill:from theory to academic practice[M].//Bernhardt, R. et al. ed.Curriculum leadership:rethingking schools for the 21st century.New Jersey:Hampton Press. 1998:137-139.

[8] Woolfolk，A. 著 . 教育心理学（第十版）[M]. 北京: 中国轻工业出版社，2007:335.
[9] Pintrich，P.R. The role of motivation in promoting and sustaining self-regulated learning[J].International Journal of Educational Research. 1999，31(6):459-470.
[10] Woolfolk，A. 著 . 教育心理学（第十版）[M]. 北京: 中国轻工业出版社，2007:336.
[11] 庞维国 . 自主学习[M]，上海: 华东师范大学出版社，2003: 80-81.
[12] Schunk，D.H. & Zimmerman，B.J. Self-regulation and learning[M].//W.M.Reynolds，G.E.Miller (ed.)Handbook of psychology:Vol.7，educational psychology.John Wiley & Sons，Inc. 2003:64.
[13] Zimmerman，B.J. Acquisition of self-regulatory skill:from theory to academic practice[M].//Bernhardt，R. et al. ed.Curriculum leadership:rethingking schools for the 21st century.New Jersey:Hampton Press. 1998:148-149.
[14] Woolfolk，A. 著 . 教育心理学（第十版）[M]. 北京: 中国轻工业出版社，2007:341.

致老师们的一封信

尊敬的老师：

您好！

感谢您选择“万千心理”的教材！

为了给您的教学工作提供更周到贴心的服务，我们特别为选用“万千心理”系列教材的教师打造了一系列教学配套服务，其中包括：

1. **免费样书**：如果您选用了“万千心理”的原创教材或国外引进版教材进行授课，我们将免费提供教师样书；

2. **免费教辅**：如果您选用了“万千心理”的原创教材进行授课，将可以免费获得教师手册、教学演示及习题库等相关原创教辅资源；

3. **好书推荐**：我们将定期以电子邮件和宣传手册的形式为您推荐优秀教材、教辅，以及您感兴趣领域的最新书目和“万千心理”畅销书单；

4. **会员折扣**：您可享受全年最优购书折扣以及不定期的会员特惠活动；

5. **出版机会**：您将有可能成为我们优先选择的签约作者或译者。

您只需完整填写本页背后的教学配套服务申请表并传真或寄回给我们，即可享受上述服务。我们真诚期待您的加入！

北京万千电子图文信息有限公司（简称“万千公司”）是中国轻工业出版社与美国万国图文公司共同投资兴办的合资企业。“万千心理”是万千公司推出的心理学类图书品牌。十多年来，万千公司与美国心理学会（APA）、美国咨询协会（ACA）等心理机构进行了多项卓有成效的合作，并与世界排名前十位的出版集团，如培生教育有限公司（Pearson Education）、圣智学习出版集团（Cengage Learning）、麦格劳希尔公司（McGraw Hill）、约翰威利父子有限公司（John Wiley & Sons Inc.）等著名出版机构建立了良好的版权贸易与合作关系。时至今日，万千公司成功地策划并引进了数百种心理类图书，包括“心理学专业教材与教辅系列”、“心理学公共课教材系列”、“跨专业心理学教材系列”、“心理咨询与治疗系列”以及“心理自助系列”等心理学读物，共10余个系列、360余种图书。“万千心理”得到了心理学科领域专业人士的一致认同，受到了广大读者的喜爱。

此致

敬礼！

“万千心理”敬上

“万千心理” 教学配套服务申请表

个人信息			
教师姓名		职称	
研究领域			
所在学校		所在院系	

联系方式			
通讯地址			
联系电话		电子邮件	

所授课程信息						
	课程名称	授课级别（本科生 / 研究生）	学生人数	所使用教材名称	教材作者	出版社
课程A						
课程B						
课程C						

您的宝贵意见	
您对所使用教材的评价：	
您是否对心理学教材翻译有兴趣？ 是□　否□	您是否对心理学教材编写有兴趣？ 是□　否□
您认为心理学领域值得推荐的国外教材有哪些？ 您的推荐理由：	
教师签名： 日期：	

请将此表传真或邮寄给我们，“万千心理”诚邀您的加入！

中国轻工业出版社—北京万千电子图文信息有限公司

联系人：陈老师　　电子信箱：wqpsycho@126.com，wanqianpsy@163.com

地　址：北京市东城区朝内大街188号D座902　　邮编：100010

电　话：4006981619　010-65181109　　传真：010-65262933

官方网站：http://www.wqedu.com/　　官方微博：万千心理官方微博 http://weibo.com/wqpsy